U0455386

本书获以下单位资助：

兰州大学哲学社会学院

兰州大学循证社会科学研究中心

兰州大学循证社会科学交叉创新实验室

循证社会工作
方法与实践

王英 著

EVIDENCE-BASED
SOCIAL WORK
METHODS AND PRACTICE

社会科学文献出版社
SOCIAL SCIENCES ACADEMIC PRESS (CHINA)

上编　循证社会工作方法

下编　循证社会工作实践

上编　循证社会工作方法

第一章 循证社会工作概述

第一节 循证社会工作的概念

一 循证社会工作的概念及发展

循证社会工作（evidence-based social work）是一种社会工作实践方法，它要求社会工作实践必须建立在现有的最佳科学证据之上，而非仅仅依赖流行观念、专家意见、个人判断或权威说法。

回顾西方社会工作的发展，循证社会工作是在对传统实践的深入反思和批判中逐渐形成的。虽然传统实践具有实用性和便捷性，但由于缺乏科学研究的验证，社会工作的有效性和专业性长期处于被质疑的状态（何雪松，2004）。循证社会工作的出现标志着社会工作实践模式的重大转变——从过去依赖专家的临床判断或权威意见，转向以临床相关研究为基础（马凤芝，2013）。

学者麦克尼斯（McNeece）和泰尔（Thyer）提出，循证社会工作应包含以下三个核心要素：首先，是当前最佳的证据，这主要来源于科学的调查，尤其是针对社会工作服务结果的评估，以及这些评估方法的信度和效度研究；其次，是社会工作者的专业经验，即他们运用专业知识、人际交往能力和过往服务经验，评估服务对象的环境适应和调整能力及其具体情境；最后，是服务对象的价值选择，包括服务对象的个人偏好、关注点和期望（McNeece and Thyer，2004）。

二 循证社会工作发展的历史必然性

（一）循证社会工作回应了社会工作提高科学性的要求

科学发展中的每一个重大突破往往与科学研究方法的创新紧密相连。

自孔德在社会科学领域引入实证主义，到韦伯首次提出社会科学与自然科学的本质区别开始，社会科学就一直在探索减少价值判断和研究随意性的方法。特别是在信息化时代，面对复杂且碎片化的信息，不同学科都在寻找新的研究方法。循证运动的兴起，对一直在寻求科学基础、专业地位和自主性的社会工作产生了深远影响。社会工作能否成为一门科学，关键在于能否将与实践相关的现象、问题和经验转化为研究问题（殷妙仲，2011），并通过建立完整的方法论体系，精心选择最优化的研究方法和数据处理方法，生产出经得起通用科学标准检验的知识（Brekke，2012）。循证实践模式在方法论和具体操作层面提供了一个完整的框架。

本质上，循证社会工作的兴起继承了"经验临床实践模式"（Empirical Clinical Practice Model）的浪潮，更加注重科学和实证经验。甘布里尔（Gambrill，2001）早已指出，社会工作实践缺乏对服务对象的关怀，也没有充分关注证据的有效性。许多社会工作者仍然主要依赖较低级别的证据，如督导的建议、个人经验、理论知识以及权威文本来指导实践活动（Gibbs and Gambrill，2002），这种实践方式限制了社会工作专业性的发展。然而，随着实践的深入，社会工作教育者和研究者开始挑战"以权威为本"的实践模式，并将循证实践的理念和模式引入社会工作领域，将原本以常识、经验为指导的实践转变为以科学理论和证据为指导的实践。具体来说，循证社会工作的科学性可以从以下几个方面来理解：（1）干预方案需要经过科学设计和检验。无论是在研究领域还是在实务领域，干预方案的设计都应基于理论和假设，其核心特征是可塑性因素及其理论基础。干预不仅仅是形式上的服务，更是对服务对象所面临问题和需求的深刻理解。（2）研究者和实务人员都需要重视证据等级。循证实践理念的核心在于证据，证据等级越高，其可信度越高。（3）采用规范的测量工具和技术来记录干预的过程和结果。这三个特征彰显了循证实践模式和循证实践研究的科学性，也表明循证实践本质上是基于科学做出决策的实务和研究模式。

循证实践已成为西方社会工作的主流实践模式。一些学者认为，循证实践之所以受到青睐，是因为它为社会工作的发展提供了光明的前景，标志着社会工作进入新时代，能够有效促进社会工作职业的现代化，有利于获得政府、机构及社会大众的广泛认同，也有利于实现社会工作人才培养的体系化和制度化。然而，也有学者指出，从证据金字塔的角度来看，循证实践最可信的证据是系统评价、元分析（Meta-analysis）和随机双盲对照研究所获得的数据。这种观点可能会忽视其他研究，尤其是质性研究的贡献，并对以服务对象为中心、社会工作者为辅助的"二元主体结构"的社会工作服务构成挑战。毕竟，最佳证据总是有限的，过分强调理性决策以及将最佳证据付诸实践的理想化追求，无疑会对特定情境中的社会工作实务工作带来挑战（Gray，Plath，and Webb，2009）。

（二）循证社会工作是管理主义驱动的结果

20 世纪后期，当社会工作的实践者在探索专业化和科学化的同时，新自由主义福利国家管理模式也对服务的效率和成效提出了更高的要求。与此同时，新自由主义福利国家管理模式对临床服务的效率和成效提出了更高的要求（Witkin and Harrison，2001）。这种要求的提出有多重原因：立法机构对专业责任和可靠性的要求日益提高；医疗健康体系的不断分化；对经过科学研究验证的服务方法的推崇；以绩效和产出为导向的服务资助策略；助人活动中不当处理导致的诉讼案件增多；法院判决强调助人职业必须对其服务质量和结果承担法律责任（张昱、彭少峰，2015）。

此外，循证社会工作从以成效为本和程序规范化的角度出发，通过深入探索服务对象的核心需求和选择最优解决方案，不仅提升了服务质量，而且更有效地帮助服务对象并满足了其需求，促进了其生存和发展环境的改善。循证理念在社会工作服务的需求调研、动态数据流采集、服务质量监控等环节得到了广泛应用。这种多环节的应用不仅能为社会工作团队的服务设计提供前瞻性指导，也能成为第三方评估机构进行服务评估的重要依据（谭磊，2021）。

循证实践的兴起，首先在社会工作、临床心理学和临床医学三个领域掀起了相互关联的三个运动。20 世纪 80 年代，社会工作领域引入了经验临床实践（Empirical Clinical Practice，ECP）。随后，在 90 年代，临床心理学领域发展了经验支持治疗（Empirically Supported Treatments，ESTs），而临床医学领域则采纳了循证实践（Evidence-based Practice，EBP）（Thyer，2010）。这些运动不仅推动了各自领域的专业化进程，也对整个临床实践领域产生了深远的影响。

循证实践的核心在于将科学研究的发现应用于临床决策中，从而提高服务的有效性。它鼓励专业人员不断更新知识，利用最佳可用证据指导实践，但要同时结合自身的专业技能和服务对象的具体情况和偏好。这种方法的推广，不仅提高了临床服务的专业化水平，也增强了公众对临床实践的信任度和满意度。随着循证实践在不同领域的深入发展，它有望继续引领临床实践向更高的专业化和科学化水平迈进。

第二节　循证社会工作的六个步骤

本书详细阐述了循证社会工作的实践流程，将其分解为六个关键步骤。需要特别指出的是，这些步骤并非直接提供一个明确的服务介入方案或干预计划，而是要求社会工作者运用自身的专业知识，以服务对象为中心，从需求和问题出发，收集并整合相关证据，进行深入的证据转化分析，并据此制订出既符合服务对象需求又适应"在地"环境的服务方案或干预计划。

具体来说，循证社会工作的六个步骤如图1-1所示。

步骤1：评估服务对象需求，识别循证问题。全面评估服务对象的需求，确立可回答的实践问题，以及服务对象的具体生活情境。

步骤2：收集研究证据。寻找能够有效满足服务对象需求、解决服务对象问题的干预方法；在证据不足或现有证据质量不高的情况下，进行高级别的系统评价。

步骤3：证据质量评估，分析其内在效度。这一步骤要求社会工作者不仅仅接受研究结果的表面信息，更要深入分析研究设计、方法和结论的可靠性和适用性。评估研究的内在效度涉及检验研究设计是否能够准确测量其意图测量的变量，以及结果是否确实反映了研究变量之间的真实关系，而非由偶然因素、偏差或其他变量干扰所致。通过这样深入的批判性评估，社会工作者可以选择最可靠、最有效的证据来指导实践，进而提高服务质量和服务对象满意度。这不仅增强了社会工作的专业性，也提升了社会工作服务的整体效果。

步骤4：证据整合。社会工作者需将收集到的证据与服务对象的需求评估相结合，考虑服务对象的独特性，并与服务对象及利益相关方讨论不

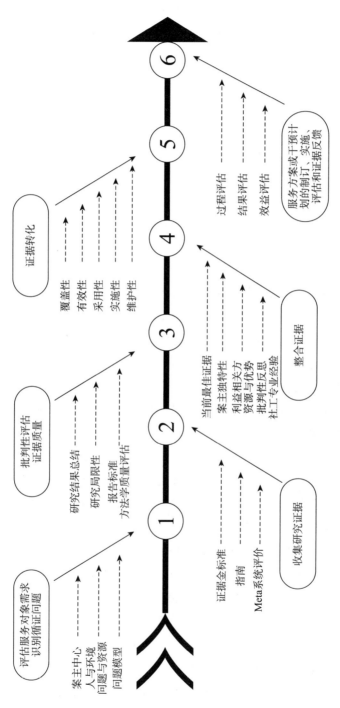

图 1-1　循证社会工作的六个步骤

同干预方法的利弊。整合证据时需考虑服务对象需求、生存发展处境、资源和优势、当前最佳证据、服务对象的价值观和文化背景、利益相关方的观点，以及社会工作者的批判性反思和专业经验。

步骤 5：证据转化。在证据整合的基础上，评估证据在地化的实用性和适用性，包括服务群体的覆盖性和可及性、干预的有效性、方案的成本与效益、实施的可行性以及维护和长期影响。

步骤 6：服务方案或干预计划的制订、实施、评估与证据反馈。这是一个循环和动态的过程，旨在持续改进社会工作实践和提高服务的有效性。

首先，制订服务方案需要基于之前收集和评估的证据来确定最合适的干预策略。这应考虑到服务对象的特定需求、偏好以及现有证据支持的最佳实践。

其次，实施阶段要求社会工作者按照制订的方案实施干预计划，同时确保过程中适时调整以应对可能出现的挑战或变化。实施过程中，记录详细的操作步骤和服务对象的反应是必要的，以便后续的评估和调整。

评估阶段是循证社会工作中至关重要的部分，涵盖干预过程的评估、干预后的结果评估和效益评估。

最后，证据反馈阶段是将评估结果反馈到实践中，用于调整现有的服务方案或为未来的干预计划提供数据支持。这包括将实施过程中得到的新证据整合进证据库，以及根据结果评估修改实践指南或策略。

通过这一循环过程，社会工作实践能够不断适应新的研究发现和社会变化，保持服务的高效性和适应性。这样的方法不仅提高了服务质量，也增强了社会工作的科学性和专业性。

总之，在循证社会工作的六个步骤中，每一步都具有其独特的重点和需求，同时也促进了专业知识的形成和应用。步骤 1 涉及对服务对象的问题和困境进行详细的需求评估，以明确循证社会工作中待解决的实际问题。步骤 2 专注于收集与这些实践问题密切相关的研究证据，旨在寻找解决服务对象问题的"当前最佳证据"。步骤 3 的目标是评估研究证据的偏倚程度，确保证据的可靠性和有效性。步骤 4 通过服务对象中心和服务对象自决的原则，整合证据，这一过程涉及与服务对象及其他利益相关方进行深入讨论，以发掘最符合服务对象具体情况的服务方案或干预计划，并建立一个致力于解决问题的"服务联盟"或"问题解决联盟"。步骤 5 证据的转化旨在将证据应用于服务对象所处的具体环境中，从而进一步明确服务方案或干预计划的实际可行性。步骤 6 关注服务方案的制订、实施和评估，这是循证实践和证据反馈的关键环节，确保根据实际效果对方案进行必要的调整和优化。通过这一系列步骤的执行，循证社会工作能够更精确地响应服务对象的需求，提供高质量的服务，并在实践中持续优化服务质量。

第二章　评估服务对象需求和识别循证问题

循证社会工作始于对服务对象未满足的需求和难以解决的问题的深刻理解。评估服务对象的需求、问题、优势和资源是确认与识别循证社会工作实践问题的关键步骤。本章将详细阐述如何进行服务对象需求的评估，并指导如何基于这些评估确认和识别循证实践问题。

在循证社会工作的框架下，评估服务对象需求不仅仅是一个简单的数据收集过程，更是一个深入的、多维度的分析过程。这一过程涉及以下几个关键方面。

（1）全面性：评估应全面覆盖服务对象的生理、心理、社会和环境等多方面的需求。

（2）系统性：评估应系统地识别服务对象面临的所有问题，包括直接和间接的问题，并考虑这些问题之间的相互关系。

（3）动态性：评估应是一个动态的过程，随着服务对象情况的变化而更新，以确保始终反映最新的需求和问题。

（4）参与性：评估应鼓励服务对象积极参与，确保他们的声音和偏好被听到和考虑到。

（5）目的性：评估应明确目的，即为了识别和解决服务对象的需求和问题，而不是为了评估本身。通过这样的评估，社会工作者可以更准确地识别服务对象的核心需求和问题，为后续的循证实践打下坚实的基础。

第一节　需求评估

一　什么是需求评估

在社会工作实践中，需求评估扮演着至关重要的角色。为服务对象提供恰当的服务并帮助他们走出困境，首先需要清晰地理解服务对象的需求。学术界对需求的理解大致可以归纳为两种视角。

第一种视角强调需求的客观性，将需求视为普遍存在的目标。这种观点认为需求的真实性基于客观世界的实际状况，而非主观感受或个人想法。例如，马克思的需求理论和马斯洛的需求层次理论都体现了这一视角。新马克思主义者多亚尔和高夫（2008）也认为，人的需求具有普遍性，与人类的本质紧密相关，具有深刻的社会性，并且是相对的。他们认为，需求是为了避免严重伤害而所有人必须达到的目标。然而，多亚尔和高夫对需求及其满足条件的理解是动态和开放的，这意味着在评估需求时，我们首先应关注服务对象最紧迫、对其基本生存构成威胁的需求，同时采取开放的态度进行全面和深入的评估（Rodger，2000；多亚尔、高夫，2008；王全安，2003）。

第二种视角强调需求的文化相对性，认为不同文化背景的人们对于需求有着不同的理解和期望。在同一文化中，不同个体的需求也会有所差异。因此，需求是一种主观的目标，其真实性取决于个体如何看待他们的世界（哈贝马斯，2011；多亚尔、高夫，2008）。基于这种理解，需求评估不仅要关注服务对象的生活环境和背景，还要考虑服务对象的价值观和独特需求。需求评估过程应遵循服务对象自决和个别化的原则，确保评估结果能够真实反映服务对象的主观需求和期望（王英等，2017）。

在进行需求评估时，社会工作者应综合考虑这两种视角，以确保评估结果既客观又具有文化敏感性。这要求社会工作者具备深厚的专业知识和技能，能够准确识别和理解服务对象的需求，并据此设计和实施有效的干预措施。通过这样的需求评估，社会工作实践能够更加精准地响应服务对象的需求，提供个性化的服务，从而提高服务质量和效果。

二 如何开展需求评估

目前的需求评估主要分为两种取向。第一种取向是以知识的客观性为基础，运用定量和定性方法进行评估。定量方法通常通过问卷调查来实施，而定性方法则包括实地走访、观察、结构化或非结构化访谈以及焦点小组讨论。第二种取向强调评估者与被评估者之间的平等关系，特别注重尊重被评估者的经验、地方性知识、观点、价值观和选择。这种关注在循证实践的初期和证据整合阶段尤为重要，也体现了社会工作伦理守则中强调的"服务对象中心"。

实施需求评估的方法多样，社会工作者可以根据实际情况选择最适合的模型。例如，家庭系统模型（Hepworth et al.，2010；Walsh，2010）、心理动力模型（Berzoff，Flanagan，and Hertz，2016；Goldstein，2001；Mahler，Pine，and Bergman，2000）、描述性诊断模型（American Psychiatric Association，2016）、精神健康评估模型（Corcoran and Walsh，2016），以及社会工作评估格式（Drisko and Dubois，2018）。

本书将重点介绍个人与环境和问题与资源需求评估模型，该模型融合了问题与资源的视角（见图 2-1）。它基于"人在环境中"的理论，强调两个主要因素：服务对象的个人因素和环境因素。个人因素包括生理、心理、精神和其他个人情况；环境因素则涵盖家庭、学校、社区、单位、政策、社会支持和其他环境因素。

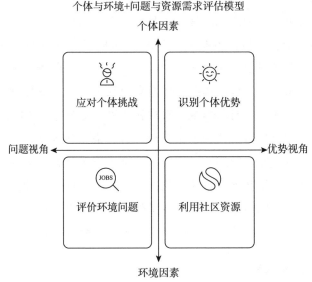

图 2-1　个人与环境和问题与资源需求评估模型

需求评估通常涵盖个人与环境两个维度。个人维度的评估主要收集服务对象的基本情况，包括生理、心理、精神及其他个人相关情况。环境维度的评估则基于"个人即社会"的理念，认为服务对象的个人环境及其相互作用是导致其当前困境的重要因素，因此必须对其环境进行全面评估。

这包括家庭、学校、单位、社区、政策、社会支持及其他相关环境因素。

同时，以个人-环境理论为基础的需求评估强调采用既考虑问题也考虑优势的双重视角（见表 2-1）。从问题视角出发，社会工作者会详细调查服务对象的困难、问题及其原因，并分析服务对象对自身情况的理解、问题的历史背景及发生频率等。自 20 世纪以来，优势视角在社会工作的需求评估中发挥着日益重要的作用，它帮助社会工作者识别服务对象的资源和改变的潜力，增强服务对象对困境的掌控感和内在动力。很多服务对象在寻求帮助时可能觉得自己无价值或无能，缺乏自信和自尊。如果需求评估只聚焦于服务对象的问题和不足，可能会抑制服务对象的主动性和改变的动力。

例如，在对一位留守儿童进行需求评估时，社会工作者发现该儿童在每次考试前都感到极度焦虑，担心成绩不佳会让外出务工的父母失望。从问题视角看，这种焦虑是负面情绪的表现；但从优势视角看，这种心理表现其实反映了儿童追求良好成绩的积极动力，这可以被视为推动其改变的关键因素。同时，父母的期待虽然是压力的来源，但也可以转化为激励儿童努力学习的正面动力。因此，在需求评估中采用问题与优势兼具的视角是至关重要的，这不仅关注问题和需求，还包括优势和资源，有助于社会工作者识别和制订更为全面和有效的服务方案或干预计划。

表 2-1　需求评估模型（个人与环境、问题与优势视角）

因素	子因素	问题/需求		优势/资源
		问题类型	程度或时间	
个人	生理			
	心理			
	精神			
	其他			
环境	家庭			
	学校			
	单位			
	社区			
	政策			
	社会支持			
	其他			

三　开展需求评估需要注意的事项

在进行需求评估时，循证社会工作的实践者们应注意以下几点，以提升评估的准确性和有效性。

第一，核实服务对象需求的真实性。社会工作者需确认服务对象所述需求是否经过深思熟虑。服务对象的直接表达未必反映其真实需求。例如，一个服务对象可能表示希望离婚并争取孩子的抚养权，但社会工作者需评估这一需求背后的情感状态，如是否由于伴侣不忠而产生的冲动决定。在此基础上，社会工作者应先处理服务对象的情绪问题，随后才是深入探讨其真实的、理性的需求。

第二，社会工作者要识别服务对象需求的适当性。例如，一位服务对象在遭遇情感挫折后希望快速减肥，表达清晰且貌似理性。然而，社会工作者应识别出背后的真实问题可能是自尊问题，而非减轻体重问题。这表明需求评估不仅是收集信息，更是基于专业知识做出判断的过程。

第三，选择合适的评估模型。本书介绍的个人与环境、问题与优势视角的模型是多种模型中的一种，它与中国的社会工作实践较为契合。然而，在美国等其他国家，医学或心理学取向的诊断模型对中国的实务也产生了重要影响。建议社会工作者可以先使用这一模型进行初步评估，然后利用其他诊断工具来进一步确认服务对象的心理或精神问题。

第四，确定优先解决的问题。社会工作者需详细了解服务对象的多方面困境，并确定服务对象最关切的问题。这对于资源有限的社会工作机构来说尤为重要，能有效地配置资源并快速响应服务对象的紧迫需求。例如，一位面临多重困境的母亲可能需要先解决孩子的照顾问题或丈夫的医疗费用问题。这有助于在资源有限的情况下，有效分配资源并确定工作重点。

第五，协调服务对象需求与专业判断。服务对象表达的需求可能与社会工作者的专业判断存在差异。在这种情况下，社会工作者应通过平等协商和深入交流来达成一致的服务目标，这种协商基于相互尊重和信任的专业关系。例如，一位因酗酒失业的男性可能认为找工作是首要任务，而社会工作者则可能认为戒酒更为重要。社会工作者需要通过坦诚的对话来帮助服务对象理解问题的根源，并共同确定解决问题的步骤。

第六，作为评估过程的协调者。社会工作者在需求评估过程中起到黏合剂的作用，他们需要将收集到的关于服务对象个人和环境的信息与服务对象的需求结合起来，与服务对象协商确定首要任务，并据此识别出循证实践的具体问题。通过这些细致的步骤，社会工作者能够更准确地把握服务对象的需求，为他们提供更为精准和有效的帮助。

这些注意事项将帮助社会工作者更有效地进行需求评估，确保提供的服务既符合服务对象的实际需要，也符合专业的实践标准。

需求评估示例

（一）案例基本情况

服务对象：小北

性别：男

年龄：12 岁

小北是一名五年级的农村留守儿童，他的父母长期在外打工，日常生活和学习主要由年迈的祖父母照料。小北的老师向社工反映，小北的主要问题是学习成绩不佳。在与社工的交流中，小北显得有些沮丧。他曾向远在安徽工作的父母承诺，要在最近的考试中跻身全班前 15 名（全班共有 50 名学生），实际成绩却排在第 40 名。面对父母的询问，小北解释说是自己没有发挥好。社工还注意到小北的双手很脏，建议他注意个人卫生，但小北觉得洗手很麻烦，对穿着也显得无所谓。当问及未来的梦想时，小北希望能取得好成绩，但又表示不想太辛苦，幻想着将来能成为一名主播，既轻松又能赚钱。

小北的祖父母对他的关怀主要集中在饮食和穿着上，对于学业和行为习惯的引导较少，情感交流也较为缺乏。社工在与他们的沟通中了解到，小北很贪玩，经常找借口逃避上学和作业。小北对自己的学习缺乏信心，甚至考虑过退学，认为这样可以帮助家里减轻经济压力。小北的父母虽然经常通过电话与他联系，但大多时候只是提醒他听从祖父母的教导，好好学习，情感上的交流并不多。此外，小北生活的农村社区相对封闭，缺乏针对儿童的服务和活动。学校老师对小北的关注主要集中在学习成绩和课堂表现上，认为他上课不够专注，成绩也不理想。

（二）案例需求评估

社会工作者按照个人与环境、问题与优势的需求评估模型对小北的情况进行了详细分析（见表 2-2）。综合来看，小北的主要困扰在于学习成绩不理想，这直接影响了他的情绪状态。通过情绪量表的测量，我们发现小北面临的是一些普通的负面情绪，并没有达到心理疾病的程度。影响他学习表现的因素有很多，包括以下几个方面。

（1）个人学习习惯：小北的个人学习习惯可能是成绩不佳的一个原因。

（2）家庭支持：家庭成员在学业上的帮助和情感支持似乎不足。

（3）学校教育方式：学校老师可能更专注于学生的学业成绩，而对学生其他方面的成长和需求关注较少。

（4）社区资源：小北所居住的社区缺少针对儿童，特别是留守儿童的关怀和支持服务。

表 2-2　小北的需求评估

因素	子因素	问题/需求		资源/优势
		问题类型	程度或时间	
个人	生理	◇小北有时会提到自己肚子痛，但经过社会工作者与他的交谈和评估发现，这并不是因为他身体不适或心理问题转化为身体症状，而更像是他想要逃避上学的一个借口 ◇在与小北的沟通中，社会工作者观察到他的智力发展是正常的，并没有迹象表明他的智力水平会影响他的学习能力	四年级一年	小北的身体目前很健康
	心理	◇小北的成绩没有达到预期，这让他受到了父母的批评，也导致了他的一些负面情绪。在和社工交流时，小北表现出了情绪的波动，他对于自己的表现感到非常沮丧 ◇尽管如此，小北内心其实非常渴望能够取得好成绩，以此来赢得父母和祖父母的赞赏和认可。他对自己的学业有着期待，这种期待是他改变现状的重要动力 ◇社会工作者通过使用情绪量表对小北进行了评估，幸运的是，结果显示他的负面情绪虽然存在，但并没有严重到形成心理疾病的程度。这意味着小北的情绪状况还有机会通过恰当的支持和干预得到改善	四年级一年	◇当小北与社会工作者或父母讨论自己的学习成绩时，他的情绪显得有些低落。然而，这反映出他内心深处对成绩有所期待，这份期待和内心想要改变的动力是他改变现状的关键 ◇小北向父母承诺要提高自己的学习成绩。虽然这份承诺给他带来了一定的压力，但也为他提供了一个转化为积极心理动力的机会

续表

因素	子因素	问题/需求		资源/优势
		问题类型	程度或时间	
个人	精神	小北在课堂上容易分心，作业也常常不能认真完成，这导致他的考试成绩一直不太理想。连续的低分成绩让小北开始怀疑自己的能力，感到不自信。他甚至用身体不适或肚子疼作为借口逃避上学，有时还会冒出想要退学的念头。这些行为都反映出小北的自我效能感——也就是他对自己完成学业任务的能力的信心相对较低	从二年级开始	尽管年纪尚小，小北已经有想要为家庭分担压力的意愿，这表明他正在积极探索生活的意义和个人价值
	其他	◇小北是个爱玩的孩子，他还没有完全形成良好的学习习惯，比如上课时不够专注，作业也常常不能认真完成 ◇他的日常生活散漫 ◇当问到长大后想做什么时，小北表达了取得好成绩的愿望，但他也坦言不想过于劳累。他幻想着将来能成为一名主播，这样既可以在家中轻松地工作，也能赚到钱，自给自足	爷爷奶奶表示小北从小就贪玩、生活散漫	小北开始思考未来人生的规划
环境	家庭	◇小北的父母与他之间的情感交流并不频繁 ◇祖父母的关心主要集中在日常生活的照料上，对于小北的学业则相对放任，不太过问。随着时间的推移，小北与父母及祖父母之间的情感沟通似乎越来越少	小北出生6个月后，父母就外出务工。四年级开始，随着小北考试成绩下降，爷爷奶奶与小北的交流也日渐减少	尽管小北的父母远在他乡，但他们通过电话保持着与孩子的联系，尽力给予小北陪伴和关爱，尽管这种交流主要是通过电话进行的。尽管小北和他的祖父母之间有时会有些疏远，甚至偶尔发生争吵，但祖父母始终负责照顾他的日常生活，确保他的基本需求得到满足
	学校	◇学校老师主要是以考试成绩评定孩子的成长和发展 ◇对孩子学习之外的成长和发展关注较少 ◇对孩子的情感关爱和支持较为缺乏	从上小学开始	小北学校的老师和同学可以成为小北健康成长的助力
	社区	小北生活在环境比较封闭的农村，教育和社会资源相对缺乏。社区并没有组织有关儿童/留守儿童的社区服务活动	一直如此	小北所在社区可以成为小北健康成长的助力

续表

因素	子因素	问题/需求		资源/优势
		问题类型	程度或时间	
环境	政策	与儿童成长和留守儿童相关政策的可操作性和贯彻落实不够，这意味着他能够获得的政策支持相对有限	一直如此	与儿童成长和留守儿童相关的政策制度的进一步贯彻落实可以成为小北健康成长的助力
	社会支持	小北健康成长的社会支持系统比较薄弱，他获得的学习、情感支持的资源较少	一直如此	与儿童成长和留守儿童相关的社会支持可以成为小北健康成长的助力

第二节 循证实践的问题模型

在社会工作领域，循证实践通常会关注以下五类问题，以确保服务既有效又符合需求。

（1）有效性问题：这涉及评估不同社会工作干预措施的实际效果，即哪些方法在帮助服务对象时最为有效。

（2）预防问题：关注如何通过早期介入来预防问题的产生或加剧，以及如何增进服务对象的福祉和健康。

（3）评估问题：这包括对服务项目或干预措施进行评估，以确定它们是否达到了预定目标和效果。

（4）描述性问题：旨在更好地理解服务对象的具体情况，包括他们的需求、资源和环境。

（5）风险问题：涉及对可能存在的伤害进行评估，以及考虑服务提供的潜在成本和效益，确保干预措施的安全性和经济性。

通过综合考虑这些问题，社会工作者能够设计和实施更加精准、有效的服务计划，以满足服务对象的需求并提升服务质量。

一 循证实践的问题模型一：PICOS

循证实践依赖于明确和具体的问题来引导证据的收集和应用。在社会工作中，需求评估是发现服务对象具体需求的关键步骤，这不仅确保了证据收集的精确性，有助于通过网络或数据库检索相关研究，也帮助社会工作者明确工作方向，制订有针对性的服务方案或干预计划，从而提高服务效果。

为了使问题更加明确、具体和规范，社会工作者通常会使用 PICOS 模型来构建循证问题。这个模型包含以下五个要素。

P（Participants），研究对象：指服务方案或干预计划所针对的特定人群或问题。

I（Intervention），干预措施：涉及服务方案或干预计划中采用的具体措施，如动机访谈、问题解决、治疗或危机干预等。

C（Comparison），对照措施：指所采取的干预措施与何种对照方法进行比较，可能是另一种干预措施，或者是不采取任何干预的空白对照。

O（Outcome），结果：涉及服务目标和效果评价指标，如焦虑或抑郁状况的改善，最好通过专业量表或客观指标来衡量。

S（Study design），研究设计：指希望采用的研究设计，也即选择何种研究类型。

上述案例中，需思考以下两个问题。

（1）留守儿童的照顾方式，留守儿童的妈妈在照顾和抚育孩子时采取了哪些方式？她们的体验如何？

（2）老年人健康照顾服务，在社区层面，有哪些针对老年人健康照顾的服务？这些服务是否有效？

通过这些问题，社会工作者可以更系统地探索和评估不同的干预措施，以找到最有效的方法来满足服务对象的需求。

按照上述循证实践问题识别的五个要素，即 PICOS 模型的分析如表2-3 所示。

表 2-3　循证识别的五要素示例

模型分解	留守儿童的妈妈在照顾和抚育孩子时采取了哪些方式和她们的体验如何	在社区层面，有哪些针对老年人健康照顾的服务及这些服务是否有效
涉及什么样的服务对象（Participants）	留守儿童的妈妈	社区老年人
涉及何种干预措施（Intervention）	照顾和抚育孩子的方法	对老年人提供健康照顾的方法
涉及何种比较方法（Comparison）	与非留守儿童妈妈照顾和抚育孩子的方式相比	与常规照顾/与不提供照顾相比

模型分解	留守儿童的妈妈在照顾和抚育孩子时采取了哪些方式和她们的体验如何	在社区层面，有哪些针对老年人健康照顾的服务及这些服务是否有效
涉及何种目标和效果指标（Outcome）	生活满意度、生活适应的障碍、焦虑情绪、照顾方式等	老年人的生活质量、日常生活功能、生活满意度、自我效能感等
使用何种研究类型（Study design）	定性	定量

在使用循证实践的过程中，PICOS 模型是一个基础工具，可帮助社会工作者明确研究问题。然而，根据不同的研究需求，这个模型也有多种变体和扩展形式，以便更全面地构建和理解问题。

（1）PICOSS 模型：在原有的 PICOS 模型基础上增加了一个"S"，代表"设置"（Setting）。这个新增的要素强调了考虑服务对象生活和工作的环境、服务条件、家庭背景或问题发生的特定区域等环境因素的重要性。这样做可以帮助更准确地构建问题，并在制定干预措施时考虑到这些关键因素。

（2）PICOT 模型：这个模型中新增的"T"代表"时间"（Time），它要求明确问题所处的阶段以及干预后结果评估的时间框架。这有助于确定研究的时间范围，以及评估干预措施的长期和短期效果。

（3）PICOETQD 模型：这个扩展模型进一步细化了研究问题的构建。

"E"代表"环境"（Environment），涉及服务对象的家庭条件、服务环境等外界环境因素。

"T"代表"时间框架"（Time of frame），指的是问题涉及的研究进程，如健康管理的持续时间。

"Q"代表"问题类型"（Type of question being asked），它区分了研究问题的不同类型，比如探究问题的原因或评估不同的干预方式。

"D"代表"研究设计类型"（Type of study design），它涉及选择何种研究设计进行证据收集，如随机对照实验（RCT）、横断面研究、队列研究、病例-对照研究等。

通过这些扩展和变形的模型，社会工作者能够更精确地定义研究问题，更全面地考虑影响服务对象的各种因素，从而更有效地进行循证实践。

二　循证实践的问题模型二：SPIDER

循证实践的问题可以根据研究方法的不同，大致分为定量研究和定性研究两大类。

定量研究问题主要关注寻找和评估干预措施的有效性，即试图解答"哪种方法或最佳实践能够满足服务对象的需求或有效解决问题"。这类问题通常通过统计数据和量化分析来解答。

定性研究问题则更侧重于从研究对象的角度深入了解和解释行为、观点、态度和经验等。这类问题的研究方法包括观察法、个人访谈、焦点小组讨论以及参与性研究等，目的是揭示和理解研究对象的内在世界（见表2-4）。

在循证实践中，PICOS 模型是针对定量研究问题最常用的框架。它帮助研究者明确研究对象（Participants）、干预措施（Intervention）、对照措施（Comparison）、结果（Outcome）和研究设计（Study design）。

然而，PICOS 模型并不适用于那些主要通过现场观察、体验或访谈来收集数据的定性研究。定性研究通过在自然环境中的观察、体验和访谈等方法，对社会现象进行深入分析，并从中归纳出理论概念和合理解释。

对于定性循证实践问题，常用的是 SPIDER 模型。这个模型更适合于探索那些需要详细描述和理解的复杂现象，它强调了研究的情境（Setting）、现象（Phenomenon）、研究兴趣（Interest）、设计（Design）、评价（Evaluation）和研究类型（Research type）。

通过这些不同的模型，研究者可以更系统地构建研究问题，更有效地收集和分析证据，以支持循证实践的决策过程。

表 2-4　循证社会工作的问题模型的比较

内容	定量性质的循证问题	定性性质的循证问题
研究问题	干预措施的利与弊、诊断方法的准确性	个人的需求、观点、态度、体验等
循证实践问题模型	推荐 PICOS 模型	推荐 SPIDER 模型
文件检索	建议检索 Cochrane 图书馆、Web of Science、PubMed、CNKI、Medline 等	建议检索 Campbell 图书馆、Web of Science 等

续表

内容	定量性质的循证问题	定性性质的循证问题
证据合成	Meta 分析、描述性系统评价、证据地图	主题综合、Meta 人种志等
结果与讨论	以 Meta 分析形式展示结果，讨论中应分析实施偏倚等多种混杂因素对系统评价结果的影响	以描述性的语言展示结果，由于定性研究实施过程的多样性，一般不需要讨论研究偏倚对结果的影响

SPIDER 模型是一个用于构建和指导定性研究问题的框架（见表 2-5），它的具体含义如下。

S（Sample）：指的是研究的样本或研究对象，即研究中将要观察或访谈的人群。

PI（Phenomenon of Interest）：代表研究的核心议题或目的。在定性研究中，这通常涉及理解某种行为、决策过程或个人经历的本质，以及探究这些现象发生的原因。

D（Design）：代表具体的研究设计。在定性研究中，研究设计的选择对于如何收集和分析数据至关重要，它有助于提高研究的准确性和可靠性。

E（Evaluation）：涉及评价过程，特别是在定性研究中，这通常指的是对主观体验和观点的评价。

R（Research type）：指的是纳入研究的类型，即研究者打算采用何种类型的研究方法来探索研究问题。

通过 SPIDER 模型（见表 2-5），研究者可以更系统地定义定性研究的关键要素，确保研究过程的清晰性和针对性。这个模型特别适用于那些需要深入理解和解释人类行为和社会现象的情况。

表 2-5　SPIDER 模型示例

模型分解	社区内老年抑郁症患者对药物治疗的依从性影响因素	高校新生入学后存在适应困难	社区服务对受虐待老年人的影响
S（Sample）	社区内老年抑郁症患者及其家属，社区医生等工作人员	高校新生	社区服务中心管理者、社区服务人员、社工、社区老年人中的受虐待者

PI（Phenomenon of Interest）	实施或接受药物治疗的经历，但依从性不佳	刚刚步入大学、对自身需求不明确的新生	所在社区实施或者在社区接受过有关防止虐待的老年人的服务
D（Design）	焦点小组访谈法、个人访谈法	焦点小组访谈法	半结构式访谈法
E（Evaluation）	来自患者的因素，来自社区工作人员的因素，以及其他外部因素	指大一新生的适应概念体系中的内容要素、新生对现状的满意度、受访者的心理健康状况及是否存在适应障碍	服务需求方因素、服务提供方因素、外部支持方因素
R（Research type）	定性研究	定性研究	定性研究

以下是两个用于构建定性研究问题的扩展模型，它们分别适用于不同的研究领域。

（1）SPICE 模型：这个模型专门用于定性研究问题的构建，其因素包括：

S（Setting）：指的是研究发生的环境或背景；

P（Population）：指研究的目标人群，即研究将聚焦于哪一类群体；

I（Intervention）：指研究者感兴趣的特定行为、事件或过程；

C（Comparison）：指不同情境、群体或经历之间的对比；

E（Evaluation）：在定性研究中，评价通常关注对过程、体验或行为的深入理解和解释。

（2）ECLIPSE 模型：这个模型特别适用于健康法规与管理领域的定性研究，其因素包括：

E（Expectation）：研究参与者的期望，包括他们对服务、治疗或政策的预期；

C（Client）：指接受服务或受政策影响的服务对象群体；

L（Location）：研究发生的地理位置或环境，这可能影响服务提供和管理实践；

I（Impact）：政策、服务或干预措施对服务对象群体产生的影响；

P（Professionals）：指提供服务或执行政策的专业人员，他们的视角对理解整个服务系统至关重要；

S（Service）：研究中关注的具体服务或干预措施；

E（Evaluation）：评价通常是对服务质量、政策效果或干预策略的深入分析和解释。

使用这些模型，不仅可以帮助研究者明确研究的方向，还能提升研究结果的实用性和影响力。在实际应用中，研究者可能需要根据研究的具体情况对模型进行适当的调整或扩展，以确保研究问题能够准确反映研究的需求和目标。

三　纳入和排除标准

根据 PICOS 模型或 SPIDER 模型，社会工作者可以明确地制定出在证据收集过程中纳入和排除证据的标准。以下是两个具体的示例。

示例1：社会工作者正在寻找有关"提升健康水平"（Enhance Wellness）项目对老年人慢性病管理效果的研究。

纳入标准为：

P（Participants）：研究对象包括年龄 60 岁以上的老年人群体，既包括患有慢性病的老年人，也包括健康的老年人。

I（Intervention）：干预措施为"提升健康水平"项目中的非药物干预手段。

C（Comparison）：对照措施可以是药物干预、不干预或其他形式的对照。

O（Outcome）：评估结果为干预后身体健康状况没有恶化或有所改善。

S（Study design）：研究方法为定量研究。

排除标准为：

（1）排除那些无法有效提供重要信息或数据的研究，以及那些即使通过联系研究者也未能获得相关数据的研究。

示例2：社会工作者希望探究"全包式照护"（All-Inclusive Care）项目对社区老年人健康状况改善效果的证据。

纳入标准为：

P（Participants）：研究对象为年龄 60 岁以上、居住在社区的老年人。

I（Intervention）：干预措施为"全包式照护"中的非药物干预。

C（Comparison）：对照措施可能包括药物干预、不干预或无对照措施等。

O（Outcome）：关注干预后身体健康状况没有恶化或有所改善的结果。

S（Study design）：研究方法为定性研究。

排除标准为：

（1）居住在社区养老院或社区医疗机构的老年人。

（2）排除那些无法有效提供重要信息或数据的研究，以及那些即使联系研究者也未能获得相关数据的研究。

通过这些标准，社会工作者能够更有针对性地收集和评估相关研究，确保所收集的证据既具有相关性也符合研究目的。

第三章　收集研究证据

第一节　证据金字塔

一　证据标准

学术界通过严谨的批判性思维来评估证据，逐步形成一个有序的证据层次结构。如图 3-1 所示，研究方法的严谨性随着我们向上看金字塔而增加，这也意味着证据的质量和研究的可信度在提升。在金字塔的顶端，我们看到了临床实践指南，这些是最权威的证据来源。

这里特别指出，我们所说的临床实践指南是基于 Meta 分析得出的，用于指导实际医疗操作的建议。而那些基于专家意见形成的指南并不包含在内，因为它们没有经过同样严格的 Meta 分析过程。在社会工作领域，大多数相关的临床实践指南集中在医学和心理学上，而其他领域的指南则不常见。

第二层级的证据是 Meta 分析。Meta 分析通过统计技术对相同主题的多项研究结果进行定量的综合分析，以便得出更加全面和精确的结论。除了 Meta 分析，其他类型的系统评价也构成了高级别的证据。系统评价的目的在于回答特定的研究问题，它包括识别、评估和综合所有符合预设标准的实证证据。

在进行系统评价时，研究人员遵循严格的规范和明确的方法，力求最大限度地减少研究中的偏差，从而产生更可靠的研究结果。Meta 分析和系统评价共享几个关键特点。

（1）系统评价综合了现有的实证研究结果，为有效的干预措施提供了有力的证据。

（2）系统评价的过程相当复杂，它依赖于可用的临床实验、这些实验的设计和执行质量，以及结果的测量方式。

（3）研究人员会全面评估干预措施的益处、消极作用或潜在的有害结果，并分析所有相关临床研究的数据。

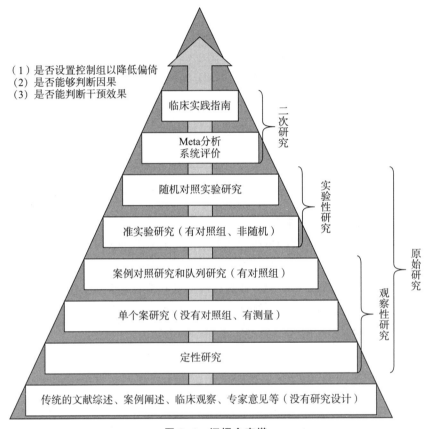

图 3-1 证据金字塔

资料来源：Mckibbon and Wilczynski，2009。

值得注意的是，并非所有系统评价都包含 Meta 分析。如果研究设计差异较大、测量结果不一致，或者对研究质量有疑问，那么这些研究结果可能不适合进行定量综合。因此，有些系统评价可能只提供定性分析。

系统评价可以根据方法学和内容进行分类，包括：

√随机对照实验的系统评价。

√非随机对照实验的系统评价。

√病例对照研究的系统评价。

√诊断性实验的系统评价。

√系统评价的再评价。

从内容上，系统评价可以涵盖：

√基础研究的系统评价。

√临床干预措施的系统评价。

√预后研究的系统评价。

√公共卫生领域的系统评价。

√政策研究的系统评价。

√经济学研究的系统评价。

√伦理研究的系统评价。

√教育研究的系统评价。

通过这样的分类，研究人员可以更有针对性地进行系统评价，以满足不同领域和问题的研究需求。

第三层级的证据来自随机对照实验研究。在这种研究中，参与者通过抽签的方式随机进入干预组或对照组，这样的随机分配有助于确保两组在研究开始时在各个方面都是相似的，从而让我们更有信心地推断干预的效果。

第四层级的证据来自准实验研究，这类研究虽然有对照组，但参与者并没有被随机分配，因此它们可能受到一些未知因素的影响。

第五层级的证据包括案例对照研究和队列研究，这些都是观察性研究。队列研究允许社会工作者跟踪一大群服务对象，记录他们的生活环境或行为习惯，并在一段时间内观察这些因素如何影响他们遇到特定问题。这种方法有助于揭示特定社会因素与长期健康结果之间的联系。案例对照研究则采用一种回顾性的视角，比较已经面临特定问题和困难的服务对象与未面临这些问题的服务对象，分析他们的生活经历和环境因素，以识别可能的风险因素或保护因素。这种研究设计有助于社会工作者了解如何预防问题的发生，并为服务对象提供更有针对性的干预措施。

第六层级的证据是由单个案研究构成的。这些研究虽然没有对照组，但通过对个体或特定情景的细致观察，可提供丰富的信息。同时，一些没有对照组的队列研究和一些设计不够严谨的实验研究也位于这一层级。

第七层级的证据是定性研究。在定性研究中，研究者利用访谈、实地观察和文档分析等方法，深入探索和理解人们的行为和经历。这种研究强调的是意义和经验，旨在通过研究者的直接参与和互动，揭示人们生活的复杂性和多样性。这些研究虽然在证据层级中处于较低层级，但它们提供了宝贵的建议，可帮助我们更全面地理解人类行为和社会现象。

第八层级的证据是传统的文献综述、案例阐述、临床观察、专家意见等。这些证据虽然不基于严格的实验设计，但它们提供了宝贵的实践知识和理论支持。传统文献综述是对特定社会工作主题现有研究的详尽回顾，尽管可能受到编写者个人观点的影响，但是仍然可以帮助我们掌握某一领域的研究现状和学术讨论的趋势。案例阐述通过详细描述个别服务对象的情况和干预过程，让我们能够理解在特定环境下应用社会工作策略的实际效果。临床观察是社会工作者在与服务对象互动过程中的直接观察，为我们提供了有关服务对象行为和需求的深刻见解。专家意见是来自经验丰富的社会工作专家的建议和见解，它们基于多年的实践智慧，虽然不一定有实证支持，但在指导实践和政策制定中仍然非常有价值。

依照循证社会工作的要求，在社会工作实践中，专业人员在进行证据研究时，应当优先考虑那些高级别的证据，这样做可以确保所采用的证据具有最高的严谨性和有效性。循证实践的核心是"以客观证据为主，主观经验为辅"。这意味着在制订干预计划或做出决策时，首先应当寻找和应用当前最佳的科学证据。如果当前最佳的证据不可获得，那么社会工作者才会考虑使用次优的证据。

在证据的选择过程中，社会工作者应该遵循"从高到低，从优择取"的原则，这意味着需要系统地搜索和评估所有可用的证据，以确保选择的证据是最佳的可选项。这不仅涉及对证据质量的评估，也包括对证据适用性和可行性的考量。通过这样的方法，确保社会工作实践是建立在最坚实的科学基础上，从而为服务对象提供最有效、最符合他们需求的支持和帮助。

二 系统评价

在循证社会工作的实践中，由于临床实践指南主要源自医学领域的证据，因此，社会工作者更频繁地依赖系统评价级别的证据。有研究者甚至将系统评价视为最高级别的证据。2000年，被誉为"循证医学之父"的大卫·萨科特定义了系统评价的概念，将其视为一种总结研究结果的方法

（Sackett，2000）。这种方法通过全面的文献检索、对单个研究进行批判性的质量评估，并运用恰当的统计技术来综合有效研究结果，其中就包括了Meta分析。

Meta分析在应用上有两种理解：广义上，它指的是系统评价中使用定量合成方法进行的统计学处理，是系统评价的一部分；狭义上，它仅指一种定量合成的统计方法。当前普遍认为Meta分析是系统评价的一种形式，因为系统评价可以是定量的，也可以是定性的。Cochrane图书馆的许多系统评价就是通过汇总多个实验的数据来衡量干预措施的积极影响和风险，并计算出一个平均效果，目的是对干预措施的效果做出更精确的估计，并减少结果的不确定性。

第一，在循证社会工作的框架下，系统评价提供了一种独特且强大的证据收集方法。以下是系统评价的几个关键优势。（1）针对性强：系统评价通常聚焦于一个具体的研究问题，这使得研究者能够深入探讨并找到更加精确的答案。（2）全面性：这种评价方法要求研究者广泛收集与研究问题相关的所有可用文献，确保没有遗漏重要的研究成果。（3）严格性：系统评价使用统一的科学标准来评估收集到的所有文献，确保只有高质量的研究被纳入最终的分析。（4）定量综合：通过统计技术，系统评价能够将多项研究结果进行数学上的综合，从而提供更全面的效果评估。（5）减少偏倚：系统评价的设计有助于减少研究过程中可能出现的偏差和错误，提高了研究结果的可靠性

第二，系统评价因其严格的研究流程，在减少偏差和提高研究透明度方面具有明显优势，这使其在众多文献综述方法中独树一帜（见表3-1）。以下是系统评价与其他类型的文献综述的对比。

（1）叙述性综述（Narrative Review）。叙述性综述旨在全面覆盖一个主题，揭示研究中的空白，并帮助明确研究问题。叙述性综述与系统评价的区别在于以下几点。①叙述性综述中，研究者选择纳入综述的文献标准可能不会完全公开或明确地展示给读者，不是基于一个预先设定的、系统化的纳入和排除标准。这意味着，有时候研究者基于个人的专业知识、经验或对主题的理解来选择文献，而这个过程可能带有主观性，不一定遵循一套固定的、可公开验证的标准。②系统评价通常遵循一个严格的结构化流程，包括明确的研究问题、纳入和排除标准、搜索策略、数据提取和分

析方法。叙述性综述的结构可能更加灵活，不一定遵循这样的结构化流程。③系统评价通常包括对每项研究的质量进行评估，以确定证据的强度和可靠性。叙述性综述可能不会对每项研究的质量进行正式评估。④系统评价可能会使用统计方法来合成数据，比如通过 Meta 分析来计算总体效应量。叙述性综述则通常不进行这种定量合成，而是通过叙述性描述来总结研究结果。⑤系统评价可以更容易地更新，因为它们的方法和结果是基于预先设定的计划。叙述性综述的更新可能更加依赖于研究者的个人判断。⑥系统评价通常遵循特定的报告指南，如 PRISRMA（Preferred Reporting Items for Systematic Reviews and Meta-Analyses），以确保报告的透明度和完整性。叙述性综述没有这样的标准化报告要求。⑦系统评价旨在提供关于特定问题或干预的全面和可信赖的证据，常用于指导临床实践和政策制定。叙述性综述可能更多地用于学术讨论，探索新兴领域或理论的发展。⑧系统评价通常被认为是证据等级较高的研究类型，因为它们采用严格的方法，从而减少了偏差和误差。叙述性综述由于其主观性和方法上的灵活性，其证据等级可能较低。

（2）范围综述（Scoping Reviews）。这种综述的目标是收集关于特定主题的所有文献，强调使用系统化的搜索策略，确保搜索过程的可复制性，并识别研究中的任何空白。范围综述与系统评价相比的区别在于以下几点。①系统评价会进行详尽的文献分析，包括对每项研究的质量进行评估和数据的定量合成，而范围综述可能更多地关注文献的广度而非深度。②系统评价遵循严格的研究计划，包括预先设定的纳入和排除标准、详细的搜索策略和透明度高的报告标准。范围综述虽然也使用系统化的搜索策略，但可能在方法学上的严格性不如系统评价。③系统评价通常会使用统计方法（如 Meta 分析）来合成研究结果，提供量化的效应大小或风险比。范围综述则可能不包括这种定量合成，而是更侧重于描述性地总结研究结果。④由于系统评价的严格性和深入分析，它们的证据等级通常被视为更高，而范围综述可能因为缺乏深入分析而在证据等级上不如系统评价。⑤系统评价可能需要大量的时间和资源来完成，因此可能不适合快速变化的研究领域或需要及时更新的情况。范围综述由于过程相对简单，可以更快地完成，适合快速识别研究领域的当前状态和空白。⑥范围综述的目的更多是确定研究领域的范围和关键问题，而系统评价则旨在提供关于特定干预或治疗的全面证据。⑦系统评价可能需要更多的时间和资源来执行，包括全面的文献搜索、详细的质量评估、数据提取和统计合成。范围综述则可以在较短的时间内完成，使用较少的资源。

表 3-1　系统评价与传统文献综述的区别

特征	系统评价	传统文献综述
研究问题	实践问题通常具体、针对性更强	研究问题涉及的范围更为广泛
文献来源	明确说明检索时间、多数据库检索	一般不做说明
检索方法	有明确的检索策略，开展系统检索	常不做说明，不全面
文献筛选	有明确的纳入和排除标准、有筛选流程	一般不明确说明纳入和排除标准及筛选流程
文献评价	评价方法有严格的标准、有研究质量评价	评价方法没有明确的标准、一般不做质量评价
结果的合成	Meta 分析、主题综合	多采用定性描述
结论的推断	按照不同级别的研究证据进行推断	有时候遵循研究证据
更新	会定期更新	一般不会定期更新

第三，从表 3-2 可以看出，与随机对照实验之外的其他类型的研究相比，系统评价提供了比任何单一研究结果更令人信服的证据。

表 3-2　不同研究设计的利弊

	优势	缺点
随机对照实验研究	●随机化和盲法可减少混杂因素的偏差和影响。混杂因素是影响研究结果的变量，不受研究人员的控制 ●研究人员对研究有更好的控制 ●可以得出关于干预措施与问题之间因果关系的有力结论	●设计、执行和评估可能很复杂、成本高昂且时间冗长 ●对于某些研究来说，招募参与者可能很困难 ●由于伦理问题，可能不适合某些研究 ●对参与者实施盲法、进行某些干预比较困难
准实验研究	●所要求的条件更灵活，在无法控制所有可能影响实验结果的无关变量时，具有广泛的应用性	●没有随机分配实验对象到实验组和控制组，严谨性略低，因而所产生的因果结论的效度比 RCT 实验研究低
队列研究	●风险因素探究：队列研究能够观察并分析可能导致特定社会问题或服务对象生活变化的各种因素。 ●伦理适宜性：作为一种非干预性研究，队列研究在伦理上不会对参与者造成额外的风险或干预 ●多结果指标监测：可以同时监测和评	●用于罕见情况的局限性：队列研究可能不适合研究那些发生频率很低的问题或困难，因为这需要大量的时间和参与者样本才能得出有意义的结论 ●复杂因素评估：当一个问题涉及多种复杂因素或长期变化时，队列研究可能难以准确评估每一种因素的具体影响

续表

	优势	缺点
队列研究	估多个健康或社会福祉的指标，提供了对问题影响的全面视角 •针对特定情况：对特定环境中可能发生的不常见问题，例如特定工作场所的健康风险，队列研究是特别有用的	•资源和时间需求：长期进行的队列研究需要金钱和时间投入，这可能对于资源有限的社会工作项目来说是一个挑战
案例对照研究	•问题来源探索：案例对照研究有助于发现特定社会问题、健康问题、疾病或流行病的潜在原因。 •成本效益：研究相对经济且高效，因为它不需要昂贵的实验室设施或特殊设备，特别是在健康问题已经出现的情况下 •伦理考量：由于研究对象已经是存在健康问题或疾病的个体，案例对照研究几乎没有伦理争论 •多因素分析：研究者可考察服务对象生活中的多种潜在风险因素，如环境、职业和饮食习惯等	•回忆偏差：服务对象对自己生活困境或问题的回忆可能存在偏差，这可能影响研究结果的准确性 •注意力偏差：意识到某些风险因素的服务对象可能会过分关注这些因素，而忽视了其他同样重要的风险因素 •非随机化设计：案例对照研究的设计不随机分配，这可能降低研究结果的内部有效性 •匹配难题：找到与案例组相匹配的合适对照组存在很大困难，这会影响研究的外部有效性 •因果关系不明：案例对照研究不能确立风险因素与问题之间的直接因果关系，只能提供关于两者关联的概率性证据
单个案研究	•快速分享：单个案例研究可以迅速完成并发布，使研究者能够及时分享重要发现 •详细信息：能够提供关于个体或小群体的深入和详细的信息，有助于揭示问题的具体表现和影响 •伦理和实践考量：对于无法通过伦理审查或实践操作的其他研究设计，单个案研究提供一个可行的替代方案，允许研究者进行详细的调查	•研究者偏见：由于单个案例研究很大程度上依赖研究者的观察和解释，可能存在研究者的主观偏见，这可能影响研究的客观性 •不可复制：单个案例研究的独特性使得其结果难以在其他情境下复制，限制了其普遍适用性 •推广性有限：由于单个案例研究聚焦于特定个体或群体，其结果通常无法直接推广到更广泛的人群，这限制了研究结论的广泛适用性
定性研究	•研究获得的资料比较丰富 •研究者有较大的诠释空间，可以发挥创造力，弥补定量研究的不足	•收集数据基于研究人员的个人观察，研究对象是特定群体在特定场合下的反应，得到的结论的客观性受到限制 •研究结构的可重复性低 •对规律的认识很难非常精准
传统的文献综述、专家意见等	•预测过程迅速，成本较低	•没有研究设计 •没有实证资料支撑

资料来源：迪肯大学图书馆指南，https://deakin. libguides. com/quantitative-study-designs/cohort-studies。

第四，与单个随机对照实验相比，如果样本量足够大，系统评价可能并非必要。然而，在现实中，能够进行大规模随机对照实验的研究机构并不多见，而且这样的实验成本高昂，时间和资源消耗巨大。相比之下，系统评价通过整合多个研究的成果，能够在不增加单个研究负担的情况下增大样本量，这在实际操作中更为可行和现实。事实上，从高质量研究证据的来源看，无论是随机对照实验还是系统评价，只要它们设计严谨、样本量大、执行得当，都能提供可靠的研究证据。但是，单个实验的结论通常不如综合多个实验的系统评价全面。这是因为大规模的随机对照实验往往需要大量的人力、财力和时间投入，而许多研究机构并不具备这样的条件。此外，许多单个的随机对照实验由于样本量较小，可能无法得出准确可靠的结论。而高质量的系统评价，尤其是当结合了 Meta 分析技术时，可以类比于一个大规模的多中心随机对照实验。Meta 分析通过统计学方法合并多个同类研究的结果，从而在不增加单个研究负担的情况下增大样本量，减少偏倚和随机误差，提高研究的检验效能。这种方法可能得出更科学、更可靠的结论，特别是当单独的研究结果不一致或者缺乏统计学意义时，Meta 分析能够提供一个更加接近真实情况的综合分析结果。因此，系统评价，特别是结合了 Meta 分析的系统评价，被公认为是客观评价和综合特定问题研究证据的最佳手段。

三　临床实践指南

临床实践指南是一系列为改善临床实践而系统开发出来的建议，它们提供了具体的操作建议。目前，大多数临床实践指南集中在医学领域，目的是辅助医生和患者针对特定的临床情况做出合适的健康护理决策。其中，一部分指南是基于严格的系统评价和综合分析，包括对不同医疗和护理方案的益处和消极作用进行评估，这些指南通常被视为证据等级中的最高级别。

然而，并非所有临床实践指南都像 Cochrane 图书馆和 Campbell 图书馆（全球证据制作机构）所制作的系统评价那样严格。社会工作者在使用这些指南时，应持谨慎态度，批判性地评估其适用性和质量。此外，临床实践指南也存在一些局限性。（1）适用范围：许多指南的覆盖范围较窄，通常是针对少数疾病的诊断标准和治疗建议。（2）单一问题处理：指南往往只针对单一的诊断或实践问题提供建议，但在现实生活中，许多服务对象可能同时面临多种问题和困境。（3）干预方法的不确定性：有时，指南可能无法提供关于特定治疗方法或干预手段是否有效的明确结论。尽管存在这些局限，社会工作者仍可以将临床实践指南作为知识更新和实践改进的参考资源。

表3-3为临床实践指南的一些资源网站，可供大家查阅相关资料。

表3-3　临床实践指南的资源网站

网站名称	网址
世界卫生组织（World Health Organization）	https://www.who.int/publications/who-guidelines
国际指南联盟指南图书馆（Guidelines International Network library of guidelines）	https://guidelines.ebmportal.com/
英国国家卫生与保健优化研究所（The National Institute for Health and Care Excellence）	https://www.nice.org.uk/guidance
加拿大医学会临床实践指南信息库（Canadian Medical Association CPG Infobase）	https://joulecma.ca/cpg/homepage#_ga=2.29573311.1881072607.1609492402-429045615.1609492402
澳大利亚临床实践指南平台（Australian Clinical Practice Guidelines）	https://www.clinicalguidelines.gov.au/
美国国家补充和综合健康中心临床实践指南（National Center for Complementary and Integrative Health，NCCIH）	https://nccih.nih.gov/health/providers/clinicalpractice.htm
美国心理协会（The American Psychological Association）	https://www.apa.org/practice/guidelines/index.aspx
美国心理协会临床实践指南（为常见精神疾病的评估和治疗提供研究支持的建议）（American Psychiatric Association）	https://www.psychiatry.org/psychiatrists/practice/clinical-practice-guidelines
美国全国社会工作者协会实践标准和指南（National Association of Social Work Practice Standards & Guidelines）	https://www.socialworkers.org/Practice/Practice-Standards-Guidelines
美国指南中心（Guideline Central）	https://www.guidelinecentral.com/guidelines/
美国南加州大学图书馆研究指南（USC Libraries Research Guides）	https://libguides.usc.edu/socialwork/socialworkEBP
循环医学数据库（DynaMed）	https://www.ebsco.com/clinical-decisions/dynamed-solutions/dynamed
法国医学资源数据（Catalogue et Index des Sites Medicaux de langue Francaise，CISMeF）	https://www.cismef.org/cismef/

续表

网站名称	网址
英国循证保护中心（Centre for Evidence-Based Conservation，CEBC）	http://www.cebc.bangor.ac.uk
美国国家循证实践资源中心（Evidece-Based Practices Resource Center）	https://www.samhsa.gov/resource-search/ebp

四　全球主要的证据传播平台

Cochrane 图书馆和 Campbell 图书馆是全球知名的两大证据传播平台，它们提供了大量免费的系统评价资源，对社会工作研究者来说是非常宝贵的证据获取来源。

（一）Cochrane 图书馆

1. Cochrane 图书馆的发展历史

Cochrane 图书馆是一个非营利性的国际组织，由医疗健康专业人员、研究人员、患者、倡导者等组成的全球网络。其宗旨是提供高质量、无商业赞助和利益冲突的系统评价，以支持基于证据的决策制定。Cochrane 图书馆成立于 1993 年，起源于 1992 年成立的 Cochrane 中心，该中心由伊恩·查尔莫斯（Iain Chalmers）及其同事在牛津大学成立，专注于怀孕和分娩领域的研究。

Cochrane 图书馆的团队成员已遍布 130 多个国家，拥有 13000 名成员和 50000 名支持者，成为全球最大的系统评价组织。Cochrane 的工作不仅限于妇产科，其研究领域已扩展到多个医疗保健领域，并且与世界卫生组织（WHO）等国际机构合作，为制定循证指南和政策提供支持。Cochrane 系统评价是许多公共卫生指南的重要依据，包括 WHO 关于母乳喂养和疟疾的关键指南。

Cochrane 图书馆以其提供的高质量系统评价而闻名，是循证社会工作研究领域公认的权威信息源之一。这些系统评价可帮助研究者和实践者了解不同干预措施的效果，从而做出更加科学和有效的决策。

2. Cochrane 图书馆的系统评价证据

Cochrane 不仅制作和发布系统评价，还制定了一套严格和透明的标准，对推动系统评价方法的发展起到了关键作用。Cochrane 方法小组汇集了全球顶尖的方法学研究者，他们在统计学、信息检索、偏倚识别、定性研究等领域进行合作，以确定最有效的系统评价方法，并确保对研究结果进行恰当的分析和解释。

Cochrane 图书馆是一个包含多种类型高质量独立证据的数据库集合，旨在为健康护理和卫生政策决策提供信息。Cochrane 系统评价发表在 Cochrane 系统综述数据库中，涵盖了多种类型。（1）干预评价：评估健康治疗、疫苗、医疗设备、预防措施和政策的有效性和安全性。（2）诊断测试评价：评估测试工具的准确性，帮助诊断疾病。（3）预后评价：描述并预测疾病或健康状况的病程。（4）定性证据综合：探讨干预措施或健康状况相关的体验和观点。（5）方法评价：探索或验证研究设计、执行、报告或使用的方法。（6）评价概述：综合了多个现有系统评价的信息，以回答一个宽泛或复合的研究问题。（7）快速评价：通过简化方法加速完成的系统评价。（8）原型评价：原型评价通常是指那些在 Cochrane 体系中尚未形成标准化方法的系统评价类型，包括范围界定评价（Scoping Reviews）、混合方法评价（Mixed-methods Reviews）、患病率研究综述（Prevalence Reviews）和现实主义综述（Realist Reviews）等。由于这些评价类型还在发展中，它们可能不遵循传统的 Cochrane 系统评价的严格标准和指南，但它们为研究者提供了灵活性，以适应更广泛的研究需求。

Cochrane 图书馆中与社会工作相关的系统评价覆盖了儿童健康、心理健康、健康与安全、补充和替代医学、公共卫生、有效实践、生殖与性健康、传染病等多个领域。这些评价主要侧重于随机对照实验的系统评价，为社会工作者制订服务方案和选择干预措施提供了有力的参考。此外，还包括了对干预措施罕见不良反应、大规模公共卫生干预措施或组织变革影响的评估，这些评价纳入了非随机研究和定性研究，如经济问题或患者对干预的体验。

（二）Campbell 图书馆

1. Campbell 图书馆的历史发展

Campbell 图书馆是一个全球知名的系统评价数据库，专注于社会科学领域的干预措施效果。Campbell 图书馆提供大量免费检索的高质量系统评价，这些系统评价覆盖了犯罪与司法、教育、国际发展和社会福利等多个领域，旨在为卫生政策和社会决策提供可靠证据。

Campbell 系统评价的命名源自唐纳德·坎贝尔（Donald Campbell），他是美国国家科学院的荣誉成员。唐纳德·坎贝尔提出，政府改革可以被视为应用科学证据的社会实验，这些实验能够产生评估政策效果的科学证据，从而为政策制定和实践提供更明智的指导，最终增进公众福祉。Campbell 合作组织的成立源于 1999 年在伦敦举行的一次会议，会议汇集了来自四个国家的 80 名参与者，其中许多人也是 Cochrane 合作组织的成员。自 1994 年起，Cochrane 合作组织就在医疗保健领域进行系统综述，其成员认识到需要一个类似的组织来评估社会干预的有效性。社会和行为科学家以及社会从业者对此表示支持，这促成了 2000 年 Campbell 合作联盟的正式成立。Campbell 合作联盟在发展过程中，经历了多个重要里程碑式事件：2001 年，在丹麦政府和北欧部长理事会的支持下，成立了北欧 Campbell 中心；2017 年，Campbell 英国和爱尔兰国家中心在贝尔法斯特女王大学成立，由该校的证据和社会创新中心（Centre for Evidence and Social Innovation，CESI）主办；2019 年，Campbell 南亚区域中心在印度新德里成立，同年 11 月，Campbell 中国联盟也宣告成立。

2. Cochrane 图书馆的证据

Campbell 图书馆的系统评价覆盖了多个关键领域。（1）方法：包括研究设计和数据分析的最佳实践。（2）商业与管理：探讨商业策略和管理实践的影响。（3）犯罪与司法：评估不同司法程序和干预措施的效果。（4）残疾：研究如何更好地支持残疾人的社会融合和生活质量。（5）教育：评价教育干预措施对学生学习成果的影响。（6）国际发展：包括营养在内，关注全球发展议题。（7）知识转化和实施：研究如何将研究成果转化为实践。（8）社会福利：涵盖一系列社会问题，如残疾生计、儿童保护、老年人护理、青少年怀孕和无家可归者的援助。

Campbell 图书馆的证据主要有两种形式。（1）系统评价：是对特定问题或干预措施的所有相关研究进行的全面、系统的分析，旨在提供关于某一干预措施效果的最全面和最可靠的证据。（2）证据地图（Evidence and Gap Maps，EGMs）：呈现某一领域内研究的分布情况，帮助识别研究中的空白和未来的研究方向。

在社会福利领域，Campbell 图书馆的证据特别聚焦以下几个主题。

（1）残疾生计发展：研究如何增进残疾人的经济和社会福祉。（2）儿童暴力：评估预防和干预儿童虐待的策略。（3）老年照顾：评价支持老年人独立生活的不同照护模式。（4）青少年怀孕：探讨减少青少年怀孕的干预措施。（5）无家可归者的干预：分析帮助无家可归者找到稳定住所和改善生活状况的项目。

（三）其他系统评价证据平台

其他可以检索到系统评价证据的数据库如表 3-4 所示。

表 3-4 其他可以检索到临床指南和系统评价证据的数据库/网站

组织	主题	网址
PubMed	包括疾病诊断、治疗、预防、临床实验、公共卫生政策、健康管理、精神疾病、心理学研究、心理治疗等领域的证据	https://pubmed.ncbi.nlm.nih.gov/ （包括了一部分免费阅读的论文）
Web of Science	包括社会行为、犯罪、社会政策、行为心理学、临床心理学、认知心理学、管理学、教学方法、教育政策、心理发展、疾病防治、诊断、临床实验、健康政策、社区健康、全球卫生等领域的证据	https://access.clarivate.com/login？app＝wos&alternative＝true&shibShireURL＝https:%2F%2Fwww.webofknowledge.com%2F3Fauth%3DShibboleth&shibReturnURL＝https:%2F%2Fwww.webofknowledge.com%2F%3Fmode%3DNextgen%26action%3Dtransfer%26path%3D%252Fwos%26DestApp%3DUA&referrer＝mode%3DNextgen%26path%3D%252Fwos%26DestApp%3DUA%26action%3Dtransfer&roaming＝true
BMJ 最佳实践（BMJ Best Practice）	涵盖健康促进、疾病预防、生活方式干预、急性和慢性病管理等领域的证据	https://bestpractice.bmj.com/info/
美国焦虑抑郁协会（Anxiety & Depression Association of America, ADAA）	提供有关焦虑症和抑郁治疗方案的详细信息	https://adaa.org/
美国得克萨斯大学奥斯汀分校社会工作学院（The University of Texas at Austin Steve Hicks School of Social Work）	循证实践的教学	https://socialwork.utexas.edu/ceu/practice/ https://socialwork.utexas.edu/ceu/practice/

续表

组织	主题	网址
美国循证癌症控制项目（Evidence-Based Cancer Control Programs，EBCCP）	提供对数据和资源的访问，可以帮助计划人员和研究人员设计、实施和评估基于证据的癌症控制计划	https：//ebccp. cancercontrol. cancer. gov/index. do
美国人类服务研究所评估中心（Human Services Research Institute，HSRI）	致力于心理健康的美国国家技术援助中心。该中心向各州和非营利性组织提供评估领域的技术援助。这些工具包使用户能够获得关于如何实施评价研究的最新方法和说明。评价中的多文化问题和循证实践都有工具包提供	https：//www. hsri. org/
美国循证行为实践（Evidence-Based Behavioral Practice，EBBP）	教授和实施基于证据的健康行为实践	https：//ebbp. org/
美国多民族行为健康协会联盟（National Alliance of Multi-Ethnic Behavioral Health Associations，NAMBHA）	增进有色人种的行为福祉，并消除行为健康服务和治疗方面的差异。NAMBHA致力于实现文化上最佳的循证实践	http：//www. webhostingdiscounted. com/
美国国家精神卫生研究所（National Institute of Mental Heath，NIMH）	提供有关精神障碍的信息，以及有关NIMH研究、出版物和活动的信息	https：//www. nimh. nih. gov/
美国国家循证卫生健康工作组（the National Evidence Based Health Working Group）	致力于促进循证政策和循证实践的精准化，以提高美国的卫生保健服务质量	http：//www. evidencebasedhealthcare. org/
伦纳德·吉布斯博士的"帮助职业循证实践"（Dr. Leonard Gibbs'Evidence-Based Practice for the Helping Professions）	为希望了解循证实践以及如何进行证据搜索的社会工作者提供资源	http：//www. evidence. brookscole. com/
美国俄亥俄州药物滥用和精神疾病协调中心（the Ohio Substance Abuse and Mental Illness Coordinating Center of Excellence，SAMI-CCOE）	是一个技术援助组织，帮助实践者使用双相障碍治疗（IDDT）模型（一种基于证据的实践），并在当地社区内发展合作，以提高心理健康服务消费者及其家庭的生活质量	https：//case. edu/socialwork/centerforebp/
英国社会关怀卓越研究所（Social Care Institute for Excellence，SCIE）	致力于让服务使用者、护理人员、专业工作人员、服务提供者和政策制定者参与促进社会照顾的实践，并通过提供量身定制的、用户友好的资源来提高社会照顾者的能力和专业精神	https：//www. scie. org. uk/

续表

组织	主题	网址
美国国家循证项目和实践登记处（National Registry of Evidence-based Programs and Practices，NREPP）	支持知情决策，并传播有关预防和治疗精神与物质滥用障碍的干预措施的信息。NREPP允许用户访问有关干预措施的描述性信息，包括服务提供商、政策制定者、计划制订者、服务购买者、消费者和研究人员的信息	https://www.samhsa.gov/resource-search/ebp
美国SAMHSA心理健康服务中心循证实践实施资源包［SAMHSA Center for Mental Health Services（CMHS）Evidence-Based Practice Implementation Resource Kits］	该工具包包含利益相关方的信息表、介绍性视频、实践演示视频以及专业服务提供者的工作手册。内容涵盖疾病管理和康复、积极的社区治疗、家庭心理教育、支持就业和综合双重诊断治疗	https://store.samhsa.gov/
美国SAMHSA循证实践指南（Evidence-Based Practices Resource Center，EBP）	提供预防或治疗精神和物质滥用障碍的干预措施的信息。指南可供行为健康领域的利益相关方使用，以提高对当前干预研究的认识水平和提高循证实践的实施水平与可用性	https://www.samhsa.gov/resource-search/ebp
约克大学评价和传播中心（Centre for Reviews and Dissemination）	该网站收录了来自效果评价摘要数据库（Database of Abstracts of Reviews of Effects，DARE）、Cochrane在内的15000多个系统评价	https://www.crd.york.ac.uk/CRDWeb/
儿童治疗效果（Effective Child Therapy）	聚焦儿童心理健康和治疗的教育性网站，由美国心理学会（APA）儿童青少年临床心理学分会（Division 53）创建。其主要目的是向家长、教育者和心理健康从业者提供基于科学证据的儿童心理治疗信息，以帮助儿童和青少年应对各种心理健康问题并获得有效的干预	www.effectivechildtherapy.com/

第二节　收集研究证据的流程

收集研究证据的过程始于证据检索。如图3-2所示，这一过程通常包括四个步骤：选择合适的数据库、制定详细的检索策略、设定明确的纳入和排除标准，以及最终完成证据的搜集。

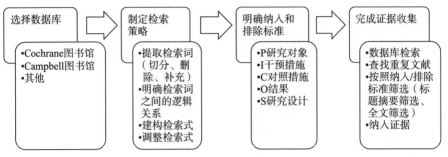

图 3-2 证据检索流程

在数据库检索完毕后，接下来的步骤包括检查重复证据、通过标题和摘要进行初步筛选，最后进行全文筛选。只有通过这些步骤筛选出的证据，才会被用于进一步的分析、总结和评估。这一系列步骤确保了所收集研究证据的质量和适用性，为基于证据的决策提供支持。下文简要介绍制订检索策略与明确纳入和排除标准的两个步骤。

一 制定检索策略

检索证据的第一步是确定要检索的数据库，第二步即制定检索策略。搜索策略的基本要求是敏感、具体和系统。敏感是指搜索词尽可能地纳入所有同义词和近义词，以保证全面地搜索研究者所关注的所有文献。具体是指搜索词明确，可以避免在筛选阶段研究者阅读成百上千篇的文章后只找到一篇符合标准的文献。系统是指精心制定的检索策略他人也可以重复使用。

建立检索式步骤：提取检索词、明确检索词之间的逻辑关系、建构检索式、调整检索式。

1. 步骤 1：提取检索词

提取检索词通常包括：切分、删除和补充三个步骤。

（1）切分。这一步骤是将研究问题分解为单个词语。这意味着将句子拆分成以词为单位的小块，以便于搜索。切分必须彻底，但同时也要注意保持原有意义，不能因为切分而改变原有的语义。

例如，研究问题"舞蹈对轻度认知障碍患者的干预"可以切分为"舞蹈"、"轻度认知障碍"、"患者"和"干预"。

（2）删除。在这一步骤中，我们需要识别并删除那些不具有检索意义的词语，如介词、连词、助词和副词等。同时，也要删除那些与研究主题关系不大的词语，以及那些过于宽泛或过于具体的限定词。

例如，在切分后的句子"舞蹈/对/轻度/认知障碍/患者/的/干预"中，首先可以删除虚词"对"和"的"。接下来，考虑到"舞蹈"本质上是一种"干预"，而患有"认知障碍"的人自然是"患者"，因此可以考虑删除"干预"和"患者"。

（3）补充。为了确保搜索的全面性，我们需要补充关键词的同义词和近义词。如果不确定还有哪些词语可以用来表述关键词，可以使用同义词词典、医学词典或在线搜索工具如必应、读秀等来帮助找到相关的同义词和近义词。

美国国立医学图书馆（National Library of Medicine）提供的医学主题标题列表（MeSH）（https://meshb.nlm.nih.gov/search）是一个特别有用的资源，它包含了超过26000个医学主题词（截至2017年）。这个列表可以在PubMed、Cochrane图书馆等数据库中找到，涵盖了精神病学、心理学、药物学、健康护理等多个领域。每个主要类别下还有更具体的子类别，如"精神障碍"和"行为机制"。

例如，对于"认知障碍"，可以考虑包括"阿尔茨海默病"、"认知功能丧失"、"认知功能下降"等词语。对于"舞蹈"，可以考虑包括"探戈"、"华尔兹"、"交谊舞"、"舞蹈治疗"、"运动疗法"、"波尔卡"、"爵士乐"、"狐步舞"、"恰恰舞"、"伦巴舞"、"桑巴舞"、"波列罗舞"和"萨尔萨舞"等词语。

2. 步骤2：明确检索词之间的逻辑关系

检索词之间的逻辑关系主要有三种"或"、"与"和"非"（见图3-3）。

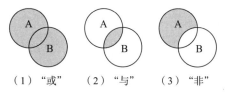

图3-3　检索词之间的逻辑关系（"或""与""非"）

（1）逻辑关系"或"：如图3-3所示，"或"表示搜索结果可以包含检索词 A 或检索词 B，或者两者都包含。在搜索查询中，我们使用"OR"或"+"来表示这种关系，例如"A OR B"或"A+B"。

（2）逻辑关系"与"：如图 3-3 所示，"与"表示搜索结果必须同时包含检索词 A 和检索词 B。在搜索查询中，我们使用"AND"或"＊"来表示这种关系，其逻辑表达式为"A AND B"或"A＊B"。

（3）逻辑关系"非"：如图 3-3 所示，"非"表示搜索结果可以包含检索词 A，但不能包含检索词 B。在搜索查询中，我们使用"NOT"或"－"来表示这种关系，其逻辑表达式为"A NOT B"或"A－B"。

另外，检索方式还有嵌套检索和截词检索等。

（1）嵌套检索（优先检索）：类似于数学中的四则运算，我们需要优先处理括号内的逻辑关系。通过使用括号，我们可以指示检索系统首先搜索括号内的组合。例如，在"（老年 OR 老人）AND 自杀"这个检索式中，系统会首先搜索"老年"或"老人"，然后将这些结果与"自杀"进行匹配。

（2）截词检索：这是一种在检索词中保留共同部分，用特殊符号代替可变部分的检索方法。截词检索可以根据截词的位置分为前截断、后截断和中截断，也可以根据截断的数量分为有限截断和无限截断。问号"？"代表有限截断，一个"？"代表一个字符；星号"＊"代表无限截断，一个"＊"可以代表多个字符。

示例：

➤ 输入 educat＊，可以检索出：educator、educators、educated

➤ 输入 educat？？，可以检索 educator、educated

➤ 输入 wom＊n，可以检索出 woman、women

➤ 输入＊chemi＊，可检索出：chemical、chemist、chemistry、electro-chemistry 等

3. 步骤 3：建构检索式

明确了检索词及其相互之间的逻辑关系就可以建构检索式。

检索式 1：舞蹈 AND 轻度认知障碍

检索式 2：（舞蹈 OR 同义词/近义词）AND（轻度认知障碍 OR 同义词/近义词）

以上检索式可以写成：

➤ 中文检索式为：

（舞蹈 OR 探戈 OR 华尔兹 OR 交谊舞 OR 舞蹈治疗 OR 运动疗法 OR 波尔卡 OR 爵士乐 OR 狐步舞 OR 恰恰舞 OR 伦巴舞 OR 桑巴舞 OR 波列罗舞 OR 萨尔萨舞）AND（轻度认知障碍 OR 痴呆症① OR 阿尔茨海默病 OR 认知功能丧失 OR 认知功能下降）

注意：学术文献总库中，用"+"代表 OR，用"＊"代表 AND。

➤ 同样的方法可以检索英文检索式：在英文数据库中注意添加主题词 MeSh 检索。上文的检索式可以建构为：

（（MCI OR dementia OR Alzheimer OR "cognitive impai＊" OR "cognitive loss" OR "cognitive decline" OR（"MCI"［MeSh］）OR（"Dementia"［MeSh］））OR（"Alzheimer Disease"［MeSh］））AND（（dance＊ OR "authentic movement" OR "movement therap＊" OR "movement psychot＊" OR "body psychot＊" OR tango OR waltz OR ballroom OR polka OR jazz OR foxtrot OR chacha OR rumba OR samba OR bolero OR salsa）OR（"Dance Therapy"［MeSh］））

示例，基于循证心理实践的高校新生适应障碍筛查和干预研究，其中：

◇研究对象为高校新生

◇心理干预策略为实验组采取认知行为疗法和动力分析疗法

◇研究设计为随机对照实验

◇评价指标为适应障碍情况

➤ 中文检索

（（适应不良［篇关摘］）OR（适应障碍［篇关摘］））AND（（大一［篇关摘］）OR（新生［篇关摘］））NOT（（小学［篇关摘］）OR（中学［篇关摘］）OR（高职［篇关摘］）OR（大专［篇关摘］））

➤ 英文检索

在 PubMed 中使用［MeSH Terms］替代［topic］：

（"adjustment disorder"［MeSH］）AND（"intervention"［MeSH］OR "therapy"［MeSH］）NOT（"medicine"［MeSH］OR "medical"［MeSH］）

---

① 阿尔茨海默病的旧称。

在 Web of Science 中使用 TS =（主题字段限定）：

TS =（"adjustment disorder"）AND（TS =（"intervention"）OR TS =（"therapy"））

NOT（TS =（"medicine"）OR TS =（"medical"））

4. 步骤 4：调整检索式

在进行文献检索时，我们的目标是找到尽可能多的相关文献，同时避免检索到大量不相关的资料。根据检索结果，我们可以调整检索方式以提高查全率（检索到的相关文献数量）和查准率（检索到的文献中相关文献的比例）。

●查全率：表示检索到的相关文献数量与系统中相关文献总量的百分比。

●查准率：表示检索到的相关文献数量与检索出的所有文献总量的百分比。

由于在检索开始前我们无法确切知道数据库中相关文献的确切数量，查全率往往是一个近似值。此外，查全率和查准率之间存在权衡关系，提高一个往往会降低另一个。

如果检索结果太多，且查准率较低，那么可以采取以下措施提高查准率。

●使用规范化的主题词和副主题词进行检索，减少或避免使用自由词。

●通过限定主要概念的主题词字段进行加权检索。

●扩大概念范围，并使用"AND"运算符来连接不同的概念。

●使用"NOT"运算符来排除不相关的概念。

●限制检索字段，如文献类型、语种等。

●利用位置运算符等高级检索技巧。

如果检索结果太少，则可以采取以下措施提高查全率。

●结合使用主题词和关键词进行检索。

●在主题词检索中使用扩展检索和全部副主题词检索。

●在分类检索中进行扩展检索，增加同义词、近义词或相关术语，以覆盖更广泛的概念。

●移除一些不太重要的概念，并减少"AND"运算符的使用。

●使用同义词进行"OR"运算，以扩大检索范围。

●采用截词检索来捕捉词干变化或相关词语。

通过这些策略，我们可以更精确地调整检索方式，以适应不同的检索需求，确保检索结果既全面又准确。

示例，初级保健对老年人自杀干预的效果

检索词为：

●老年人（老人 OR 长者 OR older * OR elder * OR senior * OR aged OR geriatric）

●初级保健（初级保健 OR primary care）

●自杀（自杀 OR suicide）

●系统评价（系统评价 OR Meta）

研究者需要收集初级保健干预老年自杀效果的证据，选择了级别较高的系统评价和 Meta 分析的研究。

➤ 中文检索

（初级保健［篇关摘］OR primary care［篇关摘］）AND（老年［篇关摘］OR 老人［篇关摘］OR 长者［篇关摘］）AND（自杀［篇关摘］）AND（系统评价［篇关摘］OR Meta 分析［篇关摘］）

研究者在初步检索的时候发现中文数据库检索不到相关研究，如果研究人员仍然希望检索到初级保健措施在中国情境下使用的证据，检索式可以选择从主题检索调整为全文检索，以扩大检索范围。

➤ 英文检索

（"primary care"［MeSH］OR "primary healthcare"［MeSH］）AND（"older adults"［MeSH］OR elder * OR senior * OR aged OR geriatric）AND（suicide）AND（"systematic review"［Publication Type］OR "meta"［Publication Type］）

二 明确纳入和排除标准

当从数据库中检索到证据后，需要通过一套既定的标准来筛选出最相关的研究。这些标准就是纳入和排除标准，是基于所构建的研究问题来明确的。因此，经常采用 PICOS 模式来设定纳入和排除标准（见图 3-4）。

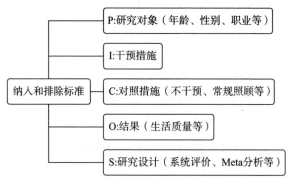

图 3-4 纳入排除和标准的制定

示例：关于初级保健对老年人自杀的干预效果的证据。

1. 文献检索策略

计算机检索至 xxxx 年 x 月 x 日的 Cochrane 图书馆、Campbell 图书馆、PsycINFO、Web of Science 平台、PubMed、中文期刊全文数据库（CNKI）。

检索词为：老年人（老人/长者/older＊/elder＊/senior＊/aged/geriatric）、初级保健/primary care、自杀/suicide、Meta/系统评价。

检索式为：

➤ 中文检索

（primary care［篇关摘］OR 初级保健［篇关摘］）AND（老年［篇关摘］OR 老人［篇关摘］OR 长者［篇关摘］）AND（自杀［篇关摘］）AND（Meta 分析［篇关摘］OR 系统评价［篇关摘］）

➤ 英文检索

（"primary care"［MeSH］OR "primary healthcare"［MeSH］）AND（"older adults"［MeSH］OR elder＊OR senior＊OR aged OR geriatric）AND（suicide）AND（"systematic review"［Publication Type］OR "meta"［Publication Type］）

2. 纳入和排除标准

按照"PICOS"原则纳入标准为：

（1）研究对象：年龄 60 岁及以上；居住在社区的老年人。

（2）干预：初级保健（primary care），包括药物与监测、跟踪、家庭或电话探访、心理治疗、社会支持、活动类计划等措施相结合的正式的、联合式系统干预。

（3）比较/对照：不干预。

（4）结果：主要指标包括以下几个。抑郁或情绪障碍评分：标准抑郁量表（HDRS）、MMSE 评定量表、HSCL-20、SCL-20（0~10 分）、健康功能损伤（0~10 分）评分；自杀意念（SI）的人数、有死亡想法的人数、抑郁症状缓解（SCL-20<0.5）的人数、重度抑郁人数（SCID）、HR 死亡与时间关系数等。

（5）研究设计：系统评价、Meta 分析。

排除标准为：

（1）排除对 60 岁及以上退伍军人提供的初级保健干预。

（2）排除伴有其他疾病（如高血压、关节炎、糖尿病等）或物质滥用（如酗酒）且这些并存疾病或物质滥用影响评价老年人自杀预防效果的人群研究。

（3）排除仅药物治疗的初级保健干预（包括药物治疗方案的制订、药物效果或者不良反应的跟踪和监测）。

（4）排除不能有效提取重要信息或数据的研究，及联系研究者但仍没有得到相关数据的研究。

三 按照纳入和排除标准进行筛选，完成证据纳入过程

如图 3-5 所示，数据库检索的结果按照查重、标题摘要检索和全文检索，最终纳入需要分析、总结和评估的证据。

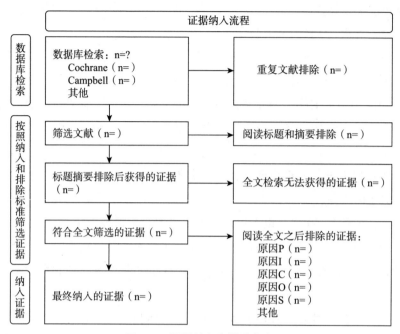

图 3-5　证据纳入和排除流程

第四章 证据质量评估

第一节 证据质量的概念和评估指标

评估科学证据的质量是一次彻底的质量检查，其目的是确保这些证据是可信的、有价值的，并且与研究密切相关。这一过程要求我们深入分析证据的内在逻辑、普遍性，以及它与研究问题的关联性。在定量研究评估过程中，主要关注以下几个关键方面。

（1）内在效度：是指研究结果确实由研究关注的关键变量导致，而非其他无关因素。评估时应检查研究设计的质量以及采取的减少偏差的方法。例如在实验研究中，内在效度体现在通过随机分配参与者到实验组和对照组来减少选择偏差。例如，一项研究旨在评估一种新的教学方法对学生数学成绩的影响，研究者通过随机分配学生确保两组在开始实验前在数学能力上是相似的。

（2）外在效度（普遍性）：研究的发现是否能够被推广到研究环境之外的其他情境或群体。例如，甘肃省调查研究了收入水平对健康的影响，其结果可以推广到整个国家的人群。

（3）可靠性：指在相似条件下重复实验时，研究结果的一致性和重复性。例如，如果同一份问卷在不同时间点对同一组受访者进行多次施测，得到的分数具有高度相关性，那么这份问卷被认为是可靠的。

（4）客观性：评估研究结果在多大程度上能够避免研究者个人情感和信仰的偏见。例如，使用标准化的量表来评估个体的焦虑水平，这些量表的设计旨在减少评估者的主观影响。

通过这四个维度的考量可以更准确地评价科学证据的质量，确保研究结果的有效性和适用性。

在定性研究领域，特别关注证据的真实性、应用性、一致性和中立性。这些评估标准与量性研究中的内在效度、外在效度、信度和客观性相对应，它们共同构成了评估研究质量的基础。

（1）真实性。真实性是指研究结果是否真实地捕捉了研究现象的本质。例如，在一项关于老年人对移动支付接受度的研究中，真实性可以通过长时间的田野调查和深入访谈来实现，确保研究结果真实地捕捉了老年人对移动支付的真实感受和使用行为。

（2）应用性。应用性是指研究结果在现实世界中的实用性和应用范围。例如，如果研究结果表明，通过提供简化的用户界面和有效的客服支持，可以提高老年人对移动支付的接受度，那么这一发现的应用性就在于它能够被应用到移动支付应用的设计中，以提升用户体验。

（3）一致性。一致性是指研究结果在不同环境和情境下的一致性。例如，在不同的文化背景和社会经济条件下重复进行的质性研究中，如果发现老年人对移动支付的基本担忧（如安全性、易用性）是一致的，那么这表明研究结果具有跨环境的一致性。

（4）中立性。中立性是指研究是否保持了中立的立场，避免了主观偏见。例如在研究老年人对移动支付的态度时，研究者应避免带入个人偏见，确保研究过程和结果的中立性。例如，研究者不应对移动支付的优劣持有预设立场，而是通过收集和分析数据来揭示老年人的真实观点。

这些标准可以帮助我们确保研究结果不仅是准确的，还要能够在实践中发挥作用，同时保持研究的客观性。通过这样的评估，我们可以更有信心地将证据应用于解决实际问题，从而做出更明智的决策（Hayashi et al., 2019；Andrade, 2018）。

表 4-1　定性研究和定量系统评价研究的质量评估比较

评价指标	定性研究	定量研究
真实性/ 内在效度	系统评价的研究目的明确，充分详细地描述了所用的方法，数据合并是合理、可解释的。例如，在评估某种健康干预措施的定性影响时，研究者可能会选择那些采用了深入访谈或焦点小组讨论的研究，因为这些方法能深入探讨参与者的个人经历和感受，从而提高研究的深度和真实性	控制不相关变量可能对研究结果产生的影响。例如，在评估舞蹈干预老年认知障碍效果的研究中，研究者可能会只选择那些使用了随机对照实验（RCT）的研究，因为 RCT 被认为是具有高内在效度的实验设计，能够较好地控制实验条件，减少偏倚

续表

评价指标	定性研究	定量研究
应用性/外在效度	研究所收集的资料对于被研究对象的感受与经验可以有效地转化成文字性陈述。研究证据可推广到系统评价中的特定研究对象之外。例如，定性系统性评价可能会探讨不同文化和社会背景下的研究发现，以评估和理解研究结果在不同情境中的适用性	结果可以推论到外在现实世界的可能。例如，如果系统评价的目的是要了解某舞蹈干预在不同人群中的效果，研究者可能会包括不同年龄、性别、民族和疾病的研究，以确保结果的普遍适用性
一致性/信度	研究者如何运用有效的策略收集可靠的资料。系统评价的研究结果应来源于原始研究的资料。例如，研究者可能会使用多级编码过程，即由不同的研究者独立对数据进行编码，然后比较和讨论差异，以达成共识，从而提高编码的一致性和可靠性	研究结果可以被重复测量，一致性和稳定性高。例如，在进行系统性评价时，研究者可能会采用预先设定的纳入和排除标准，以及重复的数据提取和质量评估过程，以确保结果的一致性和可重复性
中立性/客观性	研究的重点在于对研究伦理的重建，从研究伦理的重建过程获得可信的资料。例如，为了提高客观性，研究者可能会采用反思日志，记录自己在研究过程中的假设、偏见和决策点，以及它们如何影响研究结果的解释	研究过程中对于研究资料的收集不会受到研究者个人的影响，也不会因为研究者的主观因素误导结果。例如，为了减少主观性，研究者可能会使用盲审方法，即在评估研究质量和提取数据时，不知晓研究的作者、出版机构或结果

资料来源：Ma et al.，2020。

根据 Cochrane 手册的指导，进行系统评价证据的质量评估时，应关注研究目的的清晰界定、纳入和排除标准的明确、高效的检索策略、严谨的数据收集和管理、对证据局限性的识别和说明、证据的质量评估，以及对结果的综合和总结（见表4-2）。在整个证据质量评估过程中，社会工作者需要特别关注证据的可信度、相关性和证据的应用价值，确保系统评价能够为社会工作实践的决策和政策制定提供有力支持。

表4-2　系统评价证据的评估

内容	评价	备注
研究目的	明确系统评价的研究目的，确保它与社会工作实践的需求相符合	适用于同一问题的多种干预措施效果研究分散在不同的系统评价中

续表

内容	评价	备注
纳入和排除标准	了解系统评价中纳入和排除研究的具体标准，判断评价的相关性和适用性	主要纳入 Cochrane 系统评价 ● 有时选择纳入 Cochrane 系统评价和在 Cochrane 图书馆［疗效评价摘要数据库和卫生技术评估（HTA）数据库］检索到的其他系统评价。 ● 偶尔纳入其他出版来源的系统评价
检索	评估系统评价中使用的检索策略是否全面，能否确保涵盖所有相关研究	偶尔可检索非 Cochrane 系统评价
数据收集	检查数据收集的过程是否透明和一致，这关系到证据的可靠性	如有必要，再评价的作者可从已纳入的系统评价作者方面获取其他信息，或者偶尔也可从纳入系统评价的原始研究中自行提取相关数据
证据局限性	识别和理解系统评价中可能存在的局限性，包括研究设计、样本大小、数据质量等	Cochrane 再评价的作者应使用明确标准对系统评价进行严格评价。一般局限性（如，该系统评价是否更新）和特殊局限性（相对于再评价的具体目标，纳入系统评价是否存在局限性）都应考虑
证据质量	评估证据的强度和可信度，包括研究结果的一致性和可信程度	➤ 推荐每篇再评价应包括每个重要结果指标的证据质量评价 ➤ 如纳入系统评价未对其纳入原始研究进行质量评估，再评价作者应补充实行 ➤ 如果纳入系统评价已有质量评价，再评价作者应对纳入系统评价的有关质量评价做出判断，并确保这些判断在纳入的系统评价中保持一致
证据总结	考察系统评价如何整合和总结证据，以及这些总结如何支持实践决策	➤ 目前再评价作者应尽可能依据纳入系统评价报告的分析。数据偶尔需要重新分析，如不同系统评价分析了不同的人群或亚组。如有必要应进行各系统评价间的比较分析

资料来源：《Cochrane 干预措施系统评价手册》（2014 年中文版），https://www.cochrane.org/news/new-cochrane-handbook-systematic-reviews-interventions。

　　需要明确的是，我们必须区分"研究质量"与"研究偏倚"这两个关键概念。根据《Cochrane 干预措施系统评价手册》（2014 年中文版），研究偏倚强调研究结果的准确性，即研究结果是否可能因某些系统性误差而与实际情况有所偏差。而研究质量则关乎研究执行的严谨性，它衡量的是研究者是否依据最高的科学标准来设计和实施研究，但这并不直接等同于无偏倚风险。例如，即使在无法实施盲法的实验中，我们不能仅凭这一点就断定研究质量低。重要的是认识到，尽管"研究质量"和"研究偏倚"

有关联，但它们并不相同。一个研究可能在执行上达到了高标准，却仍然存在偏倚风险，例如，当参与者知道自己的分组情况时，可能会引入偏倚。此外，一些研究尽管在质量上表现出色，如获得了伦理审批、计算了合适的样本量，但这些因素并不直接降低偏倚风险。

再例如，假设我们要进行一项社会工作研究，目的是评估一个新的家庭辅导项目对改善城市贫困家庭儿童心理健康的影响。

高研究质量可能体现在以下几个方面。

• 研究具有明确的研究目标和详尽的研究计划。

• 研究获得了伦理委员会的审查和批准，确保了参与者的隐私和权益。

• 对家庭辅导项目的实施过程进行了严格的监控和记录，确保了服务的一致性和质量。

• 使用了经过验证的心理评估工具来收集数据，这些工具具有良好的信度和效度。

研究偏倚可能体现在以下几个方面。

• 自我选择偏倚：如果参与家庭辅导项目的家庭是自愿报名的，可能不具有代表性，因为自愿参与的家庭可能在某些方面与其他贫困家庭不同。

• 测量偏倚：如果研究依赖家庭成员的自我报告来评估心理健康状况，可能存在偏差，因为家庭成员可能不愿意透露所有信息，或者对自己的心理状态缺乏准确的认知。

• 混杂变量：如果研究没有控制可能影响儿童心理健康的其他因素，如家庭环境、教育资源或社区支持，这些未考虑的变量可能会引入混杂偏倚。

在这个例子中，即使研究在设计和执行方面达到了高研究质量的标准，但由于上述偏倚的存在，研究结果的准确性可能仍然受到质疑。这意味着，研究的严谨性并不能保证完全消除偏倚的风险，研究者需要采取措施来识别和管理可能的偏倚，以提高研究的可靠性和推广性。

在对证据质量进行评估时，Cochrane 系统评价特别引入了"结果总结"表格。此表格不仅详尽地描述了纳入研究的效应估计值的可信度，还考虑了研究偏倚风险可能对这些估计值造成的影响。这种方法有助于我们更加清晰地区分研究报告所展示的质量和实际研究质量之间的差异，尽管评估研究偏倚时仍需面对依赖研究报告信息的挑战。如需进一步了解详细信息和具体的评估方法，可以参考《Cochrane 干预措施系统评价手册》（2014 年中文版）的相关章节。

第二节　批判性评估证据质量

评估研究证据的质量时，研究者一般会采取以下三种方法。（1）研究设计评估：检查研究设计是否能够带来有效的研究结果。（2）报告规范性评估：保证研究报告遵循透明的标准，如 CONSORT 或 STROBE 声明。（3）评估工具应用：使用专业工具来评价研究证据的可信度、显著性和实用性。

一　评估原始研究的研究设计

评估研究质量首先评估的是研究设计。通常，"证据金字塔"被认为是衡量研究证据可靠性和有效性的工具。其中，实验设计对推断因果关系非常重要，可以帮助确认服务或干预是否真正导致了观察到的变化。

在评估研究质量时，社会工作者需要审核系统评价中的原始研究使用了哪些设计。这是因为不同研究设计具有不同的优缺点。例如，探索某种新干预方法时研究者可能采用单一案例研究设计（SSRD）。尽管单一案例研究设计不足以直接提供某一服务方案或干预计划是否有效的证据，但能为后续更严格的实验研究奠定基础。

值得注意的是，在现实条件和伦理约束下，研究人员可能无法采用理想的研究设计。在缺乏高级别证据时，社会工作者当然可以参考低级别的研究证据，甚至依靠实践经验开展服务或进行干预实践。

社会工作者在评估证据质量时，应遵循"证据金字塔"的原则，并注意以下要点。

（1）即便是高级别证据，如果其质量不达标，社会工作者也需运用批判性思维来判断何谓"最佳当前证据"。例如，在某项系统评价中，虽然多项随机对照实验显示了一种新型干预方法干预老年抑郁症的积极效果，但社会工作者注意到这些研究的样本量较小，且未充分考虑服务对象的生活方式因素。因此，社会工作者可能会判断这些研究虽然属于高级别证据，但由于其局限性，可能不足以作为"最佳当前证据"。

（2）"证据金字塔"是一个开放式的体系，它允许在缺少高级别证据的情况下，参考较低级别的证据。例如，在缺乏关于某种罕见病治疗的随机对照实验证据时，社会工作者可能会参考一系列病例报告或临床经验总结。这些较低级别的证据虽然不如随机对照实验严谨，但可能提供了关于治疗该罕见病的唯一可用信息。

（3）社会工作者可以利用定性研究来加深对证据的理解，辅助做出更明智的决策。例如，系统评价表明，认知行为疗法对治疗儿童厌学情绪具有较好的疗效。然而，通过深度访谈和观察，社会工作者发现家庭关系的紧张和父母的高期望值是导致儿童厌学的重要因素。这种定性研究提供了对厌学行为背后动机的深入理解，可帮助社会工作者在治疗过程中不仅关注儿童的认知行为，还关注改善家庭环境和亲子关系。

二　评估研究报告的规范性

使用报告标准来评估研究质量的好处显而易见。（1）科学严谨性的证明。这些标准帮助研究者和评估者判断研究过程的科学性，是衡量研究或系统评价质量的重要依据。（2）提高透明度。规范的研究报告使研究过程更清晰、更准确，对读者而言也更加透明，使他们能够自行评估研究的优势和局限。（3）提高可重复性。对于定量研究，遵循报告标准可以提高研究的可重复性，允许其他研究者复制和审查研究过程，这是确保研究客观性和中立性的关键。（4）方法的完整性。对于定性研究，应用这些标准有助于提高研究方法的完整性。

研究者报告系统评价时，应包含以下内容。（1）标题：简洁明了地描述研究主题。（2）摘要：提供研究的简短总结，包括关键发现。（3）介绍：阐述研究背景和研究问题。（4）方法：详细描述研究设计和方法。（5）招募和抽样：说明参与者的招募和抽样过程。（6）样本大小：解释样本大小的确定方式。（7）效果和措施：列出研究中使用的效果度量和测量工具。（8）协变量：讨论可能影响结果的其他因素。（9）研究设计：描述研究的具体设计。（10）数据分析方案：说明数据分析的方法和过程。（11）结果：展示研究结果，包括统计数据和图表。（12）参与者流程：描述参与者在研究中的流程。（13）参与者特征：概述参与者的基本信息。（14）发现：讨论研究结果的意义。（15）讨论和结论：提供对结果的深入分析和结论。（16）研究局限性：诚实地讨论研究的局限和潜在偏差。（17）未来研究方向：建议未来研究的可能方向。（18）影响：评估研究对实践和政策的潜在影响。（19）参考资料：列出研究中引用的所有文献。（20）图表：使用图表来辅助说明研究结果。

目前，有关系统评价和 Meta 分析的报告标准主要有 PRISMA、MOOSE Guidelines 等。通过遵循这些报告标准，研究者能够提供全面、透明的研究结果，从而使循证社会工作更加有效。

1. 期刊文章报告标准

在 2008 年，美国心理学会（APA）推出了期刊文章报告标准（JARS），随着 APA 出版手册第六版和后来的第七版的发布，这些标准被正式纳入 APA 指南。JARS 报告标准通过为定量研究、定性研究和混合方法研究等不同类型的研究提供详细的报告准则来提升研究的透明度和可复制性。例如，定量研究的 JARS 要求研究者详细说明研究假设、数据收集和分析方法，而定性研究的 JARS 则关注研究背景、数据来源和分析过程的透明度。混合方法研究的标准则结合了定量和定性研究的相关要求。如果需要了解更多细节，可以访问 APA 的官方网站①查看完整的 JARS 指南——APA JARS。

2. CONSORT 报告标准

CONSORT（Consolidated Standards of Reporting Trials）②报告标准旨在提高健康照顾领域随机对照实验的报告质量。这些标准包括一个详尽的清单和流程图，涵盖了实验设计、执行和结果分析的各个方面。清单包含 25 个项目，主要关注如何透明、完整地报告实验的设计、分析和解释，以帮助读者理解和评估研究的质量。流程图则描绘了所有参与者在实验过程中的进展情况。CONSORT 报告标准自 1996 年首次发布以来，已经进行了多次更新，最新的版本强调了报告的透明度和一致性，可帮助研究人员提高研究设计的质量③。通过使用 CONSORT 标准，期刊和作者能够提高健康研究的报告质量，从而促进更有效的健康决策和政策制定。

---

① 参见 https：//apastyle. apa. org/jars. 。

② 参见 http：//www. consort-statement. org/. 。

③ 参见 https：//journals. plos. org/plosmedicine/article？id = 10. 1371/journal. pmed. 1000251。

3. PRISMA 报告标准①

PRISMA（Preferred Reporting Items for Systematic Reviews and Meta-Analyses）的主要目的是帮助研究者提高系统评价和 Meta 分析的报告质量，并便于其他专家对已发表的系统评价进行批判性评估。PRISMA 提供了一个包含 27 个项目的清单，这些项目分布在七个部分：标题、摘要、引言、方法、结果、讨论和资助信息。这种结构化的报告框架确保了研究的透明度和可重复性，使得研究结果对决策者和实践者更加可靠和有用。

PRISMA 清单的使用有助于确保系统评价和 Meta 分析的报告是全面和准确的，提高其对健康干预措施评价的价值。此外，PRISMA 2020 版还更新了一些指导原则，反映了系统评价方法学的最新进展，包括更细化的报告项和修订的流程图，以适应原始和更新的系统评价的需要。更多详细内容和 PRISMA 2020 的具体应用指导可以访问官方网站或相关出版物获取详尽信息和资源②。

4.《Cochrane 干预措施系统评价手册》的报告标准

《Cochrane 干预措施系统评价手册》，可以访问相关网站③查看详细的报告和指南。

5. MOOSE Guidelines 报告标准

MOOSE（Meta-analysis of Observational Studies in Epidemiology）④ 指南的完整报告标准为观察性研究中的 Meta 分析提供了一套详细的报告规范，旨在提高这类研究的透明度和可靠性。

表 4-3　MOOSE 报告检查清单：方法、结果、讨论和结论

研究导言应包括
问题界定、假设陈述、研究结果说明、使用的接触或干预类型、使用的研究设计

---

① 参见 https://prisma-statement.org/。

② 参见 https://www.bmj.com/content/372/bmj.n71；https://journals.plos.org/plosmedicine/article? id=10.1371/journal.pmed.1003583。

③ 参见 https://china.cochrane.org/zhhans/resources/cochrane-resources/cochrane-handbook。

④ 参见 http://www.consortstatement.org/Media/Default/Downloads/Other% 20Instruments/MOOSE%20Statement%202000.pdf。

续表

检索策略应包括
检索人员的资格（如，图书管理员和文献调查员）、检索策略（包括检索时间、关键词）；尽可能纳入所有可以获得的研究（包括作者联系方式）；检索数据库和注册网站；检索使用的软件及其名称和版本，包括特定的搜索引擎；手工检索（如，检索后获得的文献的列表）；列出引用和排除的文献（包括判断的理由）；除英语语种之外其他语言发表的文章的处理方法；摘要和未发表研究的处理方法；作者联系方式

方法应包括
评估待检验的假设而进行的研究的相关性或适当性的描述
数据选择和编码的理由（如，完善的临床实践原则）
记录数据的分类和编码方式（如，评分员、盲法和参与者信度）
混杂因素评估（如，纳入研究中案例和对照的可比性）
研究质量评估，包括质量评估人员的盲法；研究结果可能预测因素的分层或回归；研究的异质性
统计方法的描述（如，固定或随机效应模型的完整描述，所选模型是否考虑研究结果的预测因素、剂量反应模型或 Meta 分析的正确性）足够详细，以便复制
提供恰当的图表

结果应包括
用图表总结纳入的每一个研究评估和总体评估的估计值
表中列出了每项研究的描述性信息
敏感性测试（如，亚组分析）
统计结果不确定性的解释

讨论应包括
定量评估研究的偏倚（如，发表偏倚）；判断文献排除理由的恰当性（如，排除非英语的文献）；评估纳入研究的质量

结论应包括
考察观察性研究结果的替代解释；结论的总结（如，依据所提供的数据并在文献综述范围内进行结论总结）；未来研究指南；资金来源的披露

三　评估研究证据的可靠性、重要性和适用性

目前，许多研究机构为了教授、促进和传播更好的研究证据，相继开发了针对不同研究设计的批判性证据评估工具，以判断这些证据在特定背景下的可信度、价值和相关性，或者着眼于研究的开展方式，并检查内部有效性、普遍性和相关性等因素。批判性证据评估工具的称谓较多，例如，CASP（Critical Appraisal Skills Programme）的批判性评估技能清单、

COSMIN 检查表、Cochrane 风险偏倚评估表等，目前较为常用的批判性证据评估工具主要有以下几种。

1. CASP[①] 的批判性证据评估工具

CASP 的官方网站[②]提供了一系列批判性评估清单，旨在帮助研究者和健康专业人士系统地评价不同类型的研究。这些清单涵盖了系统评价、随机对照实验、队列研究、病例对照研究、经济评估、诊断研究、定性研究以及临床预测规则等多种研究类型。其中 CASP 系统评价的质量评估检查表有 10 个问题（见表 4-4）。

表 4-4　CASP 系统评价的评估工具

第一部分：评估结果是否有效		
1. 这个系统评价是否解决了一个明确的问题	□是	提示：研究问题聚焦在
	□不清楚	• 被研究的人
		• 所实施的干预
	□否	• 干预的结果指标
评价：		
2. 作者是否确定了合理的研究设计	□是	提示："最好的研究"是
	□不清楚	• 清楚识别了研究问题
		• 有恰当的研究设计（通常使用随机对照实验来评估干预措施）
	□否	
评价：		
3. 你认为所有重要的相关研究都纳入了吗	□是	提示：确定
		• 检索了哪些数据库
		• 追踪了相关的参考文献
	□不清楚	• 与相关专家联系
		• 未发表和已发表的文献
	□否	• 非英语语言的研究
评价：		

---

① CASP，Critical Appraisal Skills Programme。

② 参见 https://casp-uk.net/casp-tools-checklists/。

续表

第一部分：评估结果是否有效		
4. 该系统评价的作者在评估纳入研究的质量方面做得是否充分	□是 □不清楚 □否	提示：作者需要考虑他们所识别和纳入的研究的严谨性。缺乏严谨性可能会影响研究结果
评价：		
5. 如果原始研究的研究结果已合并，这样的合并是否合理	□是 □不清楚 □否	提示：考虑以下问题 ● 各个原始研究的同质性 ● 清晰呈现所有纳入研究的结果 ● 不同研究的结果是相似的 ● 讨论研究结果差异的原因
评价：		

第二部分：研究结果如何		
6. 总体上所有研究的研究结果如何	□是 □不清楚 □否	提示：考虑 ● 是否清楚系统评价研究者的基本研究原则 ● 这些研究结果分别是什么（如果统计数据上是合适的） ● 如何阐述研究结果（如，使用 OR 值）
评价：		
7. 研究结果有多精确	□是 □不清楚 □否	提示：请查看是否有置信区间
评价：		

续表

第三部分：评估结果对在地问题的干预是否有帮助		
8. 这些研究结果能适用于当地的人群及其问题吗	□是	提示：考虑是否看出很多信息
	□不清楚	• 审查系统评价研究覆盖的研究对象与你希望干预的人群的不同
	□否	• 当地的社会、经济、文化等环境可能与系统评价中呈现的背景不同

评价：

9. 是否分析了所有关键性的结果指标	□是	提示：思考是否有其他一些重要信息是你希望看到的
	□不清楚	
	□否	

评价：

10. 干预所带来的好处与负面影响和投入的成本相比，是否值得	□是	提示：考虑即使问题没有被解决，你如何考虑这个系统评价的研究结果
	□不清楚	
	□否	

评价：

2. 牛津循证医学中心证据评估工具

牛津循证医学中心（Centre for Evidence-Based Medicine，CEBM）[①] 提供的批判性评估工具旨在帮助用户评估临床证据的可靠性、重要性和适用性。这些工具涵盖了多种研究类型，如系统评价、随机对照实验、队列研究、病例对照研究、经济评估、诊断研究、定性研究和临床预测规则等，帮助用户对各种类型的医学证据进行系统和详尽的评估。工作表分为不同的语言版本，包括英语、汉语、德语、立陶宛语、葡萄牙语和西班牙语等，以满足全球用户的需要。

CEBM 的批判性评估主要围绕以下几个问题进行：（1）这项研究是否

[①]　参见 https://www.cebm.ox.ac.uk/resources/ebm-tools/critical-appraisal-tools。

针对一个明确的重点问题；（2）研究方法是否有效；（3）研究结果是否具有重要意义；（4）这些结果是否适用于我的患者或目标人群。

3. 荷兰循证管理中心提供的批判性证据评估工具①

荷兰循证管理中心（Center for Evidence-Based Management，CEBMa）提供的批判性证据评估工具在进行批判性评估时，您可能会问的一些初步问题包括：（1）这项证据是否来自已知的、声誉良好的来源？（2）这项证据是否经过了某种形式的评估？如果是，是如何以及由谁来评估的？（3）这项证据的最新性如何。

此外，还可审查研究本身，并提出以下一般性的评估问题：（1）研究结果是如何测量的？（2）这种测量方式可靠吗？（3）效应大小如何？（4）这项研究对实践有何意义，它是否相关？（5）结果是否可以应用到在地情境中？

CEBMa 还开发了一个用于 iOS 和 Android 的应用程序 "CAT Manager App" 用于批判性评估研究，包括 Meta 分析、系统评价、对照研究、队列或面板研究、病例对照研究、横断面研究（调查）、定性研究和病例研究等。表 4-5 是 CEBMa 的系统评价评估工具。

表 4-5　CEBMa 的系统评价评估工具

评估题	是	不清楚	否
1. 这项研究是否解决了一个明确的重点问题			
2. 是否使用全面系统的文献检索？例如研究数据库（如 ABI/INFORM、业务来源 Premier、PsycINFO、Web of Science 等）			
3. 搜索是系统的和可重复的吗（列出信息来源，是否提供搜索词）			
4. 发表偏倚是否已尽可能避免（例如，是否试图收集未发表的数据）			
5. 是否有明确的纳入和排除标准（例如人口、关键性结果指标、研究设计）			
6. 每项研究是否从方法学上进行了质量评估			
7. 是否描述了研究的基本特征（例如人口、样本大小、研究设计、结果测量、效应值大小、研究局限性）			

---

① 参见 https://cebma. org/resources/tools/critical-appraisal-questionnaires/。

续表

评估题	是	不清楚	否
8. Meta 分析是否正确			
9. 单个研究的结果是否相似			
10. 效应值大小是否与实际相关			
11. 结果评估是否精确，置信区间如何呈现			
12. 这些研究结果是否适用于您希望干预的地方或组织			

资料来源：The Pocket Guide to Critical Appraisal；the critical appraisal approach used by the Oxford Centre for Evidence Medicine，checklists of the Cochrane Centre，BMJ editor's checklists and the checklists of the EPPI Centre.

4. 加拿大 AMSTAR2 评估工具

AMSTAR2 是由国际流行病学家和公共卫生专家小组开发的评价随机或者非随机干预性系统评价的质量评估工具。AMSTAR2 包含 16 个项目的系统评价量表。完整的清单可以在相关网站上免费获得。AMSTAR2 系统评价质量评估工具条目为评估系统评价的整体质量提供了一个非常有用的框架（见表 4-6）。

表 4-6 AMSTAR2 系统评价质量评估工具条目

序号	条目内容	评价结果
1	研究问题和纳入标准是否包括 PICO 各要素	
	①作者应该详细描述研究对象、干预措施、对照措施和结果指标，随访时间则根据结果获得的时限进行选择性描述	□是
	②在系统评价中，作者对 PICO 要素描述不全	□否
2	是否报告系统评价研究方法在实施前就已确定，是否报告与计划书不一致的情况	
	①作者陈述系统评价是依据事先写好的研究计划，并根据研究问题、检索策略、纳入/排除标准、偏倚风险评估方法等开展实施	□部分是
	②在①的基础上，提前注册或发表研究计划，研究计划中包括 Meta 分析数据合成的方法、查找异质性原因的方法、判断与计划书不一致的方法等，同时作者在文中描述了实施过程中与计划书不一致的情况	□是
	③作者未在系统评价中提到计划书的存在，且未检索到计划书，不能根据文中的描述判断研究方法是事先确定的	□否
3	作者是否解释了选择系统评价纳入研究设计类型的原因	
	①作者详细解释了只纳入随机对照的干预研究、只纳入非随机干预研究或两种研究类型均纳入的理由	□是

续表

	条目内容	评价结果
3	②作者没有解释纳入何种研究类型的理由	□否
4	作者是否使用了全面的文献检索策略	
	①作者检索至少 2 个与研究问题相关的数据库，并提供检索词和/或检索策略，对检索限制（如语言、时间）予以合理的解释	□部分是
	②在① 基础上，作者还补充检索了纳入研究的参考文献、临床实验或研究注册平台、咨询专家、灰色文献，且在 24 个月内完成系统评价的制作	□是
	③作者仅检索单个数据库，和/或未提供检索词和检索策略，和/或未对语言、时间等限制给予合理的解释	□否
5	是否由两人独立完成文献筛选	
	①由至少 2 名研究者独立"背对背"完成文献筛选，如有争议，讨论解决；或由第 1 位研究者独立完成文献筛选，第 2 位研究者对纳入研究进行抽样检查，且一致性≥0.8	□是
	②文献筛选由 1 位研究者独立完成，或文中未对文献筛选过程进行描述	□否
6	是否由两人独立完成数据提取	
	①由至少 2 名研究者独立"背对背"完成数据提取，或由第 1 位研究者独立完成数据提取，第 2 位研究者对提取的数据进行抽样检查、核对，且一致性≥0.8	□是
	②数据提取由 1 位研究者独立完成，或文中未对数据提取过程进行描述	□否
7	是否提供了排除文献的清单及排除理由	
	①作者提供了所有阅读全文并进行筛选的相关研究被排除的清单	□部分是
	②作者提供了所有阅读全文并进行筛选的相关研究被排除的清单和排除理由	□是
	③作者未列出进入全文阅读阶段中被排除研究的清单和/或排除理由	□否
8	作者是否足够详细地描述了纳入研究的基本特征	
	①作者描述了研究对象、干预措施、对照措施、结果指标、研究设计等基本特征	□部分是
	②作者详细描述了研究对象、干预/对照措施（包括相关的剂量）、研究设置、结果指标、研究设计、随访时间等基本特征	□是
	③作者未全面描述纳入研究的基本特征	□否
9	作者是否使用合理工具评估纳入研究文献的偏倚风险随机对照干预研究	
	①作者选择了合适的偏倚风险评估工具对存在的因未隐藏的分配、结果测量时患者与测评者的非双盲所致的偏倚进行评估	□部分是
	②在①的基础上，作者选择了合适的偏倚风险评估工具，还对因非真正的随机分配、选择性报告所致的偏倚进行评估	□是

续表

	条目内容	评价结果
9	③系统评价只纳入了非随机干预研究	□是
	④作者未对纳入的 RCT 干预研究中存在的偏倚风险进行评估，或对存在的偏倚风险评估不当	□否
	非随机干预研究	
	①作者选择了合适的偏倚风险评估工具对存在混杂因素所致的偏倚、样本的选择偏倚进行评估	□部分是
	②作者选择了合适的偏倚风险评估工具对存在混杂因素所致的偏倚、样本的选择偏倚、披露和结果的测量偏倚、对研究结果和数据分析的选择性报告偏倚进行评估	□是
	③系统评价只纳入了 RCT 干预研究	□是
	④作者未对纳入的非随机干预研究中存在的偏倚风险进行评估，或对存在的偏倚风险评估不当	□否
10	作者是否报告了该系统评价纳入研究的资金来源	
	①作者报告了纳入研究的资金来源，或文中提示作者查找了这些信息但未报告	□是
	②作者未查找、关注、报告纳入研究的资金来源信息	□否
11	如进行了 Meta 分析，作者是否使用适当的统计方法进行结果合并分析	
	①对于 RCT 干预研究，作者选择合适的效应量、统计方式进行了数据合并，调查了异质性的来源并且对存在的异质性进行了校正	□是
	②对于非随机干预研究，作者选择合适的效应量、统计方式可以进行数据合并，调查了异质性的来源并且对存在的异质性进行了校正。同时，作者对经过混杂因素校正的或未校正的结果数据进行了分析。在一个系统评价中，当同时纳入 RCT 干预研究和非随机干预研究时，作者通过亚组分析评价各自的效应量	□是
	③系统评价为定性研究	□不进行数据合并
	④作者选择了不恰当的统计学方法	□否
12	如果进行了 Meta 分析，作者是否考虑了纳入研究的偏倚风险对 Meta 分析或其他证据整合的潜在影响	
	①作者只纳入高质量、低偏倚风险的 RCT 干预研究	□是
	②作者纳入不同偏倚风险的 RCT 和/或非随机干预研究，且作者调查了偏倚风险对总效应产生的可能影响	□是
	③系统评价为定性研究	□不进行 Meta 分析
	④作者未调查存在的偏倚风险对总效应的影响	□否

续表

	条目内容	评价结果
13	在解释/讨论系统评价结果时，作者是否考虑了纳入研究的偏倚风险	
	①作者只纳入高质量、低偏倚风险的 RCT 干预研究	□是
	②作者纳入不同偏倚风险的 RCT 和/或非随机干预研究，且作者讨论了偏倚风险对结果的影响	□是
	③作者未调查纳入研究存在的偏倚风险对总效应的影响	□否
14	作者对系统评价结果中异质性是否给予满意的解释或讨论	
	①系统评价结果中不存在显著异质性	□是
	②作者调查了结果中异质性的来源，并讨论了其对研究结果的影响	□是
	③作者未对结果中异质性的来源进行调查，和/或未讨论其对研究结果的影响	□否
15	如果进行定量合成，作者是否充分调查了发表偏倚，并讨论了其对研究结果的可能影响	
	①采用图形或统计学检验发表偏倚，并讨论了发表偏倚的可能性和对结果的影响	□是
	②作者未检验发表偏倚，和/或讨论其对结果的影响	□否
16	作者是否报告了任何潜在的利益冲突，包括开展系统评价所接受的任何资助	
	①作者描述了资金来源，且声明没有利益冲突关系	□是
	②作者描述了资金来源，且说明如何处理存在的利益冲突关系	□是
	③作者未描述资金来源和/或声明利益冲突关系	□否

资料来源：https：//amstar.ca/index.php。

第五章　证据整合

如图 5-1 所示，在循证实践中，社会工作者致力于确保每一步决策都建立在坚实的证据基础上。经过初步的服务对象需求评估、证据收集和证据质量评估，我们将迎来实践的深化阶段——证据整合、转化和应用。

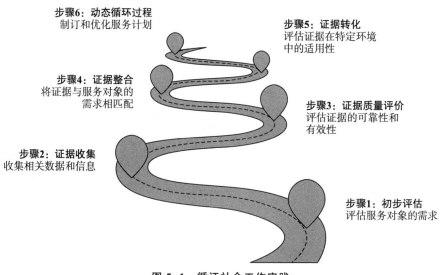

步骤6：动态循环过程
制订和优化服务计划

步骤5：证据转化
评估证据在特定环境中的适用性

步骤4：证据整合
将证据与服务对象的需求相匹配

步骤3：证据质量评价
评估证据的可靠性和有效性

步骤2：证据收集
收集相关数据和信息

步骤1：初步评估
评估服务对象的需求

图 5-1　循证社会工作实践

接下来的第五、六、七章将分别探讨 4、5、6 三个关键步骤。

第五章，证据整合。社会工作者将整合收集到的证据，并与服务对象的个性化需求相匹配。这一过程需要深入考虑服务对象的独特情况，包括他们的价值观、文化背景，并与服务对象及所有利益相关方共同探讨各种干预措施的优劣。在此基础上，社会工作者将运用批判性思维和专业经验，结合服务对象的资源和优势，形成一套综合的证据基础（见图 5-2）。

利益相关方
强调与所有相关方合作
以获得多元化视角

服务对象的独特性
强调个性化服务以满足每
个服务对象的特定需求

资源与优势
关注利用可用资源和服
务对象的内在优势

最佳证据
代表整合过程中的科学
研究和数据驱动服务方
案或干预计划的制定

专业经验与批判性思维
强调社会工作者的专业经验
和分析思维在整合中的作用

图 5-2　证据整合过程

第六章，证据转化。在证据整合的基础上，社会工作者评估证据在特定环境下的实用性和适用性。这包括考量服务的普及性、干预措施的有效性、经济成本、实施的可行性及可持续性（见图 5-3）。

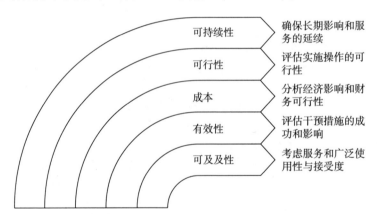

可持续性　　确保长期影响和服务的延续

可行性　　评估实施操作的可行性

成本　　分析经济影响和财务可行性

有效性　　评估干预措施的成功和影响

可及性　　考虑服务和广泛使用性与接受度

图 5-3　社会工作干预的证据转化

第七章，服务方案的制订、实施、评估与证据反馈。这一步骤是一个动态循环过程，目的是不断改进社会工作实践，提升服务质量。我们将根据实践结果和证据反馈，调整和改进服务方案，以确保干预措施始终以服务对象的最佳利益为出发点（见图 5-4）。

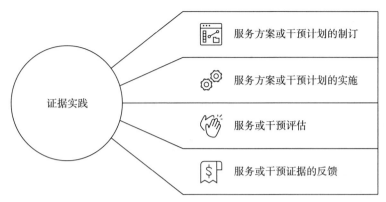

图 5-4　社会工作实践中的动态服务优化

第一节　证据与证据整合

一　证据与科学权威

研究证据在循证社会工作中的作用至关重要，它能够支持或反驳我们对社会问题的理解。然而，证据本身并不构成循证社会工作的全部。它不是直接决定服务方案或干预计划的简单工具，而是作为指导这些方案和计划制订和实施的一个参考。

循证社会工作在发展历程中面临的质疑之一是关于"科学权威"的问题。实际上，尽管循证实践强调基于科学的证据，并鼓励实践者寻找当前最佳的证据，但同样重视证据的全面性和平衡性。这意味着，证据的来源不应局限于已完成的研究成果，而应包括基于这些研究的进一步分析和综合，以及社会工作者的专业判断、实地调查获得的第一手资料，还有服务对象的需求、问题、资源、独特性和相关利益方的意见。

总之，虽然已有的研究成果是一个关键因素，但它并不是循证社会工作实践中的唯一决定因素。研究证据不会自动提供一个明确无误的"正确"答案。循证社会工作者必须综合考虑每个服务对象的多种信息，运用他们的专业经验和知识，来决定如何最有效地平衡和利用所有可用的临床和研究信息，从而确保社会工作实践既科学严谨，又灵活适用，满足每个服务对象的独特需求。

二　建立"服务联盟"或"问题改变联盟"

在循证社会工作的证据整合阶段，社会工作者、服务对象和利益相关方共同努力，建立一个"服务联盟"，这对于推动服务方案和干预计划的制订与实施至关重要。这种联盟能够带来多方面的好处。

首先，通过建立联盟，服务对象、社会工作者以及所有合作机构的工作人员可以共同承诺遵循循证社会工作的流程。这意味着，每个主体都将参与到证据整合的研讨会中，分享他们的见解和经验，共同为服务方案的制订出谋划策。

其次，一线社会工作者和其他服务提供者可以通过培训和能力建设，实时收集和反馈服务方案或干预计划实施过程中的信息。这种"现场证据"的即时反馈，有助于保持服务项目的连续性和稳定性，确保服务对象的问题得到有效解决、需求得到满足。

再次，联盟关系有助于社会工作机构与一线社会工作者之间建立良性互动系统和支持平台。在这个系统中，社会工作者在提供服务或执行干预计划的同时，也能够提升自己的组织、管理和服务技能。同时，社会工作机构也能因其优秀的服务或干预成效获得良好的声誉，打造特色服务品牌。

最后，证据整合不仅仅是一个单一的活动，而是一个将证据收集、证据制作、证据转化、证据实施、证据反馈以及服务计划调整等多个环节相联结的动态过程。这个过程围绕着服务对象的需求和问题的解决，形成了一个充满活力的循证实践文化，不断促进社会工作实践的发展和创新。

三　召集证据整合讨论会议

社会工作的本质在于其实践性和改变性。在证据整合讨论会上，社会工作者应用易于理解的语言向服务对象清晰地介绍在证据检索和证据质量评估阶段所汇总的证据信息。证据整合讨论会的核心目标之一是鼓励服务对象积极参与，深入讨论，这与社会工作中强调的服务对象中心和服务对象自决的价值观密切相关。这一做法可以减少科学或专家权威对服务对象力利削弱的可能性，有助于建立专业信任关系，激发服务对象改变的动机，增强服务对象的个人责任感和主体意识，从而推动社会工作者、服务对象，以及所有合作机构的工作人员和所有相关利益方建立起"服务联盟"或"问题解决联盟"。研究表明，社会工作者与服务对象之间的合作伙伴关系是建立强有力的服务关系的关键组成部分（Horvath and Bedi，2002）。强有力的服务关系已被证明是实现积极治疗结果的重要因素之一（David，2022；Norcross，2010；Wampold，2010）。

在证据整合讨论会上，社会工作者可以利用证据知情决策表向服务对象清晰地传达所收集到的证据信息（见表5-1）。为了提高会议的效率，社会工作者可以考虑以下几个策略。

（1）确定服务对象众多需要处理的问题中的优先事项。

（2）审查和评估现有的最佳数据，并讨论建立一个接受证据的临界质量标准。

（3）邀请一线社工、利益相关方及社区伙伴等环境层面的主体参与证据整合会议。

（4）对社工机构工作人员和一线社工进行循证理念和技巧的培训。

表 5-1　证据整合会议可使用的证据知情决策表

1. 界定问题 →确定的是一个清晰的、可回答的问题吗		
问题是什么		
	P	
	I	
	C	
	O	
2. 检索到的相关证据 →是否使用了全面的检索策略以收集到了当前的最佳证据		
PICO 检索的表格		
	●检索的时间：	
证据金字塔		
使用什么相关性标准来筛选证据		
检索结果		
	主要	参考文献管理数据库中的标题和摘要 ●另存为单独的参考文献管理数据库
	次要	完整文档版本的相关性评估 ●另存为单独的文档管理数据库

续表

3. 证据质量评估	
→是否根据相关证据进行了质量评估	

质量评估后仍然保留的证据有多少

4. 证据总结的结果
  →证据总结的结果是什么

证据中值得采取的行动是什么

5. 证据采用

● 启动或停止干预的评估工具：评估证据适用性和转化的工具，加拿大国家方法与工具协作中心（NCCMT）的评估证据适用性和转化的工具（NCCMT's Applicability and Transferability tool[①]）

● 这在这里可行吗？——决策者采用创新的指南（AHRQ's Will It Work Here? A Decisionmaker's Guide to Adopting Innovations）

6. 实施

注：①chrome-extension：//efaidnbmnnnibpcajpcglclefindmkaj/https：//www.nccmt.ca/uploads/media/media/0001/02/d9478bbe6b1311cb86be212e4e43d9fefe07958e.pdf。

资料来源：加拿大麦克马斯特大学国家方法和工具合作中心，https：//www.nccmt.ca/tools/assessing-applicability-and-transferability-of-evidence。

第二节　四要素证据整合模型

一　证据整合模型的四要素

循证社会工作中的证据整合是一个动态且多维的过程，它涉及将不同方面的信息综合起来，以制订出最适合服务对象的服务方案或干预计划。这个过程可以通过循证社会工作四要素证据整合模型来进行（见图5-5）。

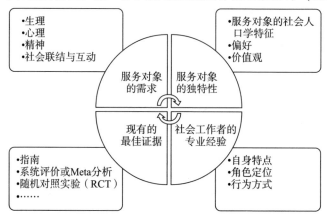

图 5-5　四要素证据整合模型

以下是这四个要素的简要说明。

（1）服务对象需求：这包括服务对象在生理、心理、精神等层面的需求，以及他们的生存和发展环境。这些需求已经在第二章第一节的需求评估中详细讨论过。

（2）当前最佳证据：指的是关于何种干预方法对于特定问题最为有效。这通常涉及对现有研究的系统性审视，以确定最有效的实践方法。

（3）服务对象的独特性：每个服务对象都有其独特的情况和背景，这些因素需要在制订服务方案时被考虑进去。服务对象的独特性可能包括他们的个人价值观、文化背景、偏好和其他个性化因素。

（4）社会工作者的专业经验：社会工作者的专业知识、经验和直觉也是决策过程中不可或缺的一部分。这些经验可以帮助工作者更好地理解服务对象的需求，并提供个性化的服务。

在第三章中，我们已经讨论了如何收集相关证据。现在，让我们更深入地了解服务对象的独特性和社会工作者专业经验的重要性。

二　服务对象的独特性

社会工作者为服务对象设计服务方案时不仅要考虑科学研究提供的证据，还要充分考虑服务对象的个人情况。比如，服务对象的文化背景可能会影响他们对某些干预措施的接受度。需要明确的是，循证社会工作并不是单纯追求证据，而是将服务对象的个人偏好放在决策的核心位置。虽然目前在循证实践中，对服务对象个性化因素及其环境因素的认识还不够深入，但服务对象的独特性通常包括以下几个方面。（1）个人特征：包括服务对象的年龄、性别、社会认知、宗教信仰、性取向、道德文化观念、价值偏好、个人信念、个人原则、态度和情绪状态等。（2）社会经济背景：包括服务对象所属的种族/民族、社会阶层、家庭背景、经济实力，以及当前的生活状态，如是否面临失业、离婚、被排斥或移民等问题。这些服务对象的独特性对于制订服务方案至关重要，因为它们帮助社会工作者确保服务方案既科学又具有个性，能够真正满足服务对象的需求。

在循证社会工作的证据整合阶段，社会工作者需遵循几个关键原则，以确保充分考虑服务对象的独特性。

第一，社会工作者要将服务对象视为具有独特性的主体。社会工作者在收集证据时，虽然依赖于指南和系统评价等普遍性证据，但必须意识到这些"最佳证据"并不适用于所有服务对象。例如，一个针对城市青少年的干预方案可能不完全适合农村青少年，因为他们的生活背景和面临的挑战可能截然不同。因此，社会工作者应深入分析每个服务对象的具体情况，包括他们的个人价值观、文化背景、偏好和其他个性化因素。例如，一位服务对象可能因为宗教信仰而拒绝接受某种心理治疗方法，即使这种方法在普遍情况下被证明是有效的。

第二，尊重服务对象的选择。社会工作者在实践过程中必须重视服务对象的利益，并尊重他们的个人选择。这意味着社会工作者应与服务对象紧密合作，共同决定最符合服务对象需求的服务方案。例如，如果一位老年服务对象偏好在家中接受服务，而不是搬到养老院，社会工作者应认真考虑这一偏好，并探索提供在家护理服务的可能性。其次，基于"服务对象中心"和"服务对象自决"的伦理原则，社会工作者在证据整合阶段应致力于增强服务对象的主体性，并鼓励服务对象积极参与决策过程。社会工作者应评估以下三个方面：（1）服务对象应有权决定是否接受某一服务内容或干预方法。（2）信息的充分性：服务对象应至少了解两种干预方法，包括它们的效果、可能带来的积极影响以及潜在的负面后果或风险。（3）服务对象的参与度：服务对象在服务方案和干预计划的形成过程中应有较高的参与度。

第三，社会工作者必须遵守"不伤害原则"。社会工作者有责任确保所提供的服务不会对服务对象造成伤害。如果在查阅了相关文献和研究证据后，发现服务对象提出的某个服务方案是已知无效或可能带来潜在风险的，社会工作者则有义务拒绝实施这样的方案。同时，社会工作者需要向服务对象清晰地解释拒绝提供该方案的原因，以确保服务对象理解决策背后的考量。例如，一位服务对象希望通过某种替代疗法来干预健康问题，但现有的证据表明，这种方法不仅效果未经证实，还可能存在安全风险。在这种情况下，社会工作者应当向服务对象说明，基于目前的研究，这种干预方法可能不会有效，并且可能带来风险。社会工作者可以建议服务对象考虑其他基于证据的干预方法，并提供相关的信息和支持。此外，所有相关的沟通和决策过程都应当详细记录在服务对象的档案中。

第四，强调情境性和本地化实践。对于特定的服务对象，尤其是那些具有特殊需求或生活在特定环境中的人，高级别的证据可能需要与服务对象的具体情况相结合。社会工作者在实践中必须倾听服务对象的声音，选择与服务对象的特定情况相匹配的证据，并在必要时调整或采用其他证据以实现有效干预。例如，为农村女性制订能力提升培训方案时，社会工作者需要考虑到她们可能承担了大部分家务劳动，因此培训时间的安排应避开她们忙碌的时段。同样，为老年人提供服务时，社会工作者应考虑他们的出行能力，如是否方便步行到老年活动中心。此外，为精神疾病患者提供服务时，社会工作者需要考虑病耻感问题，思考如何在服务方案中减少或缓解这种病耻感。

第五，注意不同观点的处理。社会工作者和服务对象可能对提供的服务或干预方法有不同的看法。例如，社会工作者基于研究证据推荐了一种服务方案，但服务对象可能表示之前尝试过类似服务未见效果。面对这种情况，社会工作者需要运用专业经验来做出决策。（1）提供更多信息：社会工作者可能需要向服务对象提供更多关于服务方案的详细信息，解释为什么当前推荐的方案与服务对象之前经历的有所不同。（2）询问细节：社会工作者应该询问服务对象之前接受服务的具体情况，包括服务的质量和实施细节，以了解为何之前的效果不佳。（3）考虑其他方法：如果服务对象对推荐的服务有疑虑，社会工作者可以考虑提供其他证据支持较少的服务或干预方法。（4）调整服务方案：社会工作者可以探讨是否可以对服务方案进行修改，以更好地满足服务对象的需求，同时不损害干预方法的证据基础。（5）伦理和适当性：在考虑修改服务方案时，社会工作者必须确保这些修改是适当的、合乎道德的，并且符合服务规范。（6）转介：如果社会工作者认为自己或所在的机构无法满足服务对象的需求，应该将服务对象转介给其他能够提供所需服务的社会工作者或机构。假设一位服务对象曾接受过认知行为疗法（CBT）但感到不满意。社会工作者在推荐 CBT 时，服务对象表达了保留意见。社会工作者应该详细解释 CBT 的工作原理，询问服务对象之前接受服务时遇到的具体问题，并考虑是否可以调整治疗方案，如结合服务对象的文化背景和个人偏好做出调整。如果服务对象对 CBT 仍有顾虑，社会工作者可以考虑推荐其他形式的疗法，或者将服务对象转介给其他专业人士。

德里斯科和格瑞德（Drisko and Grady，2019）建议社会工作者可以从以下方面考虑选择服务或干预措施，确保其既科学又具有个性，更好地满足服务对象的需求。

（1）全面评估：确保已经对服务对象的情况进行了全面的评估，并在必要时获取更多相关信息。

（2）倾听担忧：认真倾听服务对象的担忧和他们对服务或干预措施的看法。

（3）深入询问：如果服务对象对推荐的干预措施有疑虑，社会工作者应提出更详细的问题，以更好地理解服务对象的顾虑所在。

（4）讨论其他方案：根据文献检索结果，讨论其他可能的服务方案或干预计划，并清楚地解释每种方案或计划的研究支持情况和有效性差异。

（5）决定最佳方案：与服务对象一起决定哪种服务方案或干预计划是最佳选择，要考虑服务对象能够如何获得这些服务，以及社会工作者是否具备提供这些服务的专业知识和能力。

（6）达成一致：如果社会工作者和服务对象无法就服务方案达成一致，需要讨论是否还有其他更适合的专业人员或机构能够满足服务对象的需求。如果确定当前的社会工作者或机构不是最佳选择，社会工作者有责任将服务对象转介给更合适的服务提供者。

（7）记录沟通：将所有与服务对象的沟通和决策过程详细记录在服务对象的档案中。

（8）如果社会工作者和服务对象不能就以下方法达成一致——①符合服务对象的观点，②根据社会工作者对文献的理解并认为有效，③社会工作者有能力提供服务——那么社会工作者必须和服务对象讨论社会工作者或其机构是不是提供服务的最佳专业人员或机构。如果这个问题的答案是否定的，那么，在道德上，社会工作者有责任将服务对象转介到另一个更有资格提供服务对象所寻求的服务或干预的机构或专业人士。

（9）将对话记录在服务对象档案中。

三　社会工作者的专业经验

社会工作者的专业经验是循证社会工作中不可或缺的一部分。这种经验不仅帮助他们根据研究证据调整服务方案，而且确保了服务方案能够适应服务对象的个性化需求。有时可能会有人误以为循证社会工作只关注研究证据，而忽视了社会工作者的专业经验。实际上，循证社会工作非常重视社会工作者的专业经验，认为它对于确定适合服务对象实际情况的循证实践至关重要。此外，循证社会工作的目标并不是仅仅通过研究证据来控制或削减服务成本，而是利用社会工作者的专业经验来扩大服务的积极影响和提高服务的效益。

研究证据，尤其是临床指南和系统评价，通常集中于特定主题，可能无法涵盖现实生活中的复杂细节。例如，当搜索"什么干预方法对患有抑郁症的农村老年男性有效"时，检索出的证据可能只提供了关于治疗抑郁症的一般信息，而没有详细描述研究对象的具体背景。因此，社会工作者需要运用他们的专业经验来填补研究证据与服务对象具体情况之间的信息。他们需要判断研究证据所呈现的结果是否真正适用于特定的服务对象，并据此调整服务方案。

社会工作者的专业经验不仅帮助整合循证实践中的各个要素，而且在服务或干预的整个过程中发挥着持续的、积极的作用。这些经验包括显性知识和隐性知识（那些难以言传的知识），它们共同促进服务的提供并最终带来积极的变化。社会工作者需要具备出色的人际互动能力和资源链接能力，这使得他们能够迅速与服务对象建立起专业的信任关系，并与服务对象建立起坚实的"服务联盟"或"问题解决联盟"。同时，社会工作者的专业经验还促进了他们的自我反思，帮助他们理解服务对象的个体差异、文化背景以及现有资源限制对服务和干预的影响。例如，一位社会工作者在为一位失业的退伍军人提供帮助时，不仅需要了解有关心理健康干预的研究证据，还需要运用自己的专业经验来建立信任，链接到当地的退伍军人支持资源，以及考虑到服务对象的文化背景和个人需求。

尽管社会工作者的专业背景和经验是他们最宝贵的服务工具之一，但社会工作者也应保持对"科学权威"或"专业权威"的敏感性，避免让服务对象感到自己的意见被忽视。特别是要关注以下几点。（1）服务对象的脆弱状态。由于研究人员和社会工作者常被视为知识渊博的专家，而服务对象则可能感到无助和不确定，这可能导致服务对象在讨论中采取一种被动的"求助"或"听从"态度。这种情况可能使服务对象的意见被无意中塑造或操纵，与社会工作的核心价值"服务对象自决和参与"相违背。（2）成本与效益。忽视服务对象的主体性不仅违背了社会工作的宗旨，还可能增加行政管理和服务成本。（3）鼓励平等参与。社会工作者应努力去除服务对象的"弱者"标签，反思服务对象是否真的愿意参与一个他们认为没有考虑他们价值观和需求的服务方案。社会工作者应鼓励服务对象平等、坦诚地参与到证据整合的讨论中。例如，一位单亲妈妈可能对社会工作者推荐的育儿知识感兴趣，但她同时也担心学习这些知识会与她的工作时间冲突。社会工作者应该认真听取她的顾虑，并一起探讨是否有其他可行的方案，如在线课程或周末研讨会，这样不仅能满足她的需求，也尊重了她的个人需求。

第三节　五要素证据整合模型

一　证据整合模型的五要素

第一，以服务对象的问题/需求为中心的五要素证据整合模型。如图5-6所示，五要素证据整合模型突出了"服务对象的问题/需求"和"服务对象的独特性"，并将服务对象的问题/需求置于模型的中心位置。这种设计反映了一个核心理念：在循证社会工作实践中，服务对象始终是我们关注的焦点。换言之，服务或干预的目的在于解决服务对象未满足的需求或未解决的问题，而不是将服务对象本人视为问题。这种区分有助于我们更好地理解服务对象的角色，即他们是问题的解决者和主体，而不仅仅是问题的一部分。五要素证据整合模型促进了社会工作者与服务对象之间的"服务联盟"和"问题改变联盟"的建立，避免了将服务对象与问题混为一谈的错误。例如，一位服务对象可能正在努力解决失业问题。在五要素证据整合模型的指导下，社会工作者会与服务对象合作，识别他们的独特优势和资源，如他们的技能、兴趣和社交网络，并将这些因素纳入职业发展计划中。这样，服务对象不仅仅是有"失业"问题困扰的人，更是被视为具有潜力和能力解决这一问题的人。

第二，利益相关方的参与。五要素证据整合模型认识到服务对象的环境系统中的个体，如父母、朋友、邻居、工作伙伴，以及政府机构、服务组织和社会机构等，都是服务对象生活中的重要部分。这些个体和组织不仅对服务对象的生活有深刻的了解，而且是潜在的支持者和资源提供者。

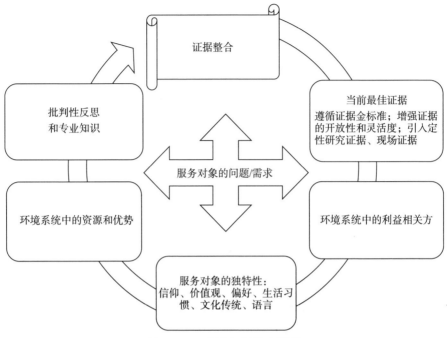

图 5-6　五要素证据整合模型

当这些利益相关方参与到证据整合过程中时，可以显著提高所提出干预措施的适应性和可行性。这是因为他们提供了关于服务对象生活环境的独特见解，有助于制订更符合服务对象实际需要的解决方案。例如，一位单亲母亲可能面临经济压力和育儿困难。在这种情况下，社会工作者可以邀请她的亲友、孩子学校的老师，以及当地社区中心的工作人员参与讨论。这些利益相关方可能会提供关于可用资源的重要信息，如社区支持团体、教育补助金，或者儿童保育服务，这些都是帮助该母亲克服困难的潜在资源。

第三，环境的重要性和资源的可及性与影响。五要素证据整合模型相较于四要素证据整合模型，特别增加了对"环境系统中的资源和优势"的考量。这是因为在评估证据的适宜性时，我们不仅要考虑干预措施的有效性，还要考虑服务对象及其环境系统是否具备实施这些措施所需的资源和专业能力。即使某一干预措施被证明非常有效，如果服务对象或其环境系统缺乏必要的资源或合适的专业人员，那么这一措施也无法得到有效实施。此外，服务对象环境中的制度和社会支持对服务对象能够获得的生存、健康、教育和发展资源有关键性的影响。这些资源的可及性、便捷性、适用性和开放程度都可能对服务方案或干预计划的制订和实施产生重要影响。此外，将服务对象环境系统中的资源和优势纳入整合过程，可以帮助我们更有效地分析证据与当地环境的匹配性，从而提高证据的适用性。同时，这种整合方法有助于将服务对象的问题视角转变为优势视角，激发服务对象内在的改变动力，并建立社会工作者与服务对象之间的"服务联盟"。例如，一位服务对象可能需要灾后心理服务和康复治疗，但居住在偏远地区，难以接触到专业的服务人员。在这种情况下，社会工作者可以考虑利用当地的社区中心作为康复场所，并探索通过在线心理服务来冲破地理距离的障碍。

第四，批判性反思的重要性和专业知识的价值。五要素证据整合模型对四要素证据整合模型中的"社会工作者的专业经验"进行了扩展和深化，将其修改为"批判性反思和专业知识"。批判性反思要求社会工作者在尊重证据金字塔的科学性和严谨性的基础上，对证据采取灵活和开放的态度。这意味着社会工作者不仅要关注证据的有效性，还要考虑证据在特定情境下的应用。专业知识强调社会工作者在临床实践中积累的经验，包括观察、发现和反思。这些经验，即使是难以言传的默会知识，也是一种宝贵的"知识"和证据来源，它们为改进证据的使用和循证实践提供了更广阔的视角。例如，一位经验丰富的社会工作者可能会注意到，某个服务对象对标准化的焦虑干预反映不佳。通过批判性反思，社会工作者可能会考虑服务对象的文化背景、个人经历和当前生活状况，从而调整干预方案，使其更符合服务对象的实际需要。

第五，定性研究的补充、现场证据的重要性和共识的形成。（1）五要素证据整合模型不仅遵循证据的"金标准"，还纳入了定性研究证据，以补充系统评价中可能缺乏的关于研究对象生活体验的质性信息。（2）现场证据的重要性。五要素证据整合模型还包括了现场证据，这包括在证据整合讨论会上的批判性反思。每个参与讨论的个体，作为服务对象生活环境中的重要成员，对证据的可行性和适用性有着不同程度的认知和思考。这些认知和思考是连接研究与实践的重要"现场证据"，有助于促进证据的本地化应用。（3）共识的形成。值得注意的是，并非所有的思考和批判都自动构成有用的证据。只有通过批判性反思、尊重服务对象的独特性和本地文化与环境、严格审查研究证据的外部效度和研究结果的信度，最终形成的共识才能提升循证实践的质量。此外，现场证据还包括一线社会工作者在服务方案或干预计划实施过程中的快速评估和即时反馈。这种即时的"现场证据"增强了循证社会工作的灵活性和适应性。例如，社会工作者在为一位灾后的社区居民提供服务时，可能会发现标准的创伤后应激障碍（PTSD）治疗方案并不完全适合这位服务对象的文化背景。在证据整合讨论会上，社会工作者、服务对象以及其他服务提供者共同讨论，通过批判性反思，他们可能决定加入一些服务对象文化中认可的应对策略，如社区支持和传统疗法。这种现场的共识和一线工作者的即时反馈是无价的，它们确保了干预措施能够满足服务对象的实际需要。

第六，五要素证据整合模型强调了实践证据的互动性和双向性，反驳了循证社会工作是单向强加证据给服务对象的观点。在循证社会工作实践中，证据的整合是一个包含服务对象、社会工作者和所有利益相关方的动态过程。它不是简单地将证据强加给服务对象，而是一个通过批判性反思和对话来共同确定服务方案的过程。证据整合开始于对服务对象需求的评估，这一评估驱动了对相关文献的系统评价，产生了"当前最佳的证据"。这些研究证据随后在服务对象、社会工作者和利益相关方的批判性反思中被进一步审视，并成为制订服务方案或干预计划的基础。在证据整合和干预计划实施的每个环节，一线社会工作者收集的"现场证据"和反思性知识会反馈到研究证据中，从而丰富和改进循证实践（见表5-2）。因此，循证社会工作是一个持续的、灵活的互动过程，涉及社会工作研究人员、组织机构、一线工作者、服务对象及利益相关方，以及其他专业服务团队之间的伙伴对话、学习和实践。例如，一位社会工作者在帮助一位失业的青年时，首先会评估他的需求，包括住房稳定性、就业状况和心理健康。然后，社会工作者会查阅最新的研究，找出最有效的干预措施。在与青年和其他服务提供者（如保障性住房部门工作人员和职业培训师）的讨论中，他们会共同决定哪些干预措施最适合这位青年的具体情况。在实施过程中，社会工作者会持续收集反馈，并根据青年的进展和反应调整服务方案。

表 5-2 四要素与五要素证据整合模型比较

	四要素证据整合模型	五要素证据整合模型
修改要素	社会工作者的专业经验	批判性反思和专业知识
	证据特指"金标准"	添加定性研究证据
		添加现场证据
新增要素		环境系统中的利益相关方
		环境系统中的资源和优势

二 示例：农村留守儿童社区服务方案制订过程中的证据整合

农村留守儿童是指父母双方或一方从农村流动到其他地区，孩子留在户籍所在地的农村而不能和父母双方共同生活在一起的 18 周岁及以下的儿童。中国自 20 世纪 80 年代以来，随着中国现代化和城市化进程的加快，人口流动性增强，从而也导致出现了农村留守儿童现象。这些儿童在成长过程中遭遇了多种挑战，包括家庭结构的不完整、与父母的分离，这影响了他们在生活照料、心理健康、学业成绩、个人安全以及行为教养等方面的正常成长。为了应对这些问题，社会各界已经在农村社区开展了一系列针对留守儿童的支持和关爱活动。

案例基本情况

在某大学社会工作专业的教师和西北某省乡村振兴局的一次联合调研中，他们注意到该省为了推动经济发展，大力推行劳务输出政策，结果许多孩子成为留守儿童。当地的教育工作者告诉调研团队，这些孩子在生活照料、心理状态和学习行为上面临不少问题。为了深入了解这一现象，该大学师生利用暑假时间，对该省内劳务输出最多的一个村庄进行了详细的调查。调查结果显示，该村有 90% 的儿童属于留守儿童。这些儿童在成长过程中遇到了一系列问题，包括自我评价偏低、缺乏自信、与父母沟通不畅、学习缺乏主动性、对待学业态度敷衍或逃避，以及过度沉迷于手机游戏等。

将 EBP 的六个步骤应用于该案例的分析，包括以下步骤。

1. 步骤 1：确定循证实践问题

在循证社会工作的起始阶段，社会工作者的首要任务是明确识别农村留守儿童面临的具体问题，以界定需要解决的核心问题。社会工作者在深入分析上述情况后，总结出留守儿童问题主要表现在三个方面。首先，教育工作者和监护人所指出的留守儿童的"问题"行为，如逆反和不听话，可能并不是真正的问题，而是孩子成长过程中的正常现象。其次，留守儿童所面临的问题既包括因父母外出工作导致的缺乏陪伴，也包括监护人在教养孩子方面的能力不足。最后，每个留守儿童遇到的成长困境都是独特的，因此，社会工作者在制订服务或干预计划时，必须摒弃一概而论的方法，坚持个性化原则，确保每个孩子的特定需求得到满足。

基于当前调查，社会工作者计划在该农村社区开展专门针对留守儿童的服务活动。为了确保服务的有效性，循证社会工作的实践问题主要集中在两个方面：

（1）目前有哪些服务项目是为留守儿童设计的；

（2）在这些服务项目中，哪些被证明对留守儿童的成长最为有效。

为了解答这些问题，社会工作者将遵循 PICOS 模型来进行系统化的证据搜集和分析。

请注意，PICO 是一个灵活运用的模型，其中"C"是指开展实验研究或准实验研究中对照组的情况。因为根据我们的经验，在真实世界中开展实验或准实验研究的证据比较少，所以为了扩大证据搜索面，这里的问题模型就修订为 PIO 模型，也就是说只要和农村留守儿童相关的干预及评估的文献都将纳入研究者的证据视野，而不仅仅包括实验或准实验研究。如果进入数据库中找不到系统评价或 Meta 分析的文献，检索者可以选择不再检索研究设计"S"的检索词（系统评价或 Meta），以扩大检索范围。

- P（Population）：目标群体是农村留守儿童，即所有 18 岁以下的男孩和女孩，他们居住在农村社区，并且父母中有一方或双方在外工作。

- I（Intervention）：干预措施包括所有旨在为留守儿童提供帮助和服务的方法，无论是教育支持、心理健康辅导、生活照料还是其他形式的干预。

- O（Outcome）：期望的结果是通过这些服务促进留守儿童的全面健康成长，主要的评价指标包括生理健康、心理健康、学习能力和社会适应能力。

2. 步骤 2：发现和制作证据

社会工作者在开始检索之前已经确定了检索策略。他们初步设定的检索公式是"农村 AND 留守儿童"，旨在寻找高质量的证据，因此，专注于系统评价和元分析研究。

中文检索公式为：

（农村［篇关摘］）AND（留守儿童［篇关摘］）AND（系统评价［篇关摘］OR Meta 分析［篇关摘］）

英文检索公式为：

（"left-behind children"［MeSH］OR "left-behind children"）AND（"systematic review"［Publication Type］OR "meta"［Publication Type］）

社会工作者通过以下途径进行了检索：

（1）Cochrane 图书馆：没有检索到相关文献（检索日期：2022 年 7 月 15 日）。

（2）Campbell 图书馆：同样没有检索到相关文献（检索日期：2022 年 7 月 15 日）。

（3）CNKI 数据库：考虑到农村留守儿童是中国特有的社会现象，社会工作者检索了中文 CNKI 数据库。尽管有关留守儿童的文献众多，但系统评价类的证据检索结果为零。

（4）Web of Science 数据库：研究人员使用"left-behind children OR skip generation family AND（systematic review OR Meta-analysis）"作为检索公式，但检索结果依然为零。

（5）制作证据：由于缺乏现有证据，研究人员决定自行制作系统评价证据。通过系统评价和 Meta 分析，研究人员深入探讨了中国农村留守儿童的社区服务现状，并提出了以下建议。

- 社区实务者应关注农村留守儿童在学业、行为习惯、人际交往和人身安全等方面的挑战，并提供及时的支持。
- 重视对留守儿童的父母和监护人进行教育理念和沟通技能的培训，帮助他们更好地履行照顾职责。

- 呼吁国家、政府、社会公众和学术界等多方共同建立一个系统性、长期性、全面性、多样性和有效性的社区照顾体系，为农村留守儿童创造一个更加有利的成长环境。

3. 步骤 3：评估证据质量

在循证社会工作的第 3 步中，社会工作者需要对收集到的原始研究进行批判性的评估以确定其质量。在对证据进行质量评估时，研究团队发现了一些关键问题，这些问题可能会影响证据的内部有效性。具体来说，纳入的研究存在以下共同问题。

（1）研究方法的适当性：研究中没有清晰地说明所采用的方法（如访谈、文献回顾或问卷调查）是否最适合研究目的。

（2）干预对象的选择：原始研究没有解释为什么特定的干预对象被选中，以及为什么有些农村留守儿童没有参与服务活动。

（3）数据收集方法：研究中缺乏对数据收集方法合理性的描述，如是现场填写、阅读后填写，还是事后回忆整理。

（4）数据描述：未明确说明收集的数据形式，如录音、视频、笔记等。

（5）数据饱和度的讨论：研究中未讨论数据收集是否达到了饱和点，即是否收集了足够的数据来充分回答研究问题。

（6）数据分析的严谨性：研究者主要依赖自己的转述和观察来报告干预结果，没有说明如何从原始样本中提取数据，也没有提及是否使用了特定的数据分析方法，如主题分析法，这可能导致分析结果的偏差。

（7）研究结果的可靠性：所有研究均未讨论其结果的可靠性。

（8）研究者与参与者的关系：未说明研究者与参与者之间的关系，以及是否存在潜在的诱导行为。

（9）伦理考察：研究中未讨论如何获得知情同意和保密措施。

（10）政策相关性：未探讨研究结果与当前实际政策的相关性。

（11）结果的适用性：未讨论研究结果如何适用于其他人群，以及是否考虑了其他研究方法的可行性。

4. 步骤 4：证据整合

为了更有效地整合证据，社会工作者在该农村社区组织了一场讨论会，邀请了与留守儿童相关的多方利益主体参加。参会人员包括留守儿童及其监护人、村主任、村支书、村小学校长、村卫生所医生以及五位村民代表。在这次会议上，讨论了以下关键议题：

（1）当前的最佳证据：审议了基于研究的证据，以确定哪些干预措施被证明是有效的。

（2）服务对象的独特性：考虑到每个留守儿童的不同情况，讨论如何为他们提供最合适的帮助。

（3）环境系统中的资源和优势：探讨了社区内可用的资源和优势，以及如何利用这些资源来支持留守儿童。

（4）利益相关主体：确保所有利益相关主体的观点和建议都被听取和考虑。

（5）批判性反思和专业知识：社会工作者运用自己的专业知识和经验，对证据进行了批判性分析，以确保服务方案既科学又实用。

通过这些讨论，社会工作者和社区成员确定了服务对象（留守儿童）的选择权，制订了符合他们需求和社区实际情况的服务介入方案。

表 5-3　证据整合分析

当前最佳的证据	证据内容	现有证据聚焦三个方面：农村留守儿童的改变、监护人的改变；社区社会支持网络的建设
	证据效果	尽管纳入文献均表明服务产生了积极效果，但是由于研究存在方法学问题，研究可信度不高
	证据质量	纳入研究的内部真实性存在质量问题，如检验效力不足、研究目的和研究报告结果存在偏差，缺乏干预真实性分析报告，这些均有可能影响研究内部真实性
	证据局限性	研究纳入的 5 项研究来自人口、社会资源禀赋、经济收入和文化环境差异较大的农村。显然这 5 项研究不足以展示"农村留守儿童社区服务"的全貌。纳入研究的异质性和多元性方面尚有欠缺，因而可能对研究结果的分析带来影响。另外，使用引文来说明类别尽管是定性研究的趋势，但是 Meta 分析是在更高的抽象层次上进行的。原始数据中的偏差可能将偏差引入整合
服务对象的独特性	问题的独特性	（1）经济与社会背景：这些留守儿童居住在经济收入较低的西北农村地区，距离城市有一个小时的路程。他们的父母均在外务工，孩子们通常由祖父母或外祖父母照料。 （2）健康状况：在生理和心理健康方面，这些孩子可能面临一些挑战。他们可能存在健康问题，心理上也可能缺乏自信，同时社会支持不足

续表

服务对象的 独特性	服务对象的 偏好	留守儿童表达了他们对暑期服务项目的偏好，他们希望社会工作者能够陪伴他们开展暑期夏令营活动。孩子们期望的活动内容主要是玩耍和娱乐
	服务对象的 价值观	（1）孩子们的价值观和信念受到他们所在社区的文化和家庭的影响。他们非常重视与家人的联系，尤其是与父母的关系。 （2）由于父母不在，许多留守儿童希望更早地学会独立、自力更生
环境系统中的 资源和优势	服务对象环境	儿童自身的资源。每个留守儿童都有其内在的潜力和优势，如他们的学习能力、适应性、创造力和社交技能
		（1）家庭资源：父母资源、监护人资源。 （2）尽管父母可能不在孩子身边，但他们提供的经济支持和情感关爱是家庭资源的重要组成部分。 （3）祖父母或其他监护人提供的日常生活照料和情感支持，是留守儿童成长中不可或缺的资源
		邻里、亲属资源。邻居、亲戚和其他社区成员的援助和支持，可以为留守儿童提供额外的社会支持网络
		社区资源。社区中的设施和服务，如学校、卫生所、娱乐中心和社区组织，都是支持留守儿童发展的重要资源
	服务环境	社会工作者能够链接到的资源，如大学生志愿者，可以为留守儿童提供辅导、陪伴和参与社会服务的机会
	生存发展环境	（1）社会资源/社会支持。社区中的设施和服务，如学校、卫生所、娱乐中心和社区组织，都是支持留守儿童发展的重要资源。 （2）政府提供的福利、非政府组织的服务和社区支持团体提供的资源可以帮助留守儿童获得必要的支持和照顾
		政策和法律框架，如教育政策、儿童保护法和社会保障制度，为留守儿童提供了制度层面的保护和支持
利益相关方	家庭成员、 亲属	留守儿童父母没有时间参加服务活动
		祖父母和外祖父母认为自己夏季很忙，要从事家务和农田劳动，没有精力和能力学习怎么教育孩子
	邻居	邻居也是隔代抚养的留守儿童
	学校	学校的老师希望社工着力于儿童的改变，认为增加监护人的教育孩子的知识不适合年迈的留守儿童的照顾者
	社区居民	基本上是老年人和留守儿童
	政府	民政部门希望资金向农村社区文化建设倾斜
	社会组织	项目资助方希望关注农村残疾的留守儿童

批判性反思和专业知识	批判性反思	(1) 证据的局限性：虽然现有的证据可能不足以完全适用于特定的地方环境或个人情况，但它们奠定了比纯粹猜测或完全没有证据更好的基础。 (2) 结构性问题的考量：中国农村留守儿童问题是一个深层次的结构性问题，它与城市化进程中农村地区的空心化现象密切相关。仅仅从儿童、监护人和社区层面进行干预是不够的，还需要关注农村社会的整体发展和乡村振兴，以实现儿童与父母的团聚
	社会工作的专业经验/知识	整合服务对象和利益相关方的需求，挖掘农村社区资源，从儿童改变和友好型社区建设的角度出发制订服务方案。 (1) 社区文化识别与建设：社会工作者可以在农村社区开展以社区文化识别与建设为主题的夏令营活动，以增强儿童对本土文化的认同感。 (2) 资源链接与社区参与：社工可以链接资源，组织社区农村生命教育夏令营，并邀请城市家庭参与，让农村儿童作为社区的主人和小导游，这不仅可以提升儿童的自信，也能促进城乡间的交流。 (3) 儿童自我认知与照顾：社会工作者决定在夏令营活动中加入有助于儿童自我认知和自我照顾能力提升的活动，这些活动基于证据提示，旨在帮助儿童更好地了解自己，学会独立。 (4) 朋辈关系和家长/监护人关系：活动还包括旨在改变儿童与同龄人以及家长或监护人之间关系的内容，这些都是儿童健康成长的重要因素

　　农村留守儿童服务案例的证据整合过程主要体现了以下特点。(1) 证据的缺乏与自制：在证据检索之后，面对缺乏高级别系统评价证据的情况，研究人员没有放弃，而是主动采取行动，自行制作系统评价证据。这体现了循证社会工作中对证据的重视和在证据不足时的创造性解决方案的使用。(2) 证据质量的考量：在意识到证据质量不高的情况下，研究人员并没有完全依赖现有证据，而是结合了专业判断和社会工作实践的智慧，以确保服务方案的有效性。(3) 证据整合与服务方案制订：在整合证据后，服务方案的方向聚焦于满足服务对象和利益相关方的需求，并挖掘利用农村社区资源。这体现了循证社会工作中以服务对象为中心的原则和对社区资源的重视。

　　在现实世界中，进行证据整合确实会遇到不少挑战。以农村留守儿童案例为例，社会工作者面临的主要挑战有两个。(1) 高质量证据不足：在构建系统性评价证据的过程中，我们发现大多数原始研究的质量并不理想。(2) 文化差异和监护问题：农村留守儿童是我们服务的主要对象，然而，在以家庭和集体主义为核心的文化背景下，儿童的自主权和决策权常常被忽视。这些农村留守儿童的父母通常在外打工，他们更关注孩子的学业表现。而作为照顾者的祖父母或外祖父母，由于文化水平较低，养育孩子的能力有限。他们的日常照料往往只关注孩子的基本生活需求，如饮食和穿着，以及作业的完成情况。

作为循证社会工作者，面对这个案例中遇到的挑战，可以选择以下应对策略。（1）建立证据基础：通过与学术机构合作，推动针对留守儿童问题进行更高质量的研究，以建立更坚实的证据；利用现有最佳的证据，结合本地实际情况，形成适合当地文化和社会环境的实践指南。（2）文化适应性实践：深入了解留守儿童所在社区的文化背景，确保服务设计和实施与当地文化相适应。通过文化敏感性培训，提高服务团队对文化差异的认识和尊重。（3）监护人能力提升：开展监护人能力提升项目，包括养育技能、儿童心理健康知识、教育参与等；通过社区教育活动，提高监护人对儿童权益的认识。（4）强化家庭参与：鼓励并支持父母通过各种方式参与孩子的生活和教育，即使他们身处异地；提供远程沟通和参与的工具和培训，如使用社交媒体、视频通话等。（5）社区资源整合：与社区内的其他组织和机构建立合作关系，整合资源，共同为留守儿童提供服务；利用社区资源，如学校、医疗机构、志愿者团体等，形成支持网络。（6）政策倡导与影响：利用循证研究结果，向政府和决策者提出建议，争取政策支持和资源投入。（7）在政策制定过程中，代表留守儿童群体发声，为他们争取利益。（8）持续的证据质量改进：实施定期的项目评估和证据反馈机制，确保服务的持续改进和证据质量提升。

第六章 证据转化

第一节 证据转化模型概述

一 证据转化的重要性

证据转化就是将科学研究的发现应用到实际工作中，确保所提供服务的有效性和适应不同服务对象的需求。有效的证据转化可以提高服务的针对性和效率，更好地满足社区成员的需求，提高他们的生活质量。例如，针对城市青少年社交焦虑的干预显示出良好效果，但在向农村地区推广时，可能需要调整方法以匹配当地的社会和文化环境。在一个可能对心理健康问题有偏见的社区，直接采用原有的干预方案可能不会得到预期的效果，因此需要首先进行社区教育和建立信任，然后才能有效实施这些干预措施。

证据转化是一个复杂的过程。首先，对于识别和确认的有效干预措施，需要根据特定社区的独特需求和当地具体的环境进行调整。例如，在实施降低青少年吸烟率的干预项目时，社会工作者首先需要通过调研了解当地青少年吸烟的具体原因，如同伴压力、对成人行为的模仿或是对烟草广告的接触等。基于这些调研结果，社会工作者可以设计一个包含教育、宣传和社区参与的多方面干预计划。社会工作者可能会开展学校健康教育课程，提高青少年对吸烟危害的认识；与当地商家合作，减少对青少年的烟草广告；以及通过社区活动，鼓励家长和社区领袖参与，共同营造无烟的社区环境。同时，在实施过程中，社会工作者需要不断创新，以适应社区的反馈和变化。例如，如果发现某些宣传材料对特定群体的青少年吸引力不够，社会工作者可能需要调整信息传递的方式，使其更加贴近青少年的兴趣和文化。同时，他们还需要灵活调整策略，以应对外部环境的变化，如新的烟草产品出现或社交媒体上新的营销手段。还有，社会工作者需关注证据的更新和相关性，以确保所采取的措施能够应对社区当前面临的具体挑战。例如，面对一个高失业率的社区，可能需要引入职业培训和就业指导服务，而不仅仅是提供心理支持。此外，证据转化的成功不仅依赖于社会工作者与社区成员之间的有效沟通和合作，还需要社会工作者具备将科学证据与社区实际情况相结合的能力。这要求他们不仅要有科学的严谨性，还要有创新和适应性，能够在保持干预措施科学性的同时，解决社区面临的具体问题。

总之，证据转化是连接科学研究与社会工作实践的桥梁，对于提升社会工作实践的质量和效果具有决定性的作用。只有通过证据转化，社会工作者才能够更有效地满足服务对象的需求。

二 证据转化的相关模型

如表 6-1 所示，塔巴克等（Tabak et al.，2012）提出的证据转化模型划分为三大类——过程模型、决定框架和评估框架。这些模型针对不同的目的和实施策略，为研究成果向实际应用的转化提供了指导，确保研究成果能够真正惠及社会实践。以下将详细阐述这三类模型，并通过具体案例帮助读者更直观地理解它们的实际应用。接下来，我们将结合具体的社会工作案例来帮助读者更加直观地理解这三种模型的应用。

（1）过程模型（Process Models）。过程模型尝试提供一套从研究证据到实践的操作步骤和概念框架，帮助研究人员和社会工作者将理论研究转化为实际行动。一个经典的案例是"知识到行动模型"（Knowledge to Action）。该模型强调知识的生成、应用及反馈循环。主要有两个要素，一是知识生产（Knowledge Creation），即从生成新的研究成果到整理、发布和传播研究成果。成果可能是对新的理论的探索、实证研究的发现，或者创新方法的提出。二是知识成果应用（Knowledge Application），即将知识成果转化为实际应用。包括识别目标受众（如社会工作者、政策制定者等）、制定具体的实施策略、设计评估机制以评估成果应用的效果。成果的实际应用往往需要基于不同的社会和文化背景，通过持续反馈不断优化和调整。

举例来说，假设有一项青少年心理健康的研究，研究结果表明认知行为疗法（CBT）能够有效缓解青少年抑郁症状。应用知识到行动模型时，社会工作者需要遵循以下步骤来将研究成果转化为具体的干预措施。

步骤1：知识生产。该阶段社工团队通过证据检索或证据制作对比不同干预方法的效果，发现认知行为疗法比传统的药物治疗或其他心理治疗方式更能帮助青少年调整认知、调节情绪。

步骤2：成果应用。该阶段的工作重点在于将已知的有效治疗方法转化为实践操作，并且确保这一过程具有可操作性、针对性和可持续性。具体而言，第一，社会工作者需要明确知识转化的目标对象。包括青少年、学校辅导员、心理健康服务的提供者以及家庭成员。目标对象需要理解认知行为疗法的有效性，并且愿意采取这一方法来帮助青少年。第二，社会工作者需要设计证据转化方案。在该案例中，社会工作者可以基于认知行为疗法，设计针对青少年的小组干预活动，干预活动包括情绪管理、负性思维的识别与挑战，以及应对技巧的训练等内容。第三，在实施干预措施时，社会工作者应密切关注服务对象的反馈，并及时调整干预策略。例如，在青少年群体中，有些人可能因为个体差异对认知行为干预的反应不一，社会工作者可以通过个别辅导、家庭介入等方式对其进行个性化调整，确保每个青少年都能从中受益。第四，社会工作者应设立多维度的评估。可以通过问卷调查、访谈、观察、家长和班主任的反馈等方法评估青少年在接受认知行为干预后的情绪变化、心理健康状况的改善和生活质量的提升。需要强调的是，证据转化不是一次性的，而是不断优化和改进的过程。假如在干预实施过程中，社会工作者发现某些青少年在某些情境下（如考试前）更容易出现情绪波动，那么干预方案中就可以增加针对性更强的应急应对策略。

（2）决策框架（Determinant Frameworks）。决策框架侧重于识别和描述影响证据转化的个体、组织和环境等各种因素。例如，"实施研究模型"（Implementation Research Model）有三个核心要素。一是识别实施干预时的障碍。这些障碍可能来自多个层面，如政策限制、资源缺乏、人员能力不足等。二是强调干预措施设计、执行和调整过程必须确保能有效适应具体情境。三是必须对实施过程持续评估和反馈，以及时识别问题并调整策略，提高干预的有效性和可持续性。

举例来说，假设某社区引入一项证据证明老年人照护干预的措施。目标是通过社区志愿者的帮助来提高孤寡老年人的生活质量。实施研究模型可以帮助我们识别和解决在具体情境中实施该干预时可能遇到的问题，并指导如何在应对这些问题中进行有效的实践。

步骤1：障碍识别。在老年人照护服务的案例中，实施研究模型首先帮助社会工作者识别影响干预实施的障碍。这些障碍包括：第一，文化差异，即某些社区的居民可能对老年人照护的需求和重要性认识不足，尤其是在偏远或传统文化浓厚的地区，可能存在对外来服务的抗拒；第二，资源匮乏，即缺乏足够的资金和基础设施，可能导致无法充分招募或培训志愿者；第三，志愿者参与度低，即社区成员可能没有足够的激励和意识参与到志愿者服务中，导致志愿者数量不足，进而影响照护服务的质量和广度。实施研究模型通过分析这些障碍，帮助社会工作者识别干预实施中的"瓶颈"，并提供相应的解决方案。

步骤2：推进干预措施的逐步实施和适应。在老年人照护服务的案例中，实施研究模型帮助社会工作者在设计和执行干预时，根据不同社区的特征，灵活调整策略。这些策略有以下几点。第一，开展与文化相融合的志愿者培训。如，如果某个社区文化倾向于老年人自主生活，志愿者培训课程可以聚焦如何尊重老年人的自主性，同时提供必要的支持。第二，资源优化。社会工作者可以在资源匮乏的情况下探索替代方案，如通过与地方企业或非政府组织合作，获得资金和物资支持。第三，加强社区支持网络。如通过培训和鼓励社区领导者或老年人家庭成员参与，形成在地的支持网络，减少对外部志愿者的依赖。在这一过程中，社会工作者不是将干预措施"搬到"新社区，而是根据每个社区的实际情况进行调整和本地化，从而增强干预的适应性和有效性。

步骤3：干预的评估与反馈。例如，社会工作者可以定期通过问卷调查、访谈或数据跟踪，评估老年人的生活质量是否有所提高，志愿者的工作是否得到老年人的认可与反馈。同时，社会工作者要根据评估结果，及时调整干预措施。例如，如果发现志愿者的参与度仍然较低，可能需要调整激励机制，如为志愿者提供更多的社会认同或物质奖励，或通过社区活动增强志愿者的凝聚力。

（3）评估框架（Evaluation Frameworks）。评估框架聚焦测量和评估证据转化的效果，通常关注服务方案或繁育计划服务输送、服务效果以及长期影响。例如，埃弗雷特·罗杰斯（Everett Rogers）1962年提出的创新传播模型（Diffusion of Innovations）就是解释新思想、新技术、新做法是如何被不同的社会群体所接受的，以及哪些因素影响创新的采纳和扩散。创新传播模型有五个核心要素。一是创新，即新的做法、理念或技术。二是不同的传播渠道，包括媒体、教育、口碑等。在社会工作实践中，可通过培训、宣传活动或社区活动来进行推广。三是时间，即随着时间的推移，越来越多的人（群）会接受并参与到该创新中。四是创新传播的社会环境，包括支持者、反对者、中立者等。不同的社会系统对于创新的接受程度不同，取决于社会文化、资源、政策等因素。五是采用创新的群体，包括愿意尝试新事物并迅速接受创新的人。早期接受创新的社会成员，其对其他人产生重要影响；在创新传播早期，大众通常更加谨慎，在看到创新的成功案例后才会加入；在创新传播晚期，大众在社会压力和主流趋势的推动下接受创新；落后者对创新持怀疑态度，只有在几乎所有人都接受创新后才会跟进。

举例来说，假设关于家庭暴力受害者支持的研究证据发现，提供一对一的心理辅导和法律支持能显著增强受害者的自我保护意识和提高其生活质量。使用创新传播模型来推动这一干预措施，可以帮助社会工作者有效地将这一研究证据推广到不同社区中。

步骤 1：识别创新并传播。作为创新的家庭暴力受害者支持服务包括心理辅导和法律支持等服务。社会工作者可以通过宣传活动、媒体报道、社区培训等多种渠道让社区居民知晓这一创新服务。社会工作者在推广这一服务的时候应该特别关注这一服务的优势，例如服务如何帮助受害者增强自我保护意识，并通过法律支持帮助他们寻求合法权益。

步骤 2：评估接受服务的群体。根据创新传播模型，家庭暴力受害者支持服务的接受群体是不同的。每个群体对这一服务的接受程度不同，社会工作者需要根据不同群体的特征制定相应的推广策略。第一，创新者往往是有前瞻性的社会工作者、心理学专家或者法律工作者，他们愿意尝试新做法。社会工作者可以从这些群体中寻找合作伙伴，先行开展小规模的试点项目，为服务的推广提供成功案例。第二，早期采用者。在家庭暴力防治领域，可能是一些高知社区、女性支持组织或慈善机构具备较强的社会影响力。社会工作者可以重点与这些群体或组织合作，形成示范效应，从而影响周围的人群。第三，早期大众通常较为谨慎，会在看到一些成功的案例和成效后才会接受这一服务。社会工作者可以通过数据展示和口碑传播来吸引这些群体。第四，晚期大众和落后者群体可能存在一定的抵触。尤其在一些社区可能由于对心理健康的认知不足，可能难以接受心理辅导服务，甚至可能对法律支持产生疑虑。针对这一群体，社会工作者需要进行更多的教育和信息传播，尤其是在社区层面，利于地方领导和有影响力的人消除疑虑，增加信任度。

步骤 3：文化适用与在地化。社会工作者可以根据不同地区的文化背景、社会结构和资源情况进行服务的在地化调整。例如，在一些对心理健康不了解的社区，社会工作者可以先通过举办心理健康知识讲座、社区活动等方式，逐步提高居民的认知度，再引入心理辅导服务。对于资源匮乏的地区，社会工作者可能需要与当地的法律援助机构合作，共享资源，或者通过志愿者培训来弥补法律支持人员的不足。

步骤 4：反馈与评估。社会工作者可以通过持续的评估与反馈来检验服务的推广效果。例如，通过跟踪受害者的反馈，评估心理辅导和法律支持的有效性，并对服务过程进行优化。同时，通过定期收集社区成员对服务的意见，调整服务内容，解决可能出现的问题。

总结来说，以上介绍的三类模型各有侧重点。过程模型关注"如何做"，提供了从研究到实践的具体操作步骤，强调知识生产和应用的循环过程。例如"知识到行动模型"就详细说明了如何将认知行为疗法应用到青少年心理健康服务中，包括证据检索、方案设计、实施和评估等具体步骤。决策框架关注"影响因素"，帮助识别和应对实施过程中的各类障碍。例如上文老年人照护服务的案例展示了如何识别文化差异、资源匮乏、志愿者参与度低等障碍，并据此调整实施策略。评估框架关注"结果评估"，强调创新方案如何被不同群体接受和采纳。例如上文家庭暴力服务的案例展示了如何根据不同群体（创新者、早期采用者等）的特点来推广服务。

然而，需要强调的是社会工作者仍然是服务方案或干预计划制定与实施的责任主体，而非模型或框架的机械使用者。这是因为实践情境往往比模型预设的更复杂，可能同时存在多重障碍和挑战，基层和偏远地区受资源限制可能影响模型的完整实施；文化差异可能超出模型的预期等情况都要求一线的社会工作者必须更灵活地使用这些模型应对真实世界的复杂场景。本书建议将不同模型整合成循环互补的工作模式，重视本地知识的价值，采取循序渐进的实施方式，先在小范围试点，积累经验，根据实际情况分阶段推进。

　　这些模型不仅有助于理解和改进研究成果在现实世界中的应用，还可帮助研究人员、政策制定者和社会工作者提高干预措施的有效性和可持续性。这些模型的使用可以确保科学研究成果能够被有效地转化并应用于实际工作中，最大限度地发挥其潜在价值。表 6-2 为证据转化的详细的模型介绍。

表 6-1　证据转化模型的分类

类型	描述	示例
过程模型（Process Models）	这些模型提供了从研究证据到实践转化的概念框架和步骤，可帮助研究人员和实践者理解如何将证据转化为实际的应用	"知识到行动模型"（Knowledge to Action）：涉及知识的产生到应用的全过程，强调如何将研究发现转化为可操作的政策和实践措施
决定框架（Determinant Frameworks）	这些框架旨在识别和描述影响知识转化的各种因素，如个体、组织和环境因素	"实施研究模型"（Implementation Research）：关注识别和解决在实践中应用新知识时遇到的障碍，以及如何在不同环境中有效实施新的干预措施和策略
评估框架（Evaluation Frameworks）	这些框架提供了用来评估和测量知识转化活动成效的方法，通常关注输出、结果和长远影响	"推广模型"（Diffusion of Innovations）：关注新理念和技术在社会中的传播过程，包括如何通过网络和社会系统来促进新知识被广泛接受

　　资料来源：Tabak et al.，2012。

表 6-2　证据转化的相关模型

模型	模型简介	证据转化的要点
健康创新采纳分析框架（Framework for Analyzing Adoption of Complex Health Innovations）（Rogers，Singhal，and Quinlan，2019；Greenhalgh et al.，2017）	（1）关注将基于证据的健康干预措施有效整合到卫生系统中。（2）该模型强调在各种社会生态层面上，如个人、组织、社区、系统和政策层面，实施有针对性的策略，以促进创新被广泛采纳。通过识别这些层面可能的障碍和促进因素，提高健康创新的可接受性和适用性。（3）模型通过持续监测和评估，确保干预措施可以根据具体环境和反馈进行调整，从而实现最佳健康成果	证据转化的几个关键点。（1）创新特性：如证据的优势、复杂度、可适应性、可观察性和与现有实践的兼容性等，对于其被采纳至关重要。（2）组织环境：包括领导力、组织文化、结构和资源，对创新的采纳和实施起着决定性作用。（3）采纳者的特征，包括他们的个性、影响力、创新意识和对变革的态度，影响他们对创新的接受程度。（4）政策、法规、经济激励和市场条件等外部因素，可以促进或阻碍创新的采纳。（5）有效的沟通渠道和专业网络对于传播有关创新的信息和知识至关重要。（6）决策者如何评估创新、权衡选项并做出采纳决策。（7）实施策

模型	模型简介	证据转化的要点
		略,包括创新的试点、逐步推广和持续的评估与反馈,以确保创新能够被成功地整合到实践中。(8)教育和培训:为实践者提供必要的教育和培训,以提高他们对创新的理解和使用能力。(9)监测和评估:对创新的实施过程进行监测和评估,以确保其有效性,并根据反馈进行调整。(10)持续改进:将创新的采纳视为一个持续的过程,不断寻找改进的机会
传播框架（A Fra-mework for Spread）（Atun et al., 2007；Nolan et al., 2005）	该框架在研究中被用来实施在退伍军人的健康管理上,以持续改进健康服务,确保健康干预可以在更广泛的环境中被接受和实施	该框架强调以下关键部分。(1)目标设定:清晰定义改进目标和期望的成果。(2)干预方案的开发:基于目标,制订具体的行动计划和策略。(3)资源利用:合理利用现有资源,包括技术、人力和资金。(4)监测和评估:实施持续的监测和评估,以确保干预措施的效果,并根据反馈进行调整
研究与实践的知识转化协作模型（Col-laborative Model for Knowledge Translation Between Research and Practice Settings）（Baumbusch et al., 2008）	这一模型强调研究者与实践者之间的合作,通过建立共同的议程来促进知识的有效转化。该模型特别注重在临床实践中借助多学科团队的合作来推动研究发现的应用	证据转化的几个关键点如下。(1)双向沟通:研究者与实践者需要建立持续的双向沟通机制,确保研究的发现能够响应实践中的需求,同时实践的反馈能够引导研究的方向。(2)共建议程:研究与实践应围绕共同的目标和问题来构建议程,通过合作,明确研究的重点领域以及实践中需要解决的关键问题。(3)参与式研究方法:采用参与式研究方法,让实践者参与到研究设计和实施的全过程,提高研究成果的实际适用性和接受度。(4)持续评估与调整:在知识转化过程中进行持续的评估与调整,确保转化活动能够适应变化的环境和需求,同时优化策略以提高效果
协调实施模型（Co-ordinated Implemen-tation Model）（Lo-mas, 1993）	该模型强调在实施过程中需要协调不同层面的因素,包括临床实践、政策制定以及服务对象参与。这种协调旨在通过更系统地整合这些因素,以提高临床服务的质量和效率	证据转化的几个关键点如下。(1)在干预方案实施过程中需要包括各方利益相关方,如临床医生、管理人员、政策制定者以及服务对象本人。(2)通过系统性的方法分析和改进现有的临床服务流程。(3)持续监测与评估实施效果,确保所采取的策略能够持续提供预期的改进效果。(4)灵活调整:根据监测和评估的结果,灵活调整实施策略,以应对实际操作中遇到的挑战和变化

续表

模型	模型简介	证据转化的要点
护理研究传播模型（Model for Improving the Dissemination of Nursing Research）（Funk, Tornquist, and Champagne, 1989）	该模型聚焦如何将研究成果有效地传递给护理实践者。内容包括对传播障碍的识别、促进因素的强化，以及具体的传播策略的制定。这些策略涵盖教育和培训、领导支持，以及建立有利于证据应用的组织文化等	证据转化中的关键点如下。（1）识别障碍：确定并解决阻碍研究成果传播和应用的障碍。（2）教育和培训：通过教育提高护理人员的研究素养，使其能够理解和应用研究成果。（3）领导和支持：确保组织领导层对研究应用的支持，提供必要的资源和鼓励。（4）组织文化：建立支持研究和创新的组织文化。（5）传播策略：开发和实施有效的传播策略，以确保研究成果能够达到目标受众。（6）评估和反馈：对传播活动进行评估，并根据反馈进行调整，以提高其效果
健康照护政策与实践的研究成果传播和运用模型（Framework for the Dissemination & Utilization of Research for Health-Care Policy & Practice）（Dobbins, Decorby, and Robeson, 2010; Dobbins et al., 2002）	Dobbins 等（2002）提出完善卫生健康政策和实践应用的证据传播和运用的模型。该模型强调个人、组织、环境和创新特征对研究成果采纳过程的影响，并展示了这些特征与创新扩散理论中的研究传播、基于证据的决策制定和研究利用概念的整合。Dobbins 等（2010）介绍了健康照护研究知识向公共卫生政策和实践决策的转化。强调影响证据转化过程的多种因素，包括个人、组织、环境和创新的特征；强调通过知识、说服、决策、实施和确认这五个阶段实现证据转化的复杂关系	该模型指出了证据转化中的关键点。（1）知识阶段：涉及对研究证据的认知和理解。（2）说服阶段：研究证据开始影响个人或组织的信念和态度。（3）决策阶段：基于研究证据做出采纳或拒绝的决策。（4）实施阶段：将研究证据转化为实践或政策的具体行动。（5）确认阶段：评估实施效果并进行必要的调整
循证政策的传播框架（Framework for the Dissemination of Evidence）（Brownson, et al., 2012; Tabak et al., 2012）	该框架强调了从研究产生到政策采纳的全过程，包括研究的生成、传播、采纳、实施和评估等阶段。它涉及关键的利益相关方，如政策制定者、实践者、研究者和社区成员，并强调了他们之间互动的重要性。此外，该框架还考虑了影响政策传播和利用的多种因素，包括政策环境、组织特性、个体行为和文化因素	该框架指出了证据转化中的关键点。（1）证据生成：高质量的研究是循证政策的基础。（2）证据传播：通过各种渠道和策略将研究结果传递给政策制定者和实践者。（3）政策采纳：政策制定者对研究结果的认知和接受是政策采纳的关键。（4）政策实施：将政策转化为实践行动，需要考虑实施的可行性和效果。（5）评估与反馈：对政策实施过程和结果进行评估，并将反馈用于改进未来的政策和实践

续表

模型	模型简介	证据转化的要点
健康促进技术转化过程（Health Promotion Technology Transfer Process）（Green and Kreuter, 1991; Nutbeam and Boxall, 2008）	该模型探讨了将健康促进研究成果转化为实践的系统性方法。该过程涉及组织层面的多个阶段，包括意识增强、决策、实施以及评估和反馈。这个过程模型强调了在健康促进项目中，从研究到实践的转化需要跨越多个步骤，每个步骤都需要不同的策略和技术。例如，如何通过组织内部和外部的沟通、合作以及资源分配促进研究证据的转化；在此过程中要考虑文化和社会因素，以及如何通过持续的评估和反馈来改进证据转化	该模型指出了证据转化中的关键点。（1）意识增强：提高机构、组织和社区对健康促进研究证据的认识。（2）决策：基于研究证据做出实施健康促进项目的决策。（3）实施：将研究成果转化应用于实际的健康促进活动中。（4）评估：对实施过程和结果进行评估，以确定其效果和影响。（5）反馈：将评估结果反馈到组织决策中，以改进未来的健康促进实践
现实世界的传播（Real-World Dissemination）（Brownson et al., 2012; Tabak et al., 2012）	模型特别关注真实世界条件下评估健康干预和健康政策的效果。它涉及对传播和/或实施活动的重点关注，可以是"仅传播"（D-only），或者是"仅实施"（I-only），也可以是两者都关注（D & I）。在 D-only 模型中，重点是通过有计划的策略，使用确定的渠道将循证干预措施积极地传播给目标受众。而在 D & I 和 I-only 模型中，除传播外，还包括在特定环境中采取或整合循证干预措施的过程	证据转化的关键点包括以下几个。（1）确定目标受众：了解谁是干预措施的目标受众，并定制传播策略以满足他们的特定需求。（2）使用计划策略：通过教育、培训、政策支持等策略，有计划地传播研究成果。（3）实施过程：在特定环境中应用循证干预措施，并监测其效果。（4）评估和反馈：对传播和实施活动的效果进行评估，并根据反馈进行必要的调整。（5）跨学科合作：需要广泛的专家合作，包括研究人员、政策制定者、实践者和社区成员。（6）敏感性分析：基于临床或方法学考虑进行敏感性分析，以确保结果的稳健性。（7）数据和方法的严谨性：确保使用的数据和研究设计能够产生高质量的证据
将患者安全研究转化为实践的框架（A Framework for the Transfer of Patient Safety Research into Practice）（Henriksen, et al., 2007）	将患者安全研究转化为实践的框架强调以下几点。（1）研究到实践的桥梁：该框架旨在弥合患者安全研究成果与日常医疗实践之间的差距，确保研究成果能够被有效地应用于改善患者护理。（2）多步骤过程：转化过程可能涉及多个步骤，从识别相关研究到实施和评估，每一步都旨在解决特定的转化障碍。（3）利益相关方的	该框架认为证据转化的关键点包括以下几个。（1）识别和确定优先级：确定哪些患者安全研究结果最需要转化为实践，并根据潜在的影响力和可行性进行优先级排序。（2）教育和培训：为医疗专业人员提供必要的教育和培训，以促进他们对新证据的理解和接受。（3）组织支持：确保医疗机构的领导和政策支持证据的转化。（4）文化适应性：将证据转化策略调整以适应组织文化和患者需求。（5）持续改进：视证据转化过程为持续的质量改进活动，不断寻找改进机会。

续表

模型	模型简介	证据转化的要点
将患者安全研究转化为实践的框架（A Framework for the Transfer of Patient Safety Research into Practice）（Henriksen, et al., 2007）	参与：框架可能强调包括患者、医疗提供者、政策制定者和其他卫生保健专业人员在内的多方利益相关方的参与。（4）障碍和促进因素：识别和解决阻碍证据转化的障碍，同时利用促进因素来加速转化过程。（5）实施策略：开发和测试不同的实施策略，以确定哪些方法在特定的组织和患者群体中最为有效。（6）评估和反馈机制：建立评估机制来监测转化过程的效果，并根据反馈进行调整	（6）监测和评估：定期监测实施过程，评估转化策略的效果，并根据评估结果进行必要的调整
整合科学、政策和实践的互动要素（Interacting Elements of Integrating Science, Policy, and Practice）（Brownson et al., 2012）	为了实现证据转化，需要在知识、政策指导方针和决策、实践应用的专业人员之间建立桥梁。整合包括以下方面。（1）科学发现：通过严格的研究方法生产的知识和证据。（2）政策制定：基于科学证据、社会价值观、经济考量和法律制定的政策和法规。（3）实践应用：在临床和社区环境中实施政策和应用科学知识	该模型认为证据转化的关键点包括以下几个。（1）多方利益相关方的参与：包括研究人员、政策制定者、健康专业人员、患者和公众在内的各方需要共同参与，以确保研究成果能够满足实际需求并被有效采纳。（2）沟通和教育：提高政策制定者和实践者对科学证据的认识，以及增强研究人员对政策和实践环境的理解。（3）系统性方法：采用系统性方法来识别和解决证据转化过程中的障碍，如组织文化、资源限制和激励机制。（4）持续评估和反馈：通过定期评估证据转化效果并根据反馈进行调整。（5）灵活性和适应性：在实施过程中，需要对策略和方法进行调整，以适应不断变化的环境和新出现的证据。（6）政策和法规的支持：制定支持性的政策和法规，以促进科学证据的采纳和应用。（7）质量和标准：确保实施的干预措施符合质量标准，并基于最佳可用证据
互动系统框架（Interactive Systems Framework）（Brownson, 2012; Tabak et al., 2012）	这个框架关注互动机制的设计和实施，以促进不同利益相关方之间的沟通和协作，从而推动证据的转化和实施。该框架通常包括以下组成部分。（1）互动沟通：通过各种方式（如研讨会、工作坊、出版物、电子平台等）促进不同群体之间的信	证据转化的关键点有以下几个。（1）利益相关方的识别与参与：识别并动员所有关键利益相关方参与转化过程，包括决策者、实践者和患者群体。（2）沟通策略：开发有效的沟通策略，以确保信息在不同群体间清晰、准确地传递。（3）组织支持：确保组织层面的支持，包括领导力的承诺、资源的分配和组织文化的适应。（4）教育和培训：

续表

模型	模型简介	证据转化的要点
互动系统框架（Interactive Systems Framework）（Brownson，2012；Tabak et al.，2012）	息交流。（2）利益相关方的参与：确保所有关键利益相关方从一开始就参与到转化过程中，以提高他们对研究成果的接受度和使用意愿。（3）定制化实施：根据不同组织或社区的特定需求和环境，调整实施策略。（4）反馈和迭代：建立反馈机制，以便从实践中学习和调整策略，实现持续改进	提供必要的教育和培训，以提升实践者采用新证据的能力。（5）实施策略的适应性：实施策略需要根据目标群体的特定情况和需求进行定制。（6）评估和反馈：建立评估机制，收集反馈信息，并根据这些信息对实施过程进行调整。（7）持续改进：将证据转化视为一个持续的过程，不断寻找改进的机会
推动－拉动能力模型（Push-Pull Capacity Model）（Straus，Tetroe and Graham，2013）	推动－拉动能力模型是强调两个主要过程："推动"（push）和"拉动"（pull），它们共同作用于促进研究成果的传播和应用。（1）推动策略。这些策略关注研究成果的生成和主动传播。推动策略可能包括发表研究论文、举办学术会议、制作教育材料和在线资源，以及通过媒体和专业网络传播信息。（2）拉动策略。拉动策略则是回应实践者和决策者的需求，提供定制化的信息和支持。这可能涉及决策支持工具、政策简报、实践指南和个性化的技术援助。（3）能力建设：推动－拉动模型还强调在证据转化过程中建设能力的重要性。这包括提高实践者和决策者获取、评估和应用证据的能力，以及增强研究人员理解和响应实践需求的能力	证据转化的关键在于：（1）需求评估：了解实践者和决策者的具体需求，以确保研究成果的相关性和实用性。（2）双向沟通：建立有效的沟通渠道，确保研究者和实践者之间能够进行持续的对话和反馈。（3）定制化支持：提供定制化的支持和资源，帮助实践者和决策者理解和应用研究成果。（4）持续学习：鼓励实践者和决策者参与持续学习和专业发展，以提高他们应用新证据的能力。（5）系统变革：推动组织和系统层面的变革，以支持证据的整合和创新的采纳。（6）评估和反馈：定期评估证据转化活动的效果，并根据反馈进行调整，以提高未来转化活动的效果。（7）多学科合作：鼓励不同学科和部门之间的合作，以促进综合和创新的解决方案
研究开发、传播和利用框架（Research Development Dissemination and Utilization Framework）（Brownson et al.，2012）	该框架强调以下几点。（1）迭代过程：从研究开发到证据利用是一个连续的、迭代的过程，涉及多个阶段和参与者。（2）多方参与：研究者、实践者、政策制定者、患者和公众等利益相关方的参与对于成功的证据转化至关重要。（3）应识别和消除在证据转化过程中可能遇到的障碍，同时利用促	（1）研究开发：高质量的研究设计和实施，确保生成可靠和有效的证据。（2）传播：通过各种渠道（如学术出版物、会议、网络资源等）广泛传播研究结果。（3）采纳：目标受众（如政策制定者、临床医生、患者等）对研究成果的认识和接受。（4）实施：将研究成果整合到实际的临床实践、政策制定或健康促进活动中。（5）评估和反馈：对证据转化过程进行监测和评估，收集反馈并进行必要的调整

续表

模型	模型简介	证据转化的要点
研究开发、传播和利用框架（Research Development Dissemination and Utilization Framework）（Brownson et al.，2012）	进因素来加速转化。（4）对证据转化活动的效果进行评估，并根据反馈进行调整，以确保持续改进	
以运用为导向的监测框架（Utilization-Focused Surveillance Framework）（Brownson et al.，2012）	该框架强调以下几点。（1）证据运用的监测和转化活动应由实践者和决策者的需求驱动。（2）多方参与：研究者、政策制定者、实践者和社区成员合作，以确保研究成果的相关性和实用性。（3）把证据转化视为一个持续的、迭代的过程，包括规划、实施、监测和评估。（4）框架需要足够的灵活性，以适应不同环境和背景的具体需求	证据转化的关键点有以下几个。（1）需求评估：确定政策和实践领域中的具体需求。（2）证据生成：进行或获取高质量的研究以产生证据。（3）数据综合：整合和评估不同来源的证据，形成明确的指导和建议。（4）传播和交流：通过各种渠道和方法传播研究成果。（5）实施和应用：在实际工作中应用研究成果。（6）监测和评估：对证据转化的效果进行持续的监测和评估
知识传播和利用的"4E"框架（"4E" Framework for Knowledge Dissemination and Utilization）（Tabak et al.，2012）	"4E"主要指以下几个要素。（1）教育（Education）：提升个人或组织对证据的认识和理解。（2）系统工程（Engineering）：改变环境或系统以促进证据的利用。（3）经济（Economic）：考虑成本效益和激励措施，以促进证据的采纳。（4）执行（Execution）：实施具体的策略和行动，以确保证据被应用到实践中	根据"4E"框架，证据转化的关键步骤包括以下几个。（1）教育和培训：提高研究者、实践者和决策者对证据的认识。（2）系统设计：调整工作流程和改善环境，以便于证据的整合和应用。（3）经济激励：利用激励措施来鼓励证据的采纳和实施。（4）执行和评估：实施具体的行动计划，并评估其效果
克拉姆批判现实主义与艺术研究运用模型（Crarum Critical Realism & the Arts Research Utilization Model）（Kontos and Poland，2009）	这是一种基于批判现实主义理论的证据转化模型，特别是在艺术和社会科学领域应用广泛。这个模型的核心观点有以下几个。（1）批判现实主义：认为社会现象可以通过批判性地分析其结构和过程来更好地理解。（2）艺术研究的利用：强调艺术研究在社会变革和实践中的重要作用。（3）多维度分析：考虑个体、组织和社会层面的相互作用对证据转化的影响	证据转化的关键步骤包括：（1）深入理解：深入分析研究结果及其在特定社会文化背景下的意义。（2）多元利益相关方的参与：确保研究、政策和实践领域的多元利益相关方参与。（3）批判性反思：对现有实践和政策进行批判性反思，以识别改进的空间。（4）创新实施：设计和实施创新的策略，将研究成果转化为实践

续表

模型	模型简介	证据转化的要点
戴维斯路径-PRE-CEED模型（Davis Pathman-PRECEED Model）（Sullivan et al.，2023）	该模型又称为通过教育和环境设计实现持续质量改进的政策、规章与组织支持模型（Policy, Regulation, and Organizational Support for Continuous Quality Improvement through Education and Environmental Design）该模型的核心观点包括以下几个。（1）多主体影响：该模型考虑了个体、组织、社区和政策等多个层面对证据转化的影响。（2）行为改变理论：结合了健康行为理论，如社会认知理论，来解释个体和组织如何采纳新的实践。（3）环境和教育因素：强调了教育和环境因素在促进行为改变和证据转化中的作用	证据转化的关键步骤包括以下几个。（1）认知：提高对证据的认识和理解。（2）态度：形成对证据的积极态度和信念。（3）行为：在实践中应用证据，改变行为。（4）环境：创造支持证据转化的物理和社会环境。（5）政策：制定和实施促进证据转化的政策
预防肥胖的循证干预措施的传播（Dissemination of Evidence-based Interventions to Prevent Obesity）（Sallis，2019）	该模型的核心观点包括以下几个。（1）强调基于科学研究证据的干预措施在预防肥胖中的重要性。（2）考虑个体、社区和政策层面的干预措施。（3）利用不同的传播渠道和方法来推广有效的干预措施。（4）目标受众：识别并针对那些最有可能从循证干预中受益的目标受众	证据转化的关键：（1）评估和选择有效的预防肥胖的循证干预措施。（2）了解目标受众的需求和偏好，以制定传播策略。（3）设计传播策略，包括使用媒体、教育活动和社区参与。（4）在不同环境中实施循证干预措施。（5）实施监测过程并评估干预措施的效果
德黑兰医科大学知识转化模型（Knowledge Translation Model of Tehran University of Medical Sciences）（Eskandarieh et al.，2024）	这个模型的核心观点包括以下几个。（1）强调不同学科和专业背景的研究者和实践者之间的合作。（2）考虑本地文化和社会经济因素对证据转化的影响。（3）提高健康专业人员和公众对循证实践的认识和技能。（4）确保有支持性的政策环境，以促进证据的采纳和实施	证据转化的关键点有以下几个。（1）进行高质量的研究以产生可靠的证据。（2）评估证据的有效性和适用性。（3）通过教育和传播活动提高证据的知晓率。（4）在临床和公共健康实践中实施证据转化。（5）评估证据转化的效果，并根据反馈进行改进

续表

模型	模型简介	证据转化的要点
组织创新采纳的多层次概念框架（Multilevel Conceptual Framework of Organizational Innovation Adoption）（Frambach and Schillewaert，2002）	适用于健康服务领域的创新，如新健康技术、干预方法、管理实践或健康促进活动。核心观点有以下几个。（1）多层次性：创新采纳过程涉及个人、团队、组织和政策等多个层面。（2）组织特性：组织的结构、文化、资源和领导力对创新采纳有重要影响。（3）创新特性：创新的复杂性、可兼容性、可试验性和可观察性影响其被采纳的可能性。（4）环境因素：外部环境包括政策、市场、技术和社会文化因素，也会影响创新的采纳。（5）过程和阶段：创新采纳过程可能包括认识、兴趣、评估、试用和采纳等阶段	证据转化的关键步骤包括以下几个。（1）需求评估：确定组织和目标人群的具体需求。（2）教育和意识增强：提高组织成员对创新的认识和兴趣。（3）决策支持：提供必要的信息和工具，帮助决策者评估创新的价值。（4）制订计划：制订详细的实施计划，包括时间表、责任分配和资源配置。（5）执行和监测：执行创新采纳计划，并持续监测进展和效果。（6）评估和反馈：评估创新采纳的效果，并根据反馈进行调整
研究使用的渥太华模型（Ottawa Model of Research Use）（Graham and Logan，2004；Hogan and Logan，2004）	该模型的核心观点是，将研究证据转化为实践是一个有意识的、计划性的过程，需要在组织和系统层面上进行。包含六个关键因素：基于证据的变革、潜在采纳者、实践环境、实施干预措施、采纳变革和结果评价。强调在变革实践的前、中、后各个阶段，对每个环节进行评估、监控和评价	关键步骤包括以下几个。（1）设定阶段：确定变革的主体，评估资源，识别负责实施的变革代理人。（2）明确创新：清晰地描述创新内容及其实施过程。（3）评估创新、潜在采纳者和环境：识别可能的障碍和促进因素。（4）实施干预：基于评估结果，实施针对性的干预措施。（5）反思性监控：对实施过程进行持续的评估和调整
格林健康促进模型（The Precede-Proceed Model）（Kim et al.，2022）	基于生态学的方法，考虑了影响健康行为的多种因素，包括个人、人际、组织、社区和政策层面的因素	证据转化的关键步骤包括以下几个。（1）社会评估：评估目标人群的社会、经济和文化背景。（2）健康评估：量化并确定社区中健康问题的严重性和优先级。（3）行为和环境评估：分析健康问题的行为和环境决定因素。（4）教育和生态评估：识别影响行为改变的教育和组织因素。（5）管理和政策评估：评估项目实施所需的政策和资源条件。（6）实施：基于评估结果，设计并实施干预措施。（7）过程评估：监控实施过程，确保活动按计划进行。（8）影响评估：评估干预措施对健康行为和健康状况的影响。（9）结果评估：评价整个健康促进计划的效果和效率

模型	模型简介	证据转化的要点
循证政策构建路径模型（Pathways to Evidence Informed Policy）（Bowen and Zwi，2005）	将研究证据转化为政策和实践是一个复杂的过程，需要考虑多重因素，包括证据的类型、决策过程、政策背景以及实施能力。该模型强调证据的多种来源，包括研究证据、知识/信息、观点/利益、政治和经济因素，并提出了一个"采纳、适应和行动"的过程，以帮助政策制定者和实践者在政策制定和实践中有效使用证据	证据转化的关键步骤包括以下几个。（1）寻找证据：涉及从多种来源搜集和综合不同类型的证据。（2）使用证据：在政策制定过程中考虑证据，并根据政策和实践环境对证据进行评估。（3）实施证据：将采纳的证据应用于并转化为具体政策行动，需要考虑个人、组织和系统层面的能力和资源。此外，模型还强调了决策过程中的因素，如个体技能、经验、网络参与度，以及政策背景对证据采纳和适应的影响
组织创新实施理论（An Organizational Theory of Innovation Implementation）（Turner et al.，2018）	组织内部的因素，如创新实施氛围（implementation climate）和创新价值匹配度（innovation-values fit），对于有效实施创新至关重要。该理论认为，通过改善这些组织内部因素，可以提高实施效率，从而促进证据向实践的转化	证据转化的关键步骤包括以下几个。（1）评估组织环境：确定组织内部对创新接受和实施的准备程度。（2）营造实施氛围：在组织内部营造支持和期望创新实施的文化氛围。（3）确保价值匹配：确保创新与组织及其员工的价值观相匹配。（4）领导和管理支持：领导层需要提供必要的资源和支持，以促进创新的实施。（5）员工参与：鼓励员工参与创新实施过程，以提高他们的接受度。（6）监测和反馈：通过监测实施过程并提供反馈，不断改进实施策略
实现效果模型（Implementation Effectiveness Model）（Nilsen，2020）	实施效果可以通过评估实施过程的质量和实施结果的成效来确定。它强调实施过程的多个维度，包括计划、执行、监测和评估，以及这些维度如何相互作用以影响最终的实施效果。该模型还考虑了组织环境、创新特性、实施团队的特征以及外部环境等因素对实施效果的影响	证据转化的关键步骤包括以下几个。（1）评估需求和准备情况：确定组织的需求和准备实施新证据的成熟度。（2）选择证据：根据组织的具体情况选择合适的证据。（3）计划：制订详细的实施计划，包括时间表、资源分配和责任分配表。（4）执行实施：按照计划执行实施活动，确保所有步骤按计划进行。（5）监测和评估：在实施过程中进行持续的监测和评估，以确保实施活动与计划相符，并及时调整策略。（6）维持和推广：实施成功后，制定策略以维持和推广扩大
标准化过程理论（Normalization Process Theory）（Carter et al.，2021；Dalkin et al.，2021）	与其他实施理论相比，该理论的一个明显优势是不仅关注个体层面的因素，还关注组织层面的因素。核心观点有以下几个。（1）一致性（Coherence）：对新干预措施的理解和意义构	证据转化的关键步骤有以下几个。（1）定义和理解实施背景：考虑实施环境的现状和预期变化，以及这些变化对干预措施可能产生的影响。（2）定义干预措施：明确干预措施的具体内容，包括其组成部分和预期效果。（3）使用标准化过程理论分析干预措施的一

续表

模型	模型简介	证据转化的要点
标准化过程理论（Normalization Process Theory）（Carter et al.，2021；Dalkin et al.，2021）	建，确保所有参与者对干预有清晰的认识。（2）认知参与（Cognitive Participation）：指个体和集体对实施新实践的承诺和参与度。（3）集体行动（Collective Action）：实施过程中实际工作的执行，包括使干预措施得以发生的所有工作。（4）反思性监测（Reflexive Monitoring）：对干预措施的成本和收益进行正式和非正式的评估，以及对实施过程的持续反思和调整	致性、认知参与、集体行动和反思性监控，以识别可能的实施障碍和促进因素。（4）优化实验参数：确保实验程序与临床实践相兼容，并考虑对所有受试者群体的影响。（5）实施和整合：在确认干预措施有效后，广泛实施，并考虑实施环境的差异以及如何调整干预措施以适应新的实施背景
促进健康服务领域研究成果应用的行动促进框架（Promoting Action on Research Implementation in Health Services，PARIHS）（Harvey and Kitson，2020；Rycroft-Malone，2010）	核心观点有以下几个。（1）证据：高质量的研究证据是转化的基础，但证据本身并不足够，需要与其他因素结合。（2）环境：组织和环境的特定背景对证据转化的成功率有显著影响。这包括组织文化、资源、领导力和组织结构。（3）推进者：指在转化过程中提供帮助和支持的个人或团队。推进者的角色是提高转化过程的效率和效果。（4）实施：将证据融入日常实践中，这可能是一个复杂和多步骤的过程	证据转化的关键步骤有以下几个。（1）评估证据：确保所采用的证据是高质量的，并且与实践问题相关。（2）理解上下文：评估组织和社会环境，以确定可能支持或阻碍证据转化的因素。（3）推进者，即培养和支持能够促进证据转化的个人或团队。（4）设计实施策略：基于证据、环境和促进者的情况，设计合适的实施策略。（5）执行和监测：执行实施计划，并持续监测其效果，确保实施策略得到有效执行。（6）反馈和改进：基于监测和评估的结果，提供反馈，并进行必要的改进
黏性知识模型（Sticky Knowledge）（Elwyn，Taubert，and Kowalczuk，2007；Szulanski，2000）	核心观点有以下几个。（1）知识黏性：某些知识、概念或指导原则难以从一个工作环境转移到另一个工作环境。（2）转移障碍：即使是在某个地方运行良好，这些知识在其他地方也可能难以成功。（3）影响因素：黏性知识模型识别了影响知识转移成功与否的多种因素，包括因果模糊性、知识的未经证实性、信息源的动机和可信度、接收者的动机和吸收能力、组织环境的贫瘠性，以及信息源与接收者之间关系的	证据转化的关键步骤有以下几个。（1）识别黏性因素：了解哪些因素导致知识黏性，并识别可能阻碍知识转移的障碍。（2）评估组织准备情况：确定组织对于接受和应用新知识的准备程度。（3）建立信任关系：在信息源和接收者之间建立信任关系，以促进知识的顺畅转移。（4）解决技术和沟通问题：通过有效的沟通和技术支持来解决转移过程中的技术问题。（5）持续评估和改进：在知识转移过程中进行持续的评估，并根据反馈进行必要的改进

续表

模型	模型简介	证据转化的要点
黏性知识模型（Sticky Knowledge）（Elwyn，Taubert，and Kowalczuk，2007；Szulanski，2000）	困扰。（4）实施挑战：在实施新知识时，需要仔细规划并解决信息源与接收者之间的技术和沟通差距。（5）关系重要性：信息源与接收者之间的关系对于成功转移知识至关重要	
实施研究综合框架（Consolidated Framework for Implementation Research）（Damschroder et al.，2022）	核心观点包括以下几个。（1）多维度分析：包括干预特性、内外环境、实施者，以及过程本身。（2）识别和理解影响证据转化成功的障碍和促进因素。（3）提供了一个灵活的框架以适应不同类型和背景的实施环境。（4）强调实施循证实践通常需要组织和进行系统层面的变革	证据转化的关键步骤包括以下几个。（1）准备阶段：评估组织准备情况和对变革的接受度。（2）实施阶段：执行实施计划，包括教育、沟通和培训。（3）执行阶段：在实际环境中应用循证干预措施。（4）维持阶段：确保干预措施的长期可持续性
复制有效的项目+框架（Replicating Effective Programs Plus Framework）（Kilbourne et al.，2007）	核心观点有以下几个。（1）多维度评估：从五个维度评估干预措施，包括覆盖范围（Reach）、效果（Effectiveness）、采纳（Adoption）、实施（Implementation）和维持（Maintenance）。（2）实施的真实世界效果：该模型不仅关注干预措施的短期效果，还关注其在现实世界中的长期可持续性。（3）目标人群的广泛覆盖：强调干预措施应尽可能广泛地覆盖目标人群。（4）组织和社区的参与：鼓励组织和社区参与干预措施的设计和实施过程，以提高其适应性和可接受性	证据转化的关键步骤包括以下几个。（1）识别和选择有效的干预措施：基于证据选择最合适的干预措施。（2）定制和适应：根据目标人群和实施环境的特定需求定制干预措施。（3）组织和社区的采纳：确保目标组织和社区愿意采纳干预措施。（4）实施和一致性：确保干预措施按照原定计划一致地实施。（5）监测和评估：对干预措施的覆盖范围、效果、采纳、实施和维持进行监测和评估。（6）反馈和改进：基于评估结果提供反馈，并进行必要的改进
可用性、响应性和连续性：一个有关组织和社区的干预模型［Availability，Responsiveness & Continuity（ARC）：An Organizational & Community Intervention Model］（Glisson and Schoenwald，2005；Gleason et al.，2017）	ARC 模型三个要素。包括：（1）可用性（Availability）：确保心理健康服务在需要时对儿童和家庭是可获取的。（2）响应性（Responsiveness）：服务应当对儿童和家庭的特定需求做出及时和个性化的响应。（3）连续性（Continuity）：提供持续的关怀和支持，确保服务在儿童成长的不同阶段都能得到保障。模型特点包括以下	证据转化的关键步骤有以下几个。（1）评估需求：评估目标社区和组织对循证儿童心理健康服务的需求。（2）组织准备：准备组织结构和流程，以支持新服务模型的应用。（3）培训和能力建设：为工作人员提供必要的培训，以提高他们应用 ARC 模型的能力。（4）实施和监测：应用 ARC 模型，并持续监测其效果和质量。（5）反馈和改进：收集反馈信息，并根据反馈进行必要的改进

模型	模型简介	证据转化的要点
可用性、响应性和连续性：一个有关组织和社区的干预模型［Availability, Responsiveness & Continuity（ARC）: An Organizational & Community Intervention Model］（Glisson and Schoenwald, 2005；Gleason et al., 2017）	方面。（1）组织层面的变革：ARC 模型强调组织结构和流程的变革，以支持循证实践的实施。（2）社区合作：与社区资源拥有者和组织建立合作关系，以增强服务的可用性和响应性。（3）家庭中心：以家庭为中心的服务设计，确保服务满足家庭的需求和偏好。（4）文化敏感：服务设计考虑文化多样性，以适应不同文化背景的儿童和家庭	

第二节　RE-AIM 证据转化模型

一　RE-AIM 证据转化模型简介

格拉斯哥（Glasgow）等学者于 1999 年提出的 RE-AIM 模型是一个用于帮助政府、组织和机构设计、评估和改进各种服务、干预计划和政策（Glasgow, Vogt, and Boles, 1999）。为了推广这一框架，2004 年格拉斯哥与其他专家成立了 RE-AIM 工作组（Harden, 2020）。该工作组的宗旨是让更多人（比如项目策划者、实践者、资助者和政策制定者）在设计项目时，不仅关注项目是否科学有效，还要确保它们在实际环境中也能真正落地并产生预期效果。

随着时间的推移，RE-AIM 模型也不断发展，以更好地适应实践需求。更新后的模型特别强调了两个方面。

• 干预的长期可持续性：项目要长时间保持效果，需要在面对不断变化的情况（如证据更新、资源变化或环境变化）时，能够及时调整和改进。

• 公平性和成本效益：模型要求在项目的每个阶段考虑如何让不同人群公平地受益，同时关注实施成本，确保项目可以持续下去。

由于 RE-AIM 模型考虑全面，简单易用，已经被广泛应用于健康、教育、社会服务等领域。例如，研究机构可用它来评估新型医疗技术的实际效果和推广潜力；社区组织可用它来改进健身计划、营养干预和心理健康服务；政府部门可借助模型分析政策实施效果，为未来制定更科学的政策提供依据。RE-AIM 模型的官方网站还提供了自我评估工具，帮助使用者初步了解干预项目的效果，并根据反馈优化计划[1]。

在实践中使用 RE-AIM 模型需要关注三个阶段。

• 规划阶段：在设计项目时，提前考虑覆盖范围、成本、效果等因素，确保项目既有科学依据，又能适应实际场景。

• 实施阶段：在执行过程中，利用 RE-AIM 模型定期检查进展，发现问题并进行调整。比如，如果发现参与率低，可以加大宣传力度或降低参与门槛。

• 结束阶段：在项目完成后，通过访谈或问卷了解受众的体验和需求，评估项目的真实影响，并为下一次改进提供数据支持。

总之，RE-AIM 模型就像一个"导航仪"，为干预项目的设计、实施和评估提供指导，提醒实践者不仅仅要关注项目是否有效，更要关注它能否被目标人群广泛接受、顺利实施并长期持续。通过 RE-AIM 模型，项目策划者和执行者可以更好地把研究成果转化为实际行动，并确保这些行动真正惠及社会。

二 RE-AIM 证据转化模型的内容

如图 6-1 所示，RE-AIM 模型从五个关键维度评估证据的在地转化。

1. 覆盖面

覆盖面（Reach）关注的是服务方案或干预计划所面向的目标人群，包括愿意参与特定服务的人数、比例以及他们是否代表了整个目标群体。在评估时，重点考察服务或干预是否能够有效吸引并广泛覆盖具有代表性的参与者，尤其是那些处于不利地位的群体，如教育水平较低者、经济困难者或疾病患者。

社会工作者在评估过程中必须深入分析项目的受益者和实际参与者，这不仅涉及参与服务方案和干预活动的人数，而且需对比参与者与非参与者的特征，以识别两者之间是否存在差异。特别需要关注的是那些可能无

---

[1] 参见 www.reaim.org。

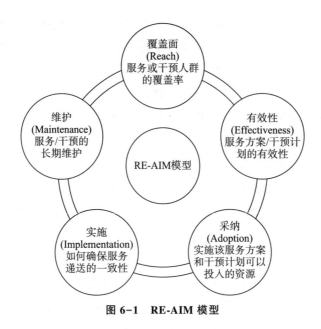

图 6-1　RE-AIM 模型

法获得服务的弱势群体，以确保干预措施能够实现其公平性和包容性的目标。

2. 有效性

有效性（Effectiveness）是衡量服务或干预措施对预定结果指标影响的关键指标，它不仅包含正面的影响，也涵盖可能产生的负面后果、对服务对象生活质量和生命意义的影响等。进行有效性评估时，主要关注的是测量结果指标的效果。

社会工作者在评估过程中应深入思考并明确服务对象的核心需求，即"我们希望解决的最重要的问题是什么"。同时，也需评估产生不良结果的风险。回答有效性问题时，需要界定关键或预期的结果指标，并考虑不同子群体（如不同性别、风险等级、收入或受教育水平的群体）间可能存在的差异。此外，评估还应包括对生活质量的影响指标，以及任何可能的负面后果的评估。

3. 采纳

采纳（Adoption）指的是服务场所和设施、资源以及服务递送或干预人员对于启动某项服务计划的接受和参与程度，这涉及他们的人数、比例和代表性。采纳评估的目的是提供关于服务场所和设施、场地环境、工作人员等详细信息的报告（Glasgow，Vogt，and Boles，1999）。

在采纳评估的过程中，社会工作者需要细致思考服务方案、干预计划或政策在何处被实施、由谁实施等关键问题。这与社会工作机构及其服务递送的相关机构紧密相关。采纳评估不仅包括分析有助于实现目标的组织、机构、单位和利益相关方的特征，也涉及理解服务方案或干预措施在实施过程中遇到的障碍和促进因素。此外，还需探讨如何组织服务项目或利用相关政策，以及执行计划所需的组织资源和成本（Rogers，2003）。

不同组织、机构和决策者可能关注的成本类型各异，包括初始成本与持续成本、固定成本与变动成本、人力成本与平台建设或设施成本等（Banke-Thomas et al.，2015）。许多组织可能会考虑投资的短期或中期回报，但这些回报对不同的利益相关方可能具有不同的意义。至少，明确所需的时间和人力资源对于决策者来说是至关重要的，这有助于他们判断是否具备足够的资源来采纳该服务或干预措施（Glasgow et al.，2013）。在组织的具体部门层面，识别那些愿意尝试新举措的部门和工作人员尤其重要，与之相比，那些持抵制态度或处于观望状态的相关部门、机构和工作人员则需要更多的关注和动员（Glasgow et al.，2013）。

4. 实施

实施（Implementation）是服务计划执行人员对服务方案各项要素的忠实执行程度。这不仅包括服务或干预活动的一致性，也涉及干预的时间和成本效益。实施阶段的核心在于评估服务方案或干预计划的执行保真度，即服务提供是否遵循了既定的方案，以及干预人员、时间和环境设置是否保持一致。此外，实施过程中的调整及其对效果的影响也是评估的关键内容。

在服务方案或干预计划执行的过程中，社会工作者需细致考量服务的一致性，并反思对原始计划所做的调整及其频次。社会工作者在组织、执行、监督、管理服务活动时，应明确指导原则和操作流程。同时，需要考虑在不同环境、不同执行人员或时间推移下，如何监控项目的适应性和变化，并确保这些变化不会对服务效果产生负面影响。

为确保服务计划的有效实施，社会工作者应采取以下措施：首先，确立清晰的服务目标和执行标准；其次，进行定期的监督和评估，确保服务与计划相符；再次，对于不可避免的调整，应及时记录并评估其对服务效果的影响；最后，通过持续的培训和专业支持，提升服务提供人员的能力，以适应不同环境下的实施需求。

5. 维护

维护（Maintenance）是指服务方案或干预计划得以长期持续实施的能力，以及这些方案或计划成为社工机构或服务组织实践和制度的一部分。个人层面的维护则关注服务方案和干预计划在最近一次干预后 6 个月或更长时间对结果指标的持续影响，以评估长期服务或干预的资源和成本效益。

社会工作者在评估过程中应当考虑服务方案或干预计划何时能够全面运作、干预效果的持续时长以及服务计划的可持续性。这包括分析组织、服务场所、设施或人员等的维护情况，考虑资源的可获得性，以及如何将服务方案、干预计划和相关政策与服务机构的使命、愿景和目标相整合。对于一线的社会工作者来说，了解服务或干预效果的持续时间对于服务的组织者或社会工作机构而言至关重要，因为它们追求的是积极影响的可持续性，希望服务方案和干预措施能够成为社会工作机构或服务提供方的特色和优势。

此外，社会工作者需要在 RE-AIM 模型的所有维度中深入思考干预的结果，探究干预成功或失败的原因。这涉及对为何出现这些结果的反思，以及通过访谈或定性研究来回答这些问题。例如，项目参与度低可能影响效果的普及，积极影响可能仅限于部分服务对象，或者只有特定类型的组织或员工能够成功实施某项服务方案。通过这种深入的分析和反思，社会工作实践者可以更好地理解干预措施的影响，提高未来项目的设计和实施，从而促进更有效的社会服务和干预。

RE-AIM 证据转化模型的评估内容详见表 6-3。

表 6-3　RE-AIM 证据转化模型的评估内容

评估条目	解释和说明
覆盖面（Reach） 服务参与者的比例和代表性	• 服务或干预是否能够吸引目标人群的大量参与者和有代表性的人群 • 服务方案或干预能否惠及最需要帮助或者边缘化的群体（例如受教育程度低的人、穷人、患病者）

评估条目	解释和说明
有效性（Effectiveness） 关键的结果指标：生活质量、 负面影响、亚组不同的效果	● 一线社工预期和感知到的服务或干预能否在亚群体中产生稳健的影响 ● 服务或干预是否产生小的负面影响、是否提高了生活质量、是否有更广泛的影响（社会资本）
采纳（Adoption） 服务或干预措施的组织机构、环境、 设施、工作人员的比例和代表性	● 哪些单位和部门能投入资源；服务或干预在人力、预算、成本、场地、设施、专业知识、时间、资源等方面的可行性 ● 服务或干预是否适合资源匮乏的环境；是否有服务于高风险人群的特定工作人员
实施（Implementation） 服务或干预的一致性 服务和实施过程做出的调整	● 服务和干预人员遵照服务方案实施。服务或干预能否在不同的项目要素、不同的人员、不同的时间等情况下持续实施 ● 成本：人员成本、前期成本、边际成本、规模扩大成本、设备成本是否匹配且高效
维护（Maintenance） 个人和环境/系统层面的长期 影响，以及做出的调整	● 服务或干预是否包括增强长期效果的规定（例如，后续联系、社区资源、同伴支持、持续反馈） ● 在没有额外的资源和领导的情况下，这些组织机构层面的资源投入是否能够持续一段时间

资料来源：RE-AIM 模型网站（www. re-aim. org）；Brownson，Colditz，and Proctor，2018。

三　RE-AIM 模型使用中的常见问题

自 2004 年成立 RE-AIM 规划和评估框架国家工作组以来，RE-AIM 模型已被广泛应用于社会工作的多个领域。然而，在实际使用过程中，研究人员和实践者可能会遇到一些常见问题，这些问题涉及对 RE-AIM 模型概念的理解和应用（Harden，2020）。以下是常见的几个误解。

（一）概念的问题

1. RE-AIM 主要是一个评估框架

RE-AIM 模型最初被构想为一个综合性的评估框架，旨在评估多维度的健康干预措施。然而，随着时间的推移，研究者们开始更多地将其视作一个用于设计服务项目和干预计划的工具。RE-AIM 模型不仅用于制订和实施服务方案，还广泛用于评估和报告这些方案的效果，尤其重视评估其在现实世界环境中的外部有效性。该模型强调将研究成果转化为实际应用，促进干预措施的广泛传播和实施，并在设计服务方案和干预计划时，考虑其环境适应性、背景兼容性以及本地化需求，这些都是 RE-AIM 模型的重要功能。

2. RE-AIM 仅适用于两个层面——个人和组织

RE-AIM 模型的应用范围广泛，不限于个人和组织层面，而是可以扩展至社会系统的各个层面。虽然 RE-AIM 模型最初的应用主要集中在个人（如患者、员工、学生）和组织（如非政府组织、医疗机构、工作场所、学校）层面的分析，但其应用范围已经扩展，涵盖了更广泛的社会系统层面。

在 RE-AIM 模型中，"采纳"（Adoption）的概念不仅包括社工机构或直接向服务对象提供服务的组织和个人，还包括多层次的服务递送单位、部门、相关机构以及其他制度和社会支持系统。因此，政策制定者、机构、委员会、城市规划者、市政部门或社区团体等均可利用 RE-AIM 模型来指导其工作。

RE-AIM 模型特别适用于处理多层次环境分析中的挑战，例如干预政策的变化、残疾人津贴政策的修改、社区的适老化空间改造等。在这些情况下，实施策略和相关指标可能涉及多个参与者，包括决策者、适老化设施的制造商、提供资金的非政府组织以及执法机构。

因此，RE-AIM 模型在识别和明确服务方案和干预计划在规划、批准、实施和维持阶段发挥着重要作用。它有助于确定哪些机构或个人将负责干预计划或政策的维护（或执行），从而确保干预措施能够顺利进行并实现长期可持续性。

3. RE-AIM 不包括"决定因素"、环境因素或促进积极影响的建议方法

RE-AIM 模型涵盖了决定因素和环境因素，这些因素对于促进服务或干预产生的积极影响至关重要。为了更全面地理解干预措施的实施和可持续性，2008 年在 RE-AIM 的基础上发展出了实用、稳健实施和可持续性模型（A Practice, Robust Implementation and Sustainability, PRISM）。PRISM 模型不仅继承了 RE-AIM 的核心内容，还整合了创新扩散理论、慢性病照顾模式以及健康照顾促进的机构改变模型。PRISM 模型确定了关键性的决定因素，如政策、实施和可持续性基础设施，以及多层次的组织视角，已被成功应用于指导计划、调整实施过程，以及评估不同环境和主题领域的

干预措施（Glasgow et al.，2013）。

4. RE-AIM 不涉及（或明确定义/区分）长期维持，并且仅限于 6 个月的时间

此外，关于 RE-AIM 模型不涉及长期维持的观点是一种误解。虽然 RE-AIM 模型在最初提出时将维护（Maintenance）定义为项目完成后至少 6 个月的效果，但这并不意味着评估仅限于 6 个月的时间点。因此，RE-AIM 模型将维护/可持续性概念化为一个长期和动态的过程，旨在推进研究，并在实施后 1~2 年或更长时间内进行评估（Glasgow，Vogt，and Boles，1999）。

5. RE-AIM 不包括成本分析

RE-AIM 模型纳入了成本因素，这是实施干预计划和证据转化过程中的关键组成部分。成本和经济投入分析对于证据采纳者和决策者来说至关重要，他们需要了解实施特定干预措施所需的经济资源。虽然由于不同地区的经济条件、干预措施的复杂性、服务方案的实施策略以及递送设置的具体差异，进行成本比较存在一定的挑战，但这并不是不可能完成的任务。

为了促进研究向实践的转化，成本评估可以从多个利益相关方的角度进行，例如服务对象、服务提供者、保险公司、政策制定者等。这种多角度的成本分析有助于全面理解实施干预措施所需的经济投入，并为决策者提供必要的信息，以做出明智的投资决策。

6. RE-AIM 将保真度视为唯一的实施结果衡量标准

RE-AIM 模型在衡量实施结果时，并不将保真度视为唯一的标准。在 RE-AIM 的初始构架中，实施确实关注项目是否按照既定计划被准确实施，即保真度。但目前实施的评估已经扩展到包括多个方面，如干预措施的忠实度、在不同地点或环境中实施的一致性、对干预措施或实施策略所做的调整，以及相关的成本问题。

实施的核心目标是理解干预措施如何被整合进复杂的环境和群体中，以及这些干预随时间推移和在不同情境下的效果与所需的调整。为了实现这一目标，识别、追踪和接纳必要的调整变得至关重要。这些调整有助于干预措施更好地适应特定环境，从而提高其有效性和可持续性。

此外，实施维度的评估也从定性方法的应用中获益匪浅。定性方法不仅帮助研究者深入探究干预措施的调整内容，还能揭示调整背后的动因以

及这些调整所带来的影响。这种深入的理解对于优化实施策略和提高干预措施的适应性和有效性至关重要。

7. RE-AIM 模型不考虑实施的不同阶段

RE-AIM 模型能够全面考虑实施的不同阶段，包括规划、实施以及维持等。RE-AIM 扩展模型，即实用、稳健实施和可持续性模型（PRISM），已被用于处理实施过程中各个阶段的 RE-AIM 维度进展和优先级。RE-AIM 模型包含了时间顺序的概念，明确指出项目必须先被采纳，然后才能到达目标群体，进而被实施，最终实现其效果。

在实施过程的不同时间节点，一线社工团队可以利用 RE-AIM 维度来反思服务采纳的环境因素。例如，允许一线社工团队在不同的时间点选择最相关的结构因素。这些结构因素随后可以被用来指导实施策略，确保实施过程能够覆盖更广泛的目标群体，保持高保真度，并长期维持。

（二）方法的问题

1. RE-AIM 模型仅使用定量数据

RE-AIM 模型在评估健康干预时，虽然定量数据是其核心组成部分，但该模型也认识到定性数据的重要性。因此，RE-AIM 模型不仅关注定量指标，也考虑了参与者的类型，包括他们如何被纳入服务以及获取服务的公平性。此外，RE-AIM 模型还探究了参与或不参与服务的动因，这些动因可以通过定性和定量的方式来衡量。

在 RE-AIM 模型中，"类型"和"原因"可以量化，但要全面理解"谁"、"什么"、"为什么"和"如何"等问题，定性方法和混合方法研究是不可或缺的。这些方法提供了深入洞察参与者的宝贵视角，可帮助研究者和实践者了解干预措施的实质内容、实施方式以及影响效果的深层次原因。

定性研究方法特别适用于揭示干预措施背后的动机、态度和感知，这些通常是定量数据难以捕捉的。通过定性和定量数据相结合，RE-AIM 模型能够提供更全面的评估，从而为干预措施的设计、实施和改进提供更加坚实的依据。

2. RE-AIM 模型是静态的、不迭代

RE-AIM 模型并非静态不变，而是一个动态且迭代的工具，它能够在

服务方案或干预计划的规划、执行和维持等各个阶段发挥作用。除了在项目初期进行评估，RE-AIM 模型还可以用来构建一个连续的过程评估，以在项目的中期进行必要的调整和适应。通过评估 RE-AIM 的每个维度，团队可以获得关于项目进展的重要反馈，从而指导实施过程中的调整。此外，RE-AIM 模型的动态应用还体现在其能够适应不同环境和人群的特定需求。在项目的不同阶段应用 RE-AIM 模型，可以确保干预措施能够持续地适应和反映目标群体的实际状况，从而提高干预的外部有效性和长期可持续性。

3. RE-AIM 模型要求评估所有维度，所有维度都同等重要

RE-AIM 模型是一个灵活的工具，它并不要求在每项研究中评估所有维度，也不假设所有维度同等重要。在实际应用中，研究者会根据利益相关方的需求、项目的目标以及特定的环境和情境来确定哪些 RE-AIM 维度更为关键，允许研究者把资源集中在那些最能影响项目成功的维度上。

在实施 RE-AIM 模型时，研究者应该考虑以下几个方面：首先，全面理解 RE-AIM 模型的所有维度；其次，预先明确哪些维度是项目成功的优先考虑因素，并为这些选择提供合理的理由；最后，对于那些被确定为关键的维度，进行深入的分析和评估。

（三）实施的问题

1. RE-AIM 模型仅适用于大规模的研究或资金充足的大型评估

RE-AIM 模型并不局限于大规模或资金充足的大型评估项目。实际上，RE-AIM 模型因其灵活性和多维度评估的特点，同样适用于规模较小、预算有限的研究项目。在低预算或无预算的情况下，研究者和实践者可以通过选择与项目目标和资源相匹配的 RE-AIM 模型来进行评估。此外，通过创造性地利用现有资源和采用成本效益高的策略，即使是小规模项目也能充分利用 RE-AIM 模型来优化实施过程和提高干预效果。RE-AIM 模型的设计允许研究者根据项目的具体情况和可用资源，灵活地调整评估的重点和方法。

2. 使用 RE-AIM 模型就排除了使用其他证据转化模型

RE-AIM 模型并不是唯一可用于证据转化的模型，它与其他模型的结合使用是常见的做法。通过整合 RE-AIM 模型与其他理论模型，如流程框架、解释性框架或来自不同学科的模型，可以更全面地理解服务方案或干

预计划成功或失败的多维度原因。RE-AIM 模型网站①提供了多个将 RE-AIM 模型与其他理论模型或框架集成的实例，展示了如何通过框架的互补使用来增强对健康干预措施的评估和理解。

例如，通过一个面向老年人群体的健康教育项目来说明如何将 EPIS 模型、CFIR 模型和 RE-AIM 模型结合起来使用。

项目背景：假设我们计划在社区中开展一个针对老年人的健康教育项目，目的是提高老年人对健康生活方式的认识，并鼓励他们参与定期的身体锻炼。

（1）使用 EPIS 模型

期望（Expectation）：首先，通过焦点小组讨论或问卷调查了解老年人对健康教育项目的期望。例如，他们可能期望活动不会过于剧烈，且适合他们的身体状况。

进展（Progression）：设计一个分阶段的健康教育计划，从介绍健康知识开始，逐步过渡到具体的锻炼指导和实践活动。

影响（Influence）：评估影响老年人参与度的因素，如健康状况、交通可达性、家庭支持等。

情境（Situation）：考虑老年人的生活环境，如居住地点是否方便到达活动场所，以及他们的日常生活习惯。

（2）使用 CFIR 模型

采用决定因素：使用 CFIR（Consolidated Framework for Implementation Research）模型识别影响项目采纳的关键组织因素，如社区中心的支持、老年协会的合作意愿，以及可用的设施和设备。

实施策略：基于 CFIR 模型的分析结果，制定相应的实施策略，例如，通过社区广播或老年协会的网站进行宣传，以及通过提供交通服务来帮助老年人参加健康教育活动。

（3）使用 RE-AIM 模型

覆盖面（Reach）：评估项目能够覆盖的老年人群体的范围，包括不同居住区域和不同健康状况的老年人。

有效性（Effectiveness）：通过定期的健康评估来衡量健康教育对老年

---

① 参见 www.re-aim.org。

人健康状况的改善效果。

采纳（Adoption）：分析社区组织和老年人对健康教育项目的接受程度。

实施（Implementation）：监控项目实施的保真度，确保教育内容和活动按照既定计划进行。

维护（Maintenance）：评估项目在老年人群体中的长期可持续性，以及他们持续参与身体锻炼的情况。

通过多模型结合的方法，项目团队可以深入了解老年人对健康教育的需求和偏好，识别并解决实施过程中可能遇到的障碍，并评估项目的实际效果和可持续性。例如，如果通过 EPIS 模型发现老年人期望能有家人陪同参与活动，那么在设计项目时可以提供家庭参与的环节，并通过 CFIR 模型确保有足够的社区资源和设施来支持这些活动。最后，利用 RE-AIM 模型来评估这些活动能够覆盖多少老年人，它们的实际效果如何，以及项目是否能够长期运行并获得社区的持续支持。这种综合方法有助于提高项目设计的针对性和有效性，从而优化实施过程和结果。

RE-AIM 模型常见的问题、建议和示例如表 6-4 所示。

表 6-4　RE-AIM 模型常见问题、建议和示例

维度	界定	常见的问题	建议	示例
覆盖面（Reach）	参与服务方案或干预计划的人数、比例和代表性，以及参与或不参与的原因	与非参与者相比，不报告参与者的特征。不报告招募服务参与者或者干预对象的方法和隐含的筛选标准	报告服务对象的任何标准，即使它只有 1 个特征。这可以使得他人在某种程度上评估参与者的代表性	在分析使用电话探访服务的老年人生活状况项目时，我们可以从 RE-AIM 模型的覆盖面（Reach）维度进行考量。（1）年龄与参与度：研究发现，随着年龄的增长，老年人退出电话探访服务项目的比例降低。66 岁及以上的老年人与 56～65 岁的老年人相比，他们更偏好参与电话探访服务。（2）电话号码的有效性：66 岁及以上的老年人拥有无效电话号码的可能性更高，这可能与他们较少更新联系方式有关。（3）性别差异：男性老年人持有无效电话号码的比例高于女性，但同时，他们也更积极地参与电话探访服务。（4）收入水平影响：与居住在高收入社区的老年人相比，居住在低收入社区的老年人更少退出服务，也更少拥有无效的电话号码，表明居住在低收入社区的老年人可能更加依赖此类服务

维度	界定	常见的问题	建议	示例
有效性 (Effecti- veness)	干预对特定的个体或群体的影响，包括潜在的负面影响，以及更广泛的影响，包括生活质量和经济结果，以及亚组间的可变性（影响的泛化性或异质性）	不报告与服务方案或干预计划目标相关的主要结果指标测量的标准。不报告服务对象或服务对象在服务过程中的流失或退出率。不报告服务对象的长期效果和负面影响（例如，生活质量或意外后果）	建议报告服务方案或干预计划的短期效果、长期效果、负面影响、不利后果和对于不同服务对象的差异结果。在可能的情况下，应报告亚群体的稳健性措施和使用定性方法来了解结果	案例1：抑郁症患者的治疗效果分析。（1）药物治疗副作用：抑郁患者在服用药物后出现了头晕和胃部不适等副作用，这可能影响患者对治疗的依从性。（2）治疗效果：通过连续测量发现，在治疗的前6个月内，患者的抑郁评分未见显著变化。然而，随着治疗的持续，到第8个月时，患者的抑郁分值出现了显著下降，表明治疗开始产生积极效果 案例2：认知功能改善对生活质量和自我效能感的影响。（1）认知功能提升：服务对象在认知功能上显示出较大改善，这通常是治疗成功的标志。（2）生活质量和自我效能感：与对照组相比，服务对象在生活质量和自我效能感方面并未显示出显著变化，这意味着尽管认知功能有所提升，但整体生活体验和个人掌控感并未得到预期的改善 通过这些分析，干预团队可以获得关于治疗效果的全面了解，并据此优化治疗方案。例如，在案例1中，医生可能需要调整药物剂量或考虑更换药物，以减少副作用并提高患者的依从性。同时，可以向患者提供更多关于治疗长期效果的信息，以增强他们坚持治疗的信心。在案例2中，可能需要引入更多关注生活质量和自我效能感提升的干预措施，以实现更全面的治疗效果
采纳 (Adop- tion)	提供服务或实施干预的机构和人员（实施项目的人）的绝对数量、比例和代表性注意，采纳可以有不同级别。例如，在社工机构、学校、民政系统、社区主管下的工作人员	不报告机构的详细信息和招募服务对象时的纳入和排除标准（例如，仅选择社工机构驻地周围的居民开展社区服务）	建议报告启动服务方案或干预计划的社工机构和工作人员的数量与比例注意：机构、组织或相关部门、工作人员参与和不参与的特征和原因	分析提升小学生自我效能感项目。（1）目标群体：项目旨在为某地区所有小学的学生提供自我效能感服务，因此，目标群体为所有小学生（2）邀请方式：从该地区的700所小学中随机挑选了52所学校，并通过发送宣传信息邀请他们参与服务。（3）纳入标准：学校必须是普通的小学；学校必须每周提供至少两次体育锻炼课程；学校必须愿意指定一名联系人以便于沟通和协调。（4）响应情况。未回应：37所学校（占71%）未对邀请做出回应。拒绝参与：10所学校（占19%）表示不愿意参加。同意参与：5所学校（占10%）表示愿意参加。（5）拒绝原因。没时间：55%的拒绝原因与时间有关。已参与其他项目：8%的

续表

维度	界定	常见的问题	建议	示例
采纳（Adoption）				学校表示已经参与了其他类似项目。不相关性：10%的学校认为这个服务与他们的教育目标不相关。无兴趣：8%的学校直接表示对此服务无兴趣 通过这项分析，项目团队可以了解到学校在采用服务时的障碍和顾虑。例如，较高比例的学校未回应可能表明需要更直接的沟通策略或额外的激励措施。同时，时间限制作为主要拒绝原因，提示项目设计者可能需要考虑采用更灵活或效率更高的服务模式，以适应学校的需求。此外，了解到有学校认为服务与他们的目标不相关或已参与其他项目，这可能意味着项目在推广前需要更好地与学校的目标和现有项目进行匹配和整合
实施（Implementation）	对干预实施的关键组成部分的保真度，包括预期递送服务的一致性以及实施的时间和成本。重要的是，它还包括对干预措施和实施策略的调整以及调整的原因	不报告服务方案或干预计划中对证据证明有效的干预措施的调整。不报告成本和资源的调整。不报告不同工作人员在执行计划或产生结果方面的差异	建议报告使服务或干预更易于递送或适合在地环境的任何更改、调整和成本。不仅关注保真度，还关注所需要的资源的调整，以及干预成本（例如，时间、金钱）的调整	案例1：适应性调整：（1）干预措施变更：原计划通过电话开展的健康风险评估服务在实际操作中不适用，因此实施人员进行了调整。（2）调整为平板电脑。为了更好地适应当地的情况，服务方案改为使用平板电脑进行健康风险评估，以提高实施的可行性和接受度 案例2：高效执行。（1）一致性实施：参与的工作人员显示出高实施保真度。（2）高执行率：干预措施的执行率接近100%，表明服务方案得到了很好的遵循。（3）成本效益：如每个参与者的成本为547元，这就提供了一个明确的成本效益数据，有助于评估项目的经济效益 通过这些实施分析，可以得出以下结论：（1）实施人员需要对干预措施进行灵活调整以适应实际工作环境，提高干预的可行性和服务对象接受度；（2）高执行率反映了一线社工对服务方案的接受和承诺，这对于干预措施的成功至关重要；（3）明确每个参与者的成本有助于项目管理者进行经济评估和预算规划，确保项目的可持续性

续表

维度	界定	常见的问题	建议	示例
维护 （Maintenance）	在组织层面，一个服务、干预或政策成为常规实践和制度化的可能性。 在个人层面，服务或干预完成后对结果指标的长期影响。评估维护的具体时间因服务而异	不报告服务方案或干预计划是否在6个月及之后仍进行	建议报告服务方案完成后继续提供服务的资源等方面的信息。（1）在机构和组织层面，报告项目在研究资助期后的不同时间是否仍在进行，服务或干预结束后对项目的调整，以及与组织目标的一致性。（2）在个体层面，报告最终服务和干预后不同时间点（最新的建议是2年）的主要结果，但可根据问题和其他相关因素修改为更宽泛的结果指标，如长期服务参与者的减少和服务的异质性	案例1：项目持续进行。（1）持续兴趣：项目完成后，参与者表达了继续参与项目的强烈兴趣。（2）服务继续：自项目计划结束以来，5个中心继续定期提供太极拳课程，显示出项目活动的持续性。（3）培训课程老师等待：有一个培训中心正在等待合适的教师到来以继续课程 案例2：干预效果和服务质量的维持。（1）效果维持：干预效果的维持超出了干预方案的测试情况，但可以通过长期跟踪来评估。（2）长期评估：评估6个月或更长时间的相关指标，可以评估干预效果的持久性。（3）参与者参与度：服务对象层面的维护通过评估参与者在项目结束后的参与度来衡量。（4）服务可持续性：服务机构层面的维护通过基于结果指标的可持续性分析来评估，这包括服务提供的长期可行性和对社区的影响 通过这些维护分析，可以得出以下结论：（1）参与者对于项目的持续兴趣和活动表明了干预措施的长期价值和社区的接受度。（2）项目活动的持续进行，如太极拳课程的继续，显示了服务的稳定性和社区的参与度。（3）对于项目效果的长期评估有助于确定干预措施的持久影响，并为未来的服务提供决策支持。（4）通过评估参与者的参与度和服务机构的可持续性，可以更好地理解项目在实际应用中的长期效果和社区的持续需求。这些分析结果有助于项目团队了解干预措施在实施后的效果维持情况，以及服务提供是否能够长期持续，并根据这些信息进行必要的调整以确保项目的长期成功和社区的持续受益

资料来源：本书作者整理制作。

第三节　PRISM 证据转化模型

一　PRISM 证据转化模型的含义

PRISM 证据转化模型，即实用、稳健实施和可持续性模型由 Feldstein

和 Russell 于 2008 年开发。这个模型帮助我们将健康研究成果应用到具体情境中。它的分析框架纳入了多种因素，例如，如何提高服务质量、慢性病管理、创新方案的传播，以及如何多维度地测量干预有效性。

PRISM 模型特别关注评估干预措施与目标群体的联结，以及这些联结如何影响证据的采纳、实施和长期维护。模型还强调干预措施的覆盖面和有效性，确保一线实务者能够全面评估干预方案实施的影响。

此外，该模型整合了多种理论和框架，包括 RE-AIM 模型、创新扩散理论、慢性病照顾模型和健康照顾促进模型，为实施健康干预提供了一个全面的评估工具（见表 6-5）。

表 6-5　PRISM 证据转化模型

模型	分析要素
1. 创新扩散模型（Diffusion of Innovations）（Rogers，2003）	创新扩散模型强调理解和评估以下要素对于促进创新的采纳和扩散至关重要。（1）相对优势（Relative Advantage）：指创新相比现有解决方案所具有的优势。如果一个创新能够提供显著的好处，比如效益、性能提升或增加便利性，那么它更有可能被快速采纳。（2）兼容性（Compatibility）：创新与潜在用户的现有价值观、过往经验和需求的一致性。兼容性越高，即创新与用户的价值观和生活方式越匹配，其采纳率也越高。（3）复杂性（Complexity）：创新的难易程度或使用难度。如果一个创新产品或服务很容易理解和使用，那么它的采纳率也会更高。（4）可测试性（Trialability）：创新能够在有限的基础上被测试或试用的程度。如果用户可以在不承担太大风险的情况下试用创新，他们更有可能采纳它。（5）可观察性（Observability）：创新的效果和优势是否容易被他人观察到。如果创新的好处是显而易见的，那么它通过口碑和社会证明被采纳的可能性更大
2. 慢性病照顾模型（Chronic Care Model，CCM）（Bodenheimer and Willard-Grace，2016）	CCM 模型的目的是创建一个更加协调和有效的慢性疾病照顾系统，它不仅关注患者的医疗需求，也关注他们的情感和社会需求。通过这些要素的相互作用，CCM 模型旨在提高患者的健康水平，减少医疗费用，并提高患者和医护人员的满意度。（1）社区（Community）：强调社区资源和支持，包括家庭、工作场所、社区组织和政府机构，在慢性病管理中的作用。（2）健康照顾系统的领导（Health System Leadership）：需要有来自医疗机构和组织的领导支持，以推动慢性病护理的改进和创新。（3）自我管理支持（Self-Management Support）：提供给患者必要的工具、教育和鼓励，帮助他们更好地管理自己的健康状况。（4）服务递送系统设计（Delivery System Design）：设计有效的服务递送系统，以满足慢性病患者的需求，包括团队协作、协调护理和疾病管理计划。（5）决策支持（Decision Support）：为医护人员提供临床指南、协议和决策辅助工具，以提高护理的质量和一致性。（6）临床信息系统（Clinical Information Systems）：利用信息技术来支持临床决策，如电子健康记录、远程监测和患者注册系统

模型	分析要素
3. 健康照顾促进模型 (Model for Improvement Health Care) (Courtlandt, Noonan, and Feld, 2009)	(1) 领导责任 (Leadership Responsibility)：强调领导层在推动持续改进过程中的作用，包括设定愿景、方向和期望。(2) 识别更好的想法 (Identification of Better Ideas)：鼓励团队识别和测试能够提高服务对象照顾和服务质量的新想法或最佳实践。(3) 沟通 (Communication)：有效的沟通对于确保所有利益相关方都了解改进措施、进展和结果至关重要。(4) 加强社会系统 (Strengthening Social Systems)：建立和维护支持性的社会系统，如团队合作、跨学科协作和患者参与，以促进持续改进。(5) 测量和反馈 (Measurement and Feedback)：使用数据和测量来跟踪改进活动的效果，并提供及时反馈，以便不断调整和优化。(6) 知识管理 (Knowledge Management)：确保从改进过程中学习和获得的知识被记录、共享，并用于指导未来的改进工作
4. RE-AIM 模型	覆盖面、有效性、采纳、实施、维护

二　PRISM 证据转化模型的评估内容

如图 6-2 所示，该模型包括五个维度：①干预（包括机构视角、服务对象视角）；②外部环境；③干预的实施和发展平台；④服务对象；⑤服务方案或干预计划的采纳、实施和维护。

如表 6-6 所示，PRISM 证据转化模型是一种用于规划和评估健康服务或干预措施的框架。该模型包含三个核心部分。

（1）服务或干预：这涉及两个层面的考量

● 组织机构维度：包括领导层、中层管理者和一线社工等不同级别的工作人员。

● 服务对象维度：关注服务或干预措施的直接受益者。

（2）服务递送或干预实施：同样考虑组织机构和服务对象两个维度，并结合以下两个额外维度

● 外部环境：考虑政策、经济、社会等外部因素对服务或干预的影响。

● 实施与可持续平台：确保服务或干预有适当的平台支持，以便于传播、共享最佳实践，并根据观察到的结果进行流程调整。

（3）结果评估：使用 RE-AIM 模型来评估服务或干预的成效，包括以下五个方面

● 覆盖面（Reach）：服务或干预能够触及的目标人群范围。

● 有效性（Effectiveness）：服务或干预对目标人群的实际效果。

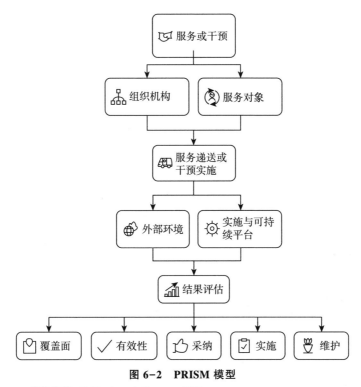

图 6-2　PRISM 模型

资料来源：Feldstein and Glasgow，2008

- 采纳（Adoption）：服务或干预被目标组织或人群接受的程度。
- 实施（Implementation）：服务或干预的执行程度和保真度。
- 维护（Maintenance）：服务或干预效果的持久性和可持续性。

如果通过 PRISM 模型分析，在服务或干预、服务递送和干预实施、结果评估的三个部分中，每个部分都能激活 3~4 个关键领域，并且每个领域中至少有一个要素得到满足，那么服务或干预项目成功的可能性将大大增加。

通过这种结构化的分析方法，PRISM 模型帮助项目团队全面评估和优化服务方案或干预措施，确保它们能够有效地满足目标人群的需求，并在实施过程中实现最佳效果。

表 6-6 PRISM 模型中的要素

服务或干预组织机构视角	服务方案或干预计划的组织准备情况
	证据强度和提出的干预策略
	是否解决一线社会工作者的困难（例如缺乏意识、不熟悉、缺乏共识、缺乏自我效能、缺乏结果预期）
	跨部门和专业的协调需求
	实施服务方案或干预计划面临的复杂性和成本
	服务方案或干预计划的易用性、有用性和对在地环境的适应性
	服务方案或干预计划在当时尝试实施的胜任力和反向过程（"可观察性"、"可实验性"和"可逆性"构成了快速循环改进方法的基础）
	高层、中层管理人员以及一线社工观察服务结果的能力
服务对象视角	以服务对象为本
	为服务对象提供可供选择的方案、服务对象自决
	解决服务对象遇到的困难（例如服务对象察觉到随访会导致信息泄露或滥用）
	服务项目要素/核心内容之间的无缝转换（例如解决服务与服务准入问题，最大限度地减轻服务对象负担）
	服务和可及性
	投入和成本
	结果反馈
外部环境	服务项目资助方或服务对象的满意度
	竞争
	服务管理环境（例如社工机构的公众形象）
	报销（例如降低服务成本的能力）
	社区资源
实施和可持续推进的支持结构或平台	服务特性/性能数据（例如从项目一开始就项目支持结构体中的个人和一线社工之间的关系和沟通）
	敬业的团队（例如，团队的伙伴关系可以缩小研究与实践之间的差距）
	服务递送者培训和支持
	与服务递送者的关系和沟通
	完善适应的方案和关于过程推进的程序
	促进最佳实践的分享
	可持续发展计划

续表

服务递送中领导、管理人员和临床社会工作者	组织、财务、领导、管理人员和临床社会工作者的士气和组织文化
	管理支持和目标沟通
	共同的目标和合作
	领导能力
	一线服务推进制度和培训，包括提供论坛分享最佳实践
	提供绩效数据、信息共享和决策支持
	人员配备和激励措施
	可持续发展预期
服务对象	人口统计资料、服务对象的独特性、亚群体
	阻碍（例如无经济支付能力、工作压力等）
	竞争需求（例如被关注，或家人、朋友、同事或社会支持）
	知识和信念（例如对问题结果或诊断或治疗过程的恐惧；对当下风险和提供服务的认知；或者认为不管提供的服务或干预如何，结果都将是糟糕的）

资料来源：Feldstein and Glasgow，2008。

三　PRISM 案例分析示例

让我们通过一个针对老年人的健康管理项目来清晰地展示 PRISM 模型的应用（见表 6-7）。案例背景为一个旨在通过小组活动和线上支持，帮助居家老年人培养健康的生活习惯的项目。通过表 6-7 的分析，项目团队可以清晰地识别服务项目中的优势和挑战，并据此制定相应的策略来优化服务递送和实施干预。同时，也可以明确指出需要进一步改进和创新的领域，以提高服务的覆盖面、有效性、采用率、实施质量和可持续性。

表 6-7　老年人健康管理项目的案例分析

服务方案	评估指标	PRISM 分析
（1）每周一次、一次60 分钟、持续 6 个月的小组活动，帮助居家老年人养成更为健康的日常生活习惯。服务内容包括身体锻炼、情绪管理、精神	（1）生活质量；（2）日常生活功能；（3）生活满意度；（4）住院率；（5）案例管理人数	（1）服务或干预 证据基础：项目建立在坚实的证据基础上，确保了干预的有效性。 信息获取：解决了一线社工在获取服务对象信息时的不便，提高了工作效率。 协调问题：通过解决社工和社区卫生所之间的协调问题，增强了服务的连贯性。

续表

服务方案	评估指标	PRISM 分析
健康、社会联结。 （2）案例管理人员通过微信和电话方式定期线上探访，支持老年人进行健康管理	（1）生活质量；（2）日常生活功能；（3）生活满意度；（4）住院率；（5）案例管理人数	沟通增进：引入服务对象友好提示，促进了服务对象与医生及社工之间的沟通。 身体训练强度：在小组活动中适当提醒身体训练强度，确保活动安全有效。 服务反馈：老年人、社工和医生共同讨论，形成了服务反馈报告，增强了多方参与。 （2）外部环境 参与兴趣：引入新的日常生活功能测量，成功提升了老年人的参与兴趣。 预防跌倒：督导团队关注并预防了老年人参与服务活动中的跌倒风险。 （3）实施和可持续性平台 团队协作：建立了一个专业且团结的团队，为项目实施提供了强有力的支持。 问题解决：研究人员帮助确定改进关键点和问题解决方法，提高了问题解决效率。 适应性方案：方案的适应性允许创造性地使用服务人员，如邀请大学生志愿者参与。 培训与分享：服务团队开展了培训，提供了支持，并分享了最佳做法，提升了服务质量。 可持续性问题：可持续发展计划尚不完整，学习材料发放和微信群学习的方式面临可持续性挑战。 （4）服务递送和实施干预 管理支持：提供了强有力的管理支持，以改进综合管理措施。 跟踪系统：建立了便于管理的服务对象跟踪系统，并提供了一致的性能数据。 可持续性看法：各部门对可持续性的看法不一致，需要进一步协调和统一。 服务阻碍：服务对象年龄大，普遍存在的认知障碍成为服务的阻碍。 优先领域：情绪管理和认知障碍的预防是服务对象感兴趣的优先领域，应重点关注

注：PRISM 可以结合其他评估工具一起开展证据转化评估。

资料来源：作者制作。

第七章　服务方案的制订、实施、评估与证据反馈

第一节　服务方案的制订

一　SMART 服务方案制订模型

SMART 模型可以帮助我们明确服务方案或干预计划的目标（见图 7-1）。

S（Specific）：目标具体化

社会工作者应考虑服务方案或干预计划的目标是否针对特定的个体或群体（目标人群），以及具体要采取的行动或活动。

M（Measurable）：目标可量化

社会工作者需要评估目标是否具有可测量性，即预期会有哪些变化，以及这些变化是否可以量化。

A（Agreed upon）：目标共识性

重要的利益相关方，包括服务对象的家庭成员和服务资助方，必须与社工机构的使命、愿景和目标保持一致。这些利益相关方对实现结果目标具有显著影响。即便服务方案或干预计划本身是可行的，资金问题也可能成为实现目标的障碍。

R（Realistic）：目标现实性

社会工作者应考虑制订的计划是否切合实际，能否解决现实问题，并提出切实可行的步骤。

T（Time-frame）：目标时间限制

社会工作者应制定一个时间表，明确目标实现的具体时间节点。

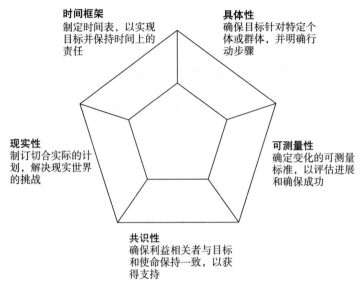

图 7-1　SMART 目标制定模型

二　明确过程目标和结果目标

社会工作者在制订服务方案或干预计划时，需要从以下几个关键方面考虑和确定目标。

①理解与解决负面情绪和行为问题：如帮助服务对象缓解焦虑、抑郁情绪和强迫症等。

②提升自我掌控感：如协助服务对象申请低保和残疾人补助金，增强其自主性。

③促进个体与环境的联结：如增加孤寡老人与社区居民的互动，提高社会参与度。

④提升生存发展能力：如为服务对象提供就业技能培训，增强其职业竞争力。

⑤改善/改变环境系统：如协助移民搬迁，优化其生活环境。

⑥其他个性化目标：根据服务对象的具体情况，可能需要考虑的其他目标。

服务方案或干预计划的目标通常分为三个层次。

①直接目标：解决服务对象当前面临的最紧迫问题。

②中间目标：提升服务对象的生活质量，增强其社会支持系统。

③最终目标：促进服务对象的自我认识、自我实现和抗逆力的提升。

目标确定后，社会工作者需与服务对象签订服务协议，明确双方的责任和合作方式，共同致力于实现最终目标。

示例：

➢问题：服务对象在与丈夫争吵中意外摔倒，需要筹措 10 万元手术费。

➢直接目标：利用公募平台、民政部门等社会支持系统筹集手术费用。

➢中间目标：进行婚姻咨询，帮助夫妻双方学习正确解决分歧和矛盾的方法。

➢最终目标 1：夫妻双方的工作和生活恢复正常，减少争吵发生的频率。

➢最终目标 2：建立一个健康、有动力和有复原力的家庭系统，夫妻间通过沟通解决分歧的次数增多，共同完成家庭事务的频率提升。

在社会工作中，目标通常被分为两大类：过程目标和结果目标。

①过程目标，是在实现结果目标的过程中设立的一系列阶段性目标。它们是结果目标的重要组成部分。完成过程目标可以有效地推动结果目标的最终实现。

②结果目标，是评估变化发生程度的最终指标。服务对象通过结果目标来衡量服务方案或干预计划的成效。

社会工作实践中，最常关注的结果变量包括行为、知识、态度和想法。例如：

①行为结果（如戒酒天数、辍学学生人数、酒后驾车事件等）可以通过官方记录、观察、面谈、录像和录音等方法获得。

②评估干预方法的有效性需要在较长时间内进行记录、观察和访谈，以深入了解情况。

③知识、态度和想法（如对老年认知障碍的了解、生前预嘱的态度、安全性行为的意愿等）通常通过访谈和问卷调查来收集。

示例：

➢问题：社区老年人面临的慢性病问题。

➢ 干预计划：实施老年慢性病教育项目。

➢ 服务目标：通过慢性病教育和支持性干预，降低老年人的再入院率。

➢ 活动：组织一系列慢性病教育课程。

➢ 过程目标：在 9 月底前，为至少 50% 的老年人提供 10 门慢性病管理课程。

➢ 结果目标 1：提高老年人对慢性病管理知识的掌握。

➢ 结果目标 2：降低老年人的再入院率。

在最终确定服务方案或干预计划时，应遵循以下原则。

①目标应是服务对象和社会工作者协商的结果。

②目标应具有现实性和可实现性，确保实施者具备必要的专业能力。

③目标应与社会工作机构的愿景和使命相一致。

④目标应是可测量和可操作的，以便于评估和实施。

⑤对服务方案或干预计划进行伦理审查，确保符合伦理标准。

⑥签署知情同意书、保护隐私权和保密协议，并明确服务对象随时退出服务的权利。

三　结果的测量

（一）PICOS 模型中的结果测量

循证实践的 PICOS 模型中，"措施"（Intervention）作为自变量，指的是向服务对象提供的服务或采取的干预行动。这些服务或干预措施所引起的变化则构成了"结果"（Outcome），即模型中的因变量，也就是我们关注的焦点——服务和干预究竟改变了什么。

结果测量在推进服务方案或干预计划中扮演着至关重要的角色，具体体现在以下几个方面。

①了解变化：采用合适的测量方法或工具，这可以帮助社会工作者准确把握干预对服务对象造成的影响。

②量化抽象概念：通过测量，可以将模糊或抽象的概念具体化，揭示服务对象在接受服务前后的变化，或比较不同服务对象群体间的差异。虽然概念本身不可见，但可以通过指标、题项、指数或量表等进行推断。

➤指标：指观察现象属性或特征的证据。

➤题项：量表中用来衡量变量的单个指标。

➤指数或量表：由多个题项综合而成，计算得分。

例如，衡量"健康照顾"这一概念时，可以使用包含多个题项的量表，如健康自评、抑郁症状、健康服务使用情况、自我照顾能力、照顾者的压力与负担、服务的依从性、生活质量等。

③评估问题严重性：测量工具可以帮助社会工作者评估服务对象所面临问题的严重程度和范围。

④统计分析与因果关系：通过量化指标等统计分析服务对象的特征以及服务带来的变化，可以推断出结果与服务之间的潜在因果关系。

（二）结果或因变量的测量方法

结果或因变量的测量可以通过定性和定量两种方法进行。

①定性测量：这种方法侧重于通过报告、观察和记录来探究服务参与者变化的过程和原因，以及这些变化是如何具体展现出来的。

②定量测量：与定性测量不同，定量测量更侧重于结果的数量和/或类别，追求结果的客观性。在定量测量中，常用的是封闭式问题，即研究者为参与者提供一系列固定的选项供其选择。定量测量的工具包括评估量表和问卷，但量表的使用更为普遍。

（三）量表在定量测量中的优势

相比于单一问题或题项，量表在定量测量中具有以下优势。

①提高测量的效度和信度。效度和信度是测量过程中的关键指标。量表通常由多个题项组成，经过大样本的验证，能提供更具代表性的测量结果。

②提升测量层次。多题项的量表不仅能够提供定类数据，还能提供定序甚至定距数据，从而提升了数据的深度和广度。

③提高数据处理效率。量表中每个题项的得分汇总了受访者的大量信息，这大大简化了数据分析的过程，提高了数据处理的效率。

（四）量表选择的五大注意事项

在选择量表进行测量时，应注意以下五点。

①相关性。量表应与服务对象群体的需求和特征紧密相关。例如，在

测量贫困地区老年人的生活质量时，应避免包含与他们生活实际不符的题项，如一年旅游的次数。

②实用性和适用性。在对服务对象使用量表之前，需要分析量表的实用性和适用性。例如，对于6岁的儿童来说，他们可能无法理解量表中关于生命意义的深奥问题。

③信度和效度。必须确保量表的信度（可靠性）和效度（有效性）。尽管相关研究可能已证明量表具有较高的信度和效度，但仍需验证其在特定案例和文化环境中的适用性。例如，用英语开发的量表可能不完全适用于其他语言或文化背景；对于有特定文化禁忌的服务参与者，如对死亡有忌讳的群体，在测量生前预嘱教育的效果时需要特别小心。

④简便性。量表应设计得既适用又简便。如果量表题目过多或填写耗时过长，可能会让被测量者感到厌烦和疲劳。

⑤版本更新。尽可能使用量表的最新版本。随着时间的推移，诊断标准和测量工具可能会更新。基于新版本量表的研究结果与基于旧版本量表的结果进行比较时，可能存在有效性和适用性的差异。

第二节　服务方案或干预计划的实施

一　实施过程中的注意事项

（一）实施服务方案前的准备工作

在正式实施服务方案之前，以下几个步骤是确保服务递送质量和效率的关键。

①能力培训。对服务递送人员和干预实施工作者进行必要的能力培训，确保他们具备提供专业服务所需的资格和技能。这包括根据最佳研究证据，向团队成员传授必要的知识和技能，使他们能够为服务对象提供规范性和专业化的服务。

②资源调动与整合。培训服务团队成员，使他们能够在提供服务的过程中有效调动和整合正式资源（如政府支持、专业机构服务）和非正式资源（如家庭、社区支持）。

③照护支持网络搭建。根据服务对象在生活照料、康复护理、精神慰

藉等方面的需求，以及最佳证据的指导，构建一个照护支持网络，确保服务对象能够获得有效且持续的服务。

④证据实施前的转化与决策。在将研究成果转化为实践之前，社会工作专业人员需要综合考虑以下三个方面的因素。

➤最佳证据参考：依据当前可获得的最佳证据来设计和调整服务方案。

➤审查标准与测量指标：制定明确的标准来审查服务方案，并确立测量指标来评估服务的效果。

➤实施环境评价：评估实施环境，包括文化、经济和社会因素，以确保服务方案的适用性和可行性。

这些细致的准备工作，可以最大限度地提升服务方案的专业性和有效性，从而更好地满足服务对象的需求。

（二）社会工作者在紧急情况下的职责

社会工作者在服务实施过程中，有责任准备并选择适当的替代方案和应急措施。以下是一些可能遇到的紧急情况及其处理方法。

①活动形式的突然变更。如果由于疫情等不可预见因素导致原计划的线下服务活动或干预措施必须转为线上进行，社会工作者应迅速制定线上活动的替代方案。这可能包括利用视频会议平台进行远程服务、调整活动内容以适应线上环境等。

②服务参与者的突发状况。在小组活动进行中，如果服务参与者突然出现心理或身体问题，社会工作者应立即采取应急措施。这可能要提供初步的急救或心理支持，同时快速联系专业的医疗或心理健康服务人员。

③处理投诉和伤害事件。面对服务参与者对工作人员的投诉，尤其是当投诉涉及伤害时，社会工作者需要紧急介入。这包括对事件进行调查、提供必要的支持给受影响的个体，并采取行动以防止类似事件再次发生。

在所有这些情况下，社会工作者采取的行动应基于对参与者的安全、健康和福祉的考虑，并确保所有措施都符合伦理标准和组织的政策。

（三）遵循不伤害原则的实践

社会工作者在提供服务时，必须坚守不伤害原则，即在任何情况下都应尽量避免提供可能导致不良后果的服务。具体而言，这意味着要做到以下几点。

①避免无效服务。社会工作者应努力确保所提供的服务基于科学证据和专业实践，以保证服务的有效性。

②防止有害服务。在服务过程中，社会工作者应积极识别并避免那些可能对服务对象造成伤害的干预措施。

③预防负面影响。社会工作者应评估服务可能产生的所有潜在影响，并采取措施以最大限度地减少负面后果。

通过这些措施，社会工作者可以最大限度地保障服务对象的福祉，同时提升服务的质量和安全性。

（四）建立服务联盟

一线社会工作者可以通过以下步骤在社区或机构中建立一个服务联盟。

①牵头组建。社会工作者可以在社区或机构中发挥领导作用，发起并组织一个跨领域的社会工作服务团队。

②吸纳多元成员。邀请社区领袖、机构人员、医务工作人员、大学生以及服务对象家属等志愿者加入服务队伍。

③提供专业服务。组建的团队将专门为服务对象提供定制化、综合性的服务，以满足他们的具体需求。

通过这种方式，社会工作者不仅能够提供更全面的支持，还能够促进社区成员之间的合作与互助。

图 7-2　老年健康教育服务方案的实施流程

二　干预保真度

干预保真度是指通过科学的方法策略来确保干预方案的可靠性（一致

性）和有效性（适宜性）。这个概念源自 20 世纪 80 年代和 90 年代对心理治疗干预的"治疗完整性"的关注（Moncher and Prinz，1991；Waltz et al.，1993）。监测和评估干预保真度对研究至关重要，因为它直接影响研究结果的可信度。如果一个干预措施未能产生预期效果，这可能是因为实施过程中的错误，而非干预措施本身无效（Craig et al.，2013）。

干预保真度的评估对于维护研究的内部效度和外部效度极为关键。如果干预方案实施不充分，可能会导致错误地得出结论，即认为有效的干预措施实际上没有效果，从而影响内部效度（Basch et al.，1985）。根据 Borrelli 等（2005）及 Durlak 和 Dupre（2008）的研究，干预保真度涵盖五个方面的主要内容：研究设计、培训、干预提供、参与者接受干预以及干预方案的制订。

在干预实施阶段，保真度特别关注"能力"，这由两个核心要素构成——一致性和胜任力。

一致性是指工作人员在执行干预时，严格遵循既定的基本内容、传递策略、核心概念和理论，同时避免任何方案中明确禁止的行为。

胜任力是指工作人员在实施干预时所展现的专业能力，包括适应不同环境和场景并做出适当反应的能力（Mars，Ellard，and Carnes，2013）。

为了提升干预保真度，可以采取以下措施：

➤ 提供标准化的干预手册和指南给实施者；

➤ 由研究观察员对实施者在干预过程中的音频或视频进行观察；

➤ 实施完毕后，填写自我评估表或清单；

➤ 研究者需填写质量保证书，确保干预符合预定标准；

➤ 建立患者召回制度，以检测和确认患者对干预技巧的掌握程度。

这些方法有助于确保干预的质量和效果，从而提高研究的整体可靠性（Spillane et al.，2007；Bellg et al.，2004）。

三　服务对象的依从性

（一）服务对象的依从性及其影响因素

依从性描述了服务对象在服务协议或干预方案中的配合度和参与度，包括完整地遵循和完成整个干预过程。低依从性可能导致以下问题：

➢ 退出率高；

➢ 失访率提高；

➢ 干预难度加大；

➢ 数据收集不完整；

➢ 干预效果降低；

➢ 甚至可能导致干预的中断或彻底失败。

服务对象依从性低的原因通常包括以下五点。

①信任缺失：对提供服务或实施干预的工作人员缺乏信任。

②担忧知情同意：对服务内容、干预措施或知情同意过程感到担忧。

③观点和信念差异：服务对象的个人观点、信念与干预措施存在差异和分歧。

④个人偏好：对干预过程中某些特定行为或做法有个人偏好。

⑤结果不确定性和额外要求：担心干预结果，以及对干预的持续时间和费用等有额外要求。

提高服务对象的依从性，重要的是建立信任，确保服务对象充分理解并同意干预措施，尊重服务对象的观点和偏好，并清晰地与之沟通干预的预期结果和相关要求。

（二）提高服务对象依从性的策略

根据 Abshire 等（2017）的研究，提高服务对象依从性的策略包括：

➢ 活动提醒：定期提醒服务对象参与活动。

➢ 注意访视：关注服务对象的到访情况，确保他们能够按时参与。

➢ 强调益处：突出参与活动的益处，增强服务对象的参与动机。

➢ 时间安排策略：灵活安排干预时间，以适应服务对象的需求。

提高依从性至关重要的方面是有运作良好、有组织性且坚持不懈的社会工作团队。社会工作团队为服务对象量身定制的策略往往更具有适用性和创新性。Brueton 等（2013）在对 38 个干预性研究的系统综述中发现，提高依从性的策略可以归纳为以下六种。

①奖励：包括金钱和非金钱奖励，用以激励服务对象的参与。

②沟通技巧：通过书信、邮件和提醒策略改善与服务对象的沟通。

③问卷设计：优化问卷的长度、清晰度、问题顺序和排版，使其对用

户更加友好。

④个案管理策略：为每个服务对象提供个性化的管理计划。

⑤方法学策略：采用开放性实验和盲法实验等科学方法。

⑥行为策略：运用心理学原理，如正面强化等来提高依从性。

章新琼等（2019）也提出了以下有价值的建议。

①责任心：工作人员应具有极强的责任心，认真进行追踪随访，并及时解答服务对象的疑问。

②信任关系：与服务对象建立良好的信任关系，以及与服务对象家庭成员或利益相关方建立专业信任关系。

③共同参与：邀请服务对象家庭成员及利益相关方参与并监督干预过程。

④奖励策略：服务对象完成任务后，适时给予实用的小奖品作为鼓励。

这些策略可以有效提升服务对象的依从性，从而增强干预的效果。

第三节　服务评估与证据反馈

一　服务或干预评估的概念与内容

评估是一种系统的方法，它通过观察、测量等手段收集和分析信息，以回答有关服务或干预的有效性和效益的问题。在循证社会工作实践中，以下是几个关键问题。

- 社会工作介入的效果如何？
- 干预是否达到了预期？
- 服务投入的成本是多少？
- 产生的产出和效益是什么？

这些问题都需要在服务评估阶段得到回答。

评估与测量的区别：评估是收集数据以了解服务状态的过程，而测量则是通过数字或符号来确定事物的属性或尺寸的过程。

评估方法分为两大类：

（1）定量评估：侧重于使用统计分析来量化和评估服务效果。定量评估关注以下几个方面。

- 服务参与者的数量。

- 服务和干预对参与者能力、行为和功能的改变，如抑郁量表分数的变化。

- 服务利用率的变化，如无家可归者收容所服务对象数量的减少。

- 结果指标的变化及其显著性，如认知行为疗法的效果及其是否值得公共资源投入。

（2）定性评估：虽然定性评估可能面临可复制性和准确性，以及数据分析可能产生不明确结论或偏倚的质疑，但定性评估可以根据服务对象的不同特点定制评估方案，观察服务对象的行为，分析他们分享的深层次的体验，并识别服务或干预过程中的相关问题。因此，定性评估能够捕捉到复杂和未预见的结果。

通过综合使用定量和定性评估方法，社会工作者可以全面了解服务或干预的影响，为未来的服务提供改进的依据。

社会工作评估主要分为四种类型，用以在不同阶段衡量和分析服务方案或干预计划的实施情况。

（1）需求评估：这是评估过程的起始点，旨在确定社区或个体的具体需求（注：需求评估已在前文中讨论）。

（2）过程评估：这种评估关注服务方案或干预计划实施的过程。它以诊断、设计和发展为导向，目的是监控和评估服务实施的各个阶段，确保活动按计划进行，并及时调整以应对实施过程中出现的任何问题。

（3）结果评估：结果评估集中于评估服务或干预的成果。它以经济性、效率和效果为导向，旨在确定服务是否达到了预定目标，以及这些成果是否具有可持续性。

（4）效益评估：效益评估则侧重于评估服务的成本效益，包括成本、产出和效益。这种评估帮助决策者了解资源的使用是否经济合理，以及服务是否为社会或个体带来了额外的价值。

下面，我们将重点介绍过程评估、结果评估和效益评估。

1. 过程评估

过程评估的核心目的是确认服务或干预活动是否按照既定计划执行，并成功产生了预期的结果。这种评估是社会工作服务实践中不可或缺的一部分，它贯穿于服务提供的始终。虽然结果评估往往是评估工作的主要焦点，着重于成效和成果，但过程评估在解决和监测实施过程中出现的问题上发挥着至关重要的作用。有时，某些服务项目未能取得成功，并不是因为理论上存在缺陷，而是因为它们没有按照设计的初衷去实施。因此，过程评估对于确保服务质量和干预的有效性至关重要。

过程评估可以采取多种形式。（1）内部评估可以帮助机构自我审视服务流程，及时发现并解决实施过程中的问题。（2）外部评估通过邀请独立的第三方进行客观评价，以获得更为中立的反馈和建议。无论是内部评估还是外部评估，都为持续改进服务提供了宝贵的信息和洞见。

社会工作者可以在服务或干预的整个过程中定期进行过程评估，以确保服务的有效性和质量。以下是过程评估的三个主要阶段。

●服务初期：社会工作者可以通过问卷、量表、服务建档等工具，对服务对象的基本情况和健康状况进行初步评估。这为服务方案的整体设计和实施提供了重要的依据。

●服务中期：在这个阶段，社会工作者可以使用个案记录、录音录像等资料，对服务的方法、技巧以及服务对象的心理、言语或行为变化进行评估。这有助于了解服务对象的发展情况，并及时调整服务方案以满足其需求。

●服务后期：通过后测量表、服务反馈等方式，对服务对象的最终变化进行评估，并分析引起这些变化的因素。过程评估通常会延续到服务实施结束后，包括对服务对象的后续跟进，以获取其完整的变化情况，从而促进循证社会工作实践的质量和持续改进。

过程评估可以跟踪与以下问题相关的项目信息。

●Who（谁负责）：明确责任分工。

●What（做了什么）：记录服务或干预的具体活动。

●When（何时开始）：标注服务或干预活动的开始时间。

●Where（在哪里进行）：确定服务或干预活动的地点。

●障碍/促进因素：识别开展服务活动或干预的潜在障碍和促进因素。

过程评估的三个焦点如下。

●监控：通过例行数据收集，监控目标实现的进展，并提供定期反馈和进展的证据轨迹。

●保真度：确保服务活动或干预措施严格按原定计划实施。

●质量保证：采取措施确保服务递送和干预实施的质量，以提升服务的整体效果。

2. 结果评估

结果评估聚焦社会工作干预实施后服务对象所经历的积极变化。它的核心在于判断社会工作是否为服务对象带来了预期的正面影响。这种评估活动安排在服务方案完结之后，目的是评价服务的质量和服务的效果。

结果评估主要是通过监测服务来评估其在目标人群中的具体成效。它与过程评估在焦点上存在明显差异。

（1）过程评估着重于服务或干预的投入与产出，关注服务活动的执行过程和效率。

（2）结果评估则聚焦于服务和干预的最终效果，即这些活动对服务对象生活质量的实际影响。

举例来说：

●服务满意度评估是过程评估的一部分，它影响着服务质量并确保服务能够高效推进。

●服务对象生活质量的提升则是结果评估的范畴，它直接反映了服务目标是否已经实现。

结果评估为社会工作者提供了是否成功实现服务目标的证据，也为未来的服务改进和策略调整提供了重要的参考信息。

过程评估和结果评估的逻辑模型见图7-3，二者的区别见表7-1。

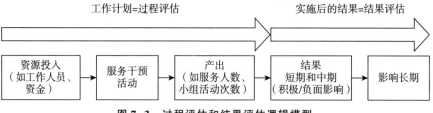

图7-3　过程评估和结果评估逻辑模型

表 7-1　过程评估和结果评估、产出和结果的比较

过程评估	结果评估
涉及过程： ◆投入（例如人力、资源、资金等） ◆活动（例如基线信息、服务、支持小组） ◆产出（例如服务对象数量、服务对象满意度） ◆转介到其他机构、提供培训	涉及结果： ◆干预的有效性 ◆知识和行为的改变 ◆社会心理的增强 ◆增加依从性
要求很强的保真度	要求良好的过程评价结果和较强的内部有效性
产出	结果
产出直接从干预措施演变而来，并表明完成的工作量，例如服务对象的满意度 ◆产出通常是数据，例如心理教育的次数、服务对象人数、开展的小组工作的次数 ◆测量产出可以确定服务或干预是否按照最初计划执行以及执行的程度	◆结果是服务或干预措施对服务对象的影响。这种影响可能是正面的，也可能是负面的；可能是短期的，也可能是长期的。结果通常是知识、态度、行为、影响、健康的生活方式、生活质量等 ◆测量结果可以确定服务或干预对服务对象的短期或长期影响及其之间的因果关系

3. 效益评估

效益评估是对社会工作干预结果评估的自然延伸，它专注于评估产生这些结果的成本效益。在进行效益评估时，需要采用一种类似于会计的思维方式，细致考量社会工作服务或干预过程中的财务投入、经济考量以及这些因素如何影响最终结果。

效益评估主要包括以下两种分析方法（见表 7-2）。

（1）成本效果分析（Cost-Effectiveness Analysis，CEA）。这种分析关注在给定成本下，干预措施能够产生多少效益，或者为了达到特定的效益目标，需要多少成本。

（2）成本效益分析（Cost-Benefit Analysis，CBA）。与成本效果分析不同，成本收益分析不仅考虑效益的数量，还尝试将所有的成本和效益都折算成货币价值，以便于进行直接比较。

这两种分析方法都为社会工作者和决策者提供了重要的经济视角，可帮助他们理解不同干预措施的经济效率和价值，从而做出更加明智的资源分配和政策制定决策。

表 7-2　效益评估模型

成本效果分析 （Cost-Effectiveness Analysis）	成本效益分析 （Cost-Benefit Analysis）
◇ 评估服务本身的成本 ◇ 不评估服务的经济收益 ◇ 当分析成本和服务结果时，如果结果变量不是用货币衡量的，就可称为"成本效果" ◇ 例如，社区 70 岁以上老年人每人每年投入 1 万元参加社区健康教育活动，经过 2 年的学习，这些老年人健康管理的能力提高、住院的次数下降了 90%	◇ 评估服务本身的成本 ◇ 评估服务效果的货币收益 ◇ 例如，社区 70 岁以上老年人每人每年投入 1 万元参加社区健康教育活动，经过 2 年的学习，看病的门诊费用比前一年减少 500 元，住院费用减少 3000 元

二　循证社会工作的实践总结与证据更新

无论服务或干预目标是否达成，社会工作者在评估目标实现情况之后，都需撰写一份总结报告。这份报告应详细记录实践中遇到的问题、所采取的解决办法，以及如何运用研究证据。此外，应及时组织实践总结讨论会，目的是推动未来类似服务或干预的创新与发展。

实践的反思与证据反馈是循证社会工作不断完善的关键环节。实践不仅需要累积和验证证据，而且成功的服务或干预案例可以对某一证据的有效性进行验证，进而优化和丰富证据库。社会工作者可以将这些成功的实践经验总结成学术成果，对外发布或发表，与同行和研究者共享新发现和成果。

如果循证社会工作的实践过程得到严格管理，且实践结果经过严谨的评估，那么无论是实践过程还是结果，都可以作为证据被纳入证据库，供未来实践使用。只有不断引入新的证据和经验，循证社会工作的证据库才能不断扩展和更新，从而形成更加完善和全面的资源。

证据的实施与更新是循证实践模式的核心和新起点。在整个社会工作服务方案或干预计划的实施过程中，都需要对各种证据进行反馈，这包括：

- 与投入或维护相关的证据；
- 规划和调整过程中的证据；
- 实施阶段的证据；
- 评估阶段的证据；
- 以及用于服务或干预改进的证据（见图 7-4）。

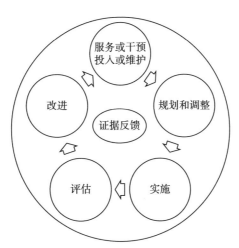

图 7-4　实践总结与证据更新

　　循证实践模式与常规社会工作服务的区别在于，它推荐使用一系列严谨的研究方法来开展服务。这些方法包括：

- 随机对照实验；
- 定群研究；
- 可控实验研究；
- 准实验研究；
- 描述性研究；
- 单案例研究。

　　采用这些方法有助于更有效地收集数据，并对服务成效进行客观评估。这种方法是实现服务效果证据化的关键手段。对于通过循证实践获得的证据，建议将高质量的评估结果发表或发布到相关的智库平台，以供更广泛的学术交流和实践应用。

　　值得注意的是，证据关注的是有依据的事实，而价值则涉及对事物的判断和偏好（见表 7-3）。简而言之，证据回答的是"是什么"的问题，它基于事实和数据。价值回答的是"应该如何"的问题，它基于个人或社会的判断和选择。在现实生活中，由于证据和价值之间存在复杂的联系，它们有时容易被混淆。实际上，价值观念经常推动事实研究的进行。例如，开展居家养老服务研究是基于这样的价值观：老年人的晚年生活应当得到社会的各种支持。同时，事实研究也能影响价值的形成。例如，一些女性为了在职场上保持竞争力而选择不生育，这既是一个事实，也反映了一种社会价值观念。基于这一现象，国家可能会出台各种生育支持措施，以实施干预并提高生育率。

表 7-3 事实与价值的关系

价值	事实
价值推进了事实的研究 问题是什么 做什么研究	事实形成了价值 这个问题应该如何理解 应该如何选择，如何重要
• 社会正义	在美国监狱里监禁的大多数是非裔美国人，那么研究如何证明监禁是由社会不公造成的
• 人与环境	药物治疗已经成为一种一线的心理健康治疗方法，一种循证实践，但研究如何证明，人与环境相互作用造成的精神痛苦与缺陷基因和神经递质造成的精神痛苦一样多
• 平等 • 福利	机会不平等一直与性别、种族和社会经济地位联系在一起，那么研究如何证明不平等会导致幸福感下降
• 雇用 • 赋权 • 生活福祉	在市场经济中，人们的生活福祉需要就业帮助。研究如何证明失业导致权力丧失，而后者导致生活福祉下降

第八章 证据制作

第一节 制作系统评价证据的基本步骤

当循证社会工作的实践者在查找时无法获得高级别研究证据的情况下，他们可以选择自行制作证据。其中，制作系统评价证据是较为普遍的做法。为了减少系统评价过程中的偏倚，Cochrane 图书馆提供了详尽的步骤指南。2014 年，由四川大学华西医院中国 Cochrane 中心与兰州大学循证医学中心联合翻译的《Cochrane 干预措施系统评价手册》（2014 年中文版），极大地方便了中国循证实践者和研究人员学习和制作系统评价证据。该手册的中文版本不仅促进了循证方法在中国的传播，也帮助本地实践者更准确地进行系统评价，从而为社会工作领域贡献高质量的证据。

下文我们简要地介绍制作系统评价的六个步骤（见图 8-1）。这六个步骤包括：（1）明确研究问题和提出纳入和排除标准；（2）系统性检索数据；（3）评估纳入研究的偏倚风险；（4）数据分析；（5）说明研究结果；（6）结果讨论（见图 8-1）。

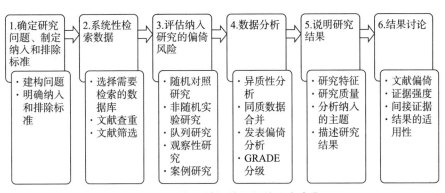

图 8-1 制作系统评价证据的六个步骤

1. 第一步：将服务对象的实际需求转化为可以解答的问题

系统评价主要关注五个方面的内容：有效性、预防、评估、描述性以及风险（包括伤害和成本效益等）。社会工作者在制作系统评价时，通常聚焦于两类问题。

（1）实践问题的确定：那些单凭一个研究难以断定干预效果的问题，例如，社会支持是否能够提高留守老人的生活质量。

（2）干预措施的多样性：探讨存在多种干预措施的实践问题，例如，促进老年健康的不同措施。

构建系统评价问题时，应以服务对象的需求或问题为核心，确保问题具体明确，可以通过电子数据库的资源检索来获取证据。循证社会工作者可以运用 PICOS 定量模型和 SPIDER 定性模型来构建系统评价问题。定量问题集中评估干预措施的效果；定性问题则通过多种定性研究方法，深入理解研究对象的行为、观点、态度和经验。

表 8-1　研究问题与纳入和排除标准示例

	P 服务对象	I 干预措施	C 对照措施	O 结果	S 研究设计
说明	准确描述服务对象（个人或群体）特点（特点是指年龄、性别、种族、教育、疾病等）及其问题	循证实践者考虑的主要干预方法，或者问题和风险因素等	可替代的干预方法是什么，包括不干预、没有风险因素等	结果指标：积极效果和不利影响、短期和长期结果	确定纳入研究的设计方案，如随机对照实验、非随机对照实验、案例研究等，明确是否包括采用盲法的实验。为了观察长期效果，需要确定随访时间。根据研究问题确定研究的设计方案
案例 1	有自杀意念的老年人群	认知行为疗法	等待干预组	自杀意念、抑郁量表评分等	随机对照实验
案例 2	阿尔茨海默病患者	舞蹈治疗	惯常的生活或照顾	认知功能、生活质量等	随机对照实验
案例 3	居家或社区居住的老年人	社会支持	上门探访	健康和生活质量等	单个案研究、案例研究

注：在随机对照实验中，等待干预组（Waitlist Control Group）是一种特殊的控制组设计方法。实验组立即接受干预或治疗，而等待干预组则推迟接受干预，通常要等到实验组完成干预之后。

社会工作者在构建系统评价问题时，应注意以下几个关键点。

（1）防止问题过于狭窄。太具体的问题可能会导致难以找到足够的相关研究，如专注于"农村老年人自杀预防的社会政策"可能会缩小研究视野。

（2）防止问题过于宽泛。太宽泛的问题可能会导致资源的无效使用，并可能降低研究结果的精确度，如"性别平等的干预政策"可能覆盖的研究范围过广。

（3）避免在系统评价中频繁更改研究问题：任何对研究问题的调整都可能需要重新进行文献检索、筛选和评估。

研究问题一旦确定，循证社会工作者便可以根据 PICOS 原则来进一步确定证据收集过程中的纳入和排除标准。

2. 第二步：明确检索数据源、系统检索数据

社会工作者首先需要确定检索数据的多个来源渠道。通常最容易和最节省时间的方法是检索各电子数据库。常用的电子数据库包括但不限于：（1）期刊文献数据库，例如 CENTRAL[①]、EMBASE[②] 等；（2）Cochrane 对照实验中心数据库；（3）引文数据库，例如 Web of Science 等；（4）专题数据库，例如 MEDLINE[③]；一些搜索引擎，例如百度学术等；（5）国家和地区数据库，例如中国生物医学文献数据库（CBMdisc[④]）；（6）硕博论文数据库，例如 ProQuest[⑤] 和 CNKI 硕博论文数据库等；（7）灰色文献数据库（未正式发表在图书或期刊数据库上的文献），例如会议摘要等。这些数据库既可以通过标题或摘要中的字词检索，也可以通过分配给每个记录的标准化检索词和对照词进行电子检索。

数据库检索之后获得的文献经过查重后就可以进入筛选阶段。筛选的依据是已经制定的纳入和排除标准，首先进行标题和摘要的筛选，然后需

---

① CENTRAL（Cochrane Central Registry of Controlled Trials），收录了来自各文库和其他出版文献的临床实验的细节，网址为 https://www.cochranelibrary.com/central/about-central。

② EMBASE（Excerpta Medica Database），是一个综合性医学科研数据库，网址为 https://www.embase.com/。

③ MEDLINE（Medical Literature Analysis and Retrieval System Online），是生命科学和生物医学信息的书籍目录数据库，网址为 https://www.ebsco.com/zh-cn/products/research-databases/medline。

④ CBMdisc（China Biology Medicine disc，CBMdisc），中国生物医学文献数据库，是由中国医学科学院医学信息研究所于 1994 年研制开发的综合性中文医学文献数据库，它收录 1978年以来 1600 余种中国生物医学期刊，以及汇编、会议论文的文献记录。

⑤ ProQuest 是一个全球知名的学术信息数据库平台，可以提供广泛的学术资源，包括商业、健康与医学、社会科学、艺术与人文、教育、科学与技术等，网址为 https://www.proquest.com/。

要阅读全文，最终确定纳入分析的文献。

3. 第三步：纳入研究的偏倚风险评价

偏倚是指研究结果或统计推断中出现的系统性误差，它可能导致我们对干预措施效果的判断出现偏差。偏倚风险有时会导致我们错误地认定某项干预是有效的或无效的，或者可能会低估其实际效果（Detsky et al.，1992）。因此，无论纳入研究的差异是源自研究结果本身还是其真实性，对系统评价中所有纳入研究的偏倚风险进行评估都是极其重要的。例如，如果纳入的研究结果虽然显示出一致性，但每项研究都可能存在设计或实施上的缺陷，那么这样的系统评价得出的结论，其说服力自然无法与那些研究设计严谨、结果一致的系统评价相比[①]。

在系统评价中，评估纳入研究的偏倚风险是一个关键环节。众多工具可用于此目的，其中大部分是量化评分的量表或由具体问题构成的条目清单（Jüni，Altman，and Egger，2001）。根据研究类型的不同，应选择相应的工具进行评估。例如，对随机对照实验（RCT），可以使用 Cochrane 的随机对照实验偏倚风险评估工具；对非随机对照研究，则可应用 MINORS[②]量表；对观察性研究，推荐使用 NOS 量表；对定性研究，则有 GASP 量表等工具可供使用。

尽管随机对照实验是最为严格且被广泛认可的顶级研究证据，但社会工作者在进行系统评价时，也需考虑包括准实验研究、单一案例研究、定性研究在内的其他实验性和观察性研究，以及如 Meta 分析这样的二手研究得出的结论。

4. 第四步：数据分析

在系统评价的第四步，数据分析是核心环节，它包括异质性分析、同质数据合并、发表偏倚分析以及 GRADE 证据分级。

异质性分析可细分为三类。（1）临床异质性：源于研究对象、干预措施和结果测量的不同。（2）方法学异质性：源于实验设计和偏倚风险的差异，

---

① 更多请参见 COCHRANE 手册，请访问 https：//training. cochrane. org/sites/training. cochrane. org/files/public/uploads/resources/CochraneHandbookChineseDec2014. pdf。

② MINORS（Methodological Index for Non-randomized Studies），随机对照研究方法学评价指标是由法国外科医师 Slim 等在 2007 年提出的，特别适用于外科非随机对照干预性研究（Non-randomized surgical studies）质量的评价。

如随机化方法、盲法、样本量、研究目的、结果和测量技术等。（3）统计学异质性：基于抽样误差和各种偏倚，是临床和方法学异质性的直接结果。

对于统计学异质性，我们可以通过随机效应模型来合并效应量，并执行敏感性分析。若要识别临床和方法学异质性的来源，可以通过探索异质性的根源、进行亚组分析、运用 Meta 回归或混合效应模型等方法。若异质性过大且难以克服，可能需要考虑放弃 Meta 分析（王丹等，2009）。

在系统评价中，数据合并是一个至关重要的环节，它包括定量合并和定性合并两种类型。定量合并是指在定量研究中，当研究间的同质性较高且异质性较低时，研究者可以将这些数据合并。合并数据通常包括以下几个步骤。

（1）选择适宜的分析软件，如 Stata、RevMan 等。

（2）确定合适的统计模型，如随机效应模型或固定效应模型。

（3）判断是否需要对结果进行校正，以消除可能的偏倚。

（4）解决数据缺失的问题。

（5）合并不同实验在干预后和随访期间的测量值。

（6）如果定量合并不可行，应有适当的备选方案。

（7）对合并后的结果进行细致的评价和分析。

通过 Cochrane 协作网提供的 RevMan 软件，我们可以将各项结果的 Meta 分析以森林图的形式直观地展现出来，从而判断某个干预措施对某个结果指标是否有效，示例如图 8-2 所示。

在定性研究的合并分析中，我们主要采用几种方法，包括主题综合、Meta 民族志、批判性解释综合等（Depraetere et al.，2021；Dixon-Woods et al.，2006）（见表 8-2）。

表 8-2　定性合并的特点

主题综合 （Thematic Synthesis）	Meta 民族志 （Meta-ethnography）	批判性解释综合 （Critical Interpretive Synthesis）
首先对纳入的研究进行信息提取	致力于确定各定性研究之间的关系	对研究转化
综合各研究之间的观点	列举论据进行对比	适用于提取广泛的研究对象的定性研究
提出描述性或者分析性的主题	可以相互支持，也可以相互对立	目的是合并研究中的论点以提出新的学说或者概念

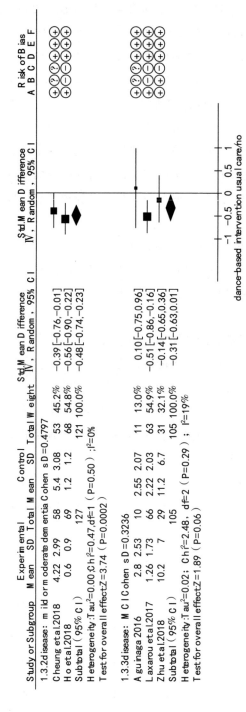

图 8-2　森林图示例

Risk of bias legend

(A)Random sequence generation（selection bias）
(B)Allocation concealment（selection bias）
(C)Blinding of participants and personnel（performance bias）
(D)Blinding of outcome assessment（detection bias）
(E)Incomplete outcome data（attrition bias）
(F)Selective reporting（reporting bias）

说明：此为从Cochrane网站的截图，为直观呈现内容，英文不做翻译。

Meta 民族志作为其中应用最广泛的方法，Toye、Seers 和 Allcock（2014）为此提出了一套关键的研究策略，这些策略在图 8-3 中有详细的展示。

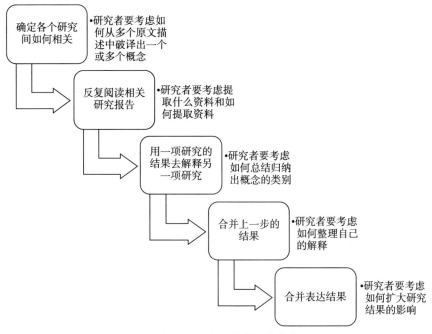

图 8-3　Meta 民族志的数据合并策略

资料来源：本书作者整理。

关于定性研究合并的具体操作，众多研究采纳了所谓的三级建设方法（靳英辉等，2015），具体细节可以参考表 8-3。

表 8-3　定性合并数据的三级建设

项目	具体方法
一级建设	收集原始研究中受试者的观点或原始表述
二级建设	收集原研究者在其报告中的观点或解释
三级建设	整合一级和二级建设的结果，生成新的模型或理论
相互解释	用提炼出的主题去解释多项研究以确保提炼出的主题能囊括所有原始研究的相似结果
意见整合	通过整合或解释一级和二级建设的结果，发展出一个新的模型、理论或观点

发表偏倚是指那些在统计上显著的研究结果更易被期刊接受和发表，这导致系统评价者在搜集资料时可能会遭遇对研究效果的不同概率展示。

为了识别这种偏倚，研究者可以采用多种方法，如漏斗图法、线性回归法、秩相关法、失安全系数法和剪补法等，其中漏斗图法是最常使用的方法（杨克虎、李秀霞、拜正刚，2018）。

在完成这些步骤之后，研究者可以更深入地分析与特定问题相关的所有结果指标的证据质量。GRADE 系统是一个广泛使用的评估工具，它根据风险偏倚、一致性、精确性、发表偏倚和间接性五个维度，对定量系统评价的证据质量进行分级评估。而定性系统评价的证据质量则是从方法学的局限性、结果一致性、数据的充分性、相关性和发表偏倚五个方面进行评定。

5. 第五步：说明研究结果

该步骤要清晰地阐述研究结果，主要涉及以下四个部分。

（1）研究特征描述：对纳入研究的基础信息进行概述，包括研究设计、参与者特性、干预措施等。

（2）研究偏倚说明：分析研究中可能的偏倚，并讨论它们对研究结论的潜在影响。

（3）研究主题分析：探讨研究结果所体现的主题和趋势。

（4）新概念或学说的提出：基于现有研究，用描述性语言提出新的概念、理论或对原始研究的新理解。

6. 第六步：针对研究结果进行讨论

研究结果的讨论主要包括四个方面。

（1）发表偏倚的考量：讨论研究文献中可能的发表偏倚及其对结论的影响。

（2）证据强度的评估：评价证据的强度和可信度。

（3）间接证据的探讨：考虑证据与研究问题的关联程度。

（4）结果适用性的分析：讨论研究结果的适用性和对实践的启示。

系统评价报告应遵循 PRISMA 2020 Checklist 的规范，该清单提供了报告系统评价的标准流程。[①]

---

① 关于 PRISMA 2020 清单的详细内容，可参见 https://www.prisma-statement.org/prisma-2020-checklist。

第二节 纳入研究的偏倚分析

我们应当区分研究偏倚和研究质量这两个概念。《Cochrane 干预措施系统评价手册》明确指出：研究偏倚着重考量的是纳入研究结果的真实性，即这些结果是否能够准确说明研究现象。与此同时，研究质量则关注的是研究执行的严格程度，也就是研究者在进行研究时是否达到了可能的最高科学标准。针对不同的研究设计，要用相应的工具来评估研究偏倚。下面按照研究设计的不同，分别介绍研究偏倚的评估工具。

一 随机对照实验研究的偏倚评估

随机对照实验通过随机化手段将参与者分为实验组与对照组。实验组接受特定的干预或治疗，而对照组则不接受干预或仅接受安慰，如电话访问、聊天、上门探访等，用以对照两组效果的差异。这种实验设计因其能有效减少实验设计和执行中的偏倚、平衡各种混杂因素、增强统计检验的有效性，而被公认为评估干预效果的黄金准则。

随机对照实验的设计依据三个基本原则：设置对照组、参与者的随机分组及实施盲法实验。盲法实验分为单盲和双盲两种，单盲实验中只有干预者了解干预方法和内容，而研究对象不知情，这有助于减少研究对象主观因素的偏倚，但仍可能受到研究者的影响。双盲实验则确保干预者和研究对象均不了解分组情况和干预分配，从而避免双方的偏倚。

遵循随机、对照和重复原则的随机对照实验，借助统计学方法，通过一系列研究程序和管理措施，可以消除社会工作者和研究对象对干预效果的主观影响，客观评价干预措施的有效性和安全性。

1. 选择偏倚

Cochrane 偏倚风险评估工具涵盖了六个方面的七个条目，用以全面评价研究中的偏倚风险。针对每个条目，评估者会根据既定的标准，给出"低风险偏倚"、"高风险偏倚"或"不清楚"的评定。

在这些条目中，"选择偏倚"包含两个关键点：（1）随机序列生成，研究中应详细说明生成随机分配序列的具体方法，确保参与者在研究初期具有可比性；（2）分配隐藏，研究还应详细说明如何保密分配序列，以防止执行者或参与者提前知晓干预措施的分配情况（相关细节见表 8-4）。

表 8-4　选择偏倚评估

	随机序列生成
低风险	1. 研究者描述随机序列产生过程，例如： • 参考随机数字表、使用计算机随机数字生成器、扔硬币、洗牌的卡片和信封、掷骰子、抽签 • 最小化，可实现无随机效果，被认为相当于是随机的
高风险	2. 研究者描述序列的产生使用的是非随机的方法，通常是系统的非随机方法，例如： • 通过奇偶或出生日期产生序列 • 通过性别或住址产生序列 • 通过类似先后顺序的编号产生序列 3. 相对于上面提到的系统方法，其他非随机的方法更明显。通常包括对参与者进行判断或非随机的方法，例如： • 干预实施人员判断如何分配 • 干预对象判断如何分配 • 第三方（社区或街道）进行分配 • 基于干预的可获取性进行分配
不清楚	4. 没有足够的信息判断随机序列的产生存在高风险或低风险偏倚
	分配隐藏
低风险	5. 参与者和纳入参与者的研究者因以下隐藏分配的方法或类似的方法，事先不了解分配情况： • 中心分配（包括电话、网络、办公室控制随机） • 不透光信封
高风险	6. 参与者和纳入参与者的研究者可能事先知道分配，因而引入选择偏倚，例如基于如下方法的分配： • 使用摊开的随机分配表（如随机序列清单） • 交替或循环 • 出生日期 • 编号 • 其他明确的非隐藏过程
不清楚	7. 没有足够的信息判断为低风险或高风险偏倚。通常因未描述分配隐藏的方法或描述不充分

2. 实施偏倚

盲法评估是评估对干预实施者和参与者施盲的情况，即是否详细描述了对实施者和参与者实施盲法的方法、提供了判断盲法是否有效的信息（见表 8-5）。

表 8-5 盲法评估

	盲 法（实施者、参与者）
低风险	• 无盲法或盲法不充分，但系统评价员判断结果不太可能受到缺乏盲法的影响 • 参与者和主要实施者均实施可靠的盲法，且盲法不太可能被识别或发现
高风险	• 无盲法或盲法不充分，但系统评价员判断结果很可能受到缺乏盲法的影响（如发放礼品的社工服务活动） • 尝试对关键的参与者和实施者实施盲法评估，但盲法很可能被打破，结果很可能受到缺乏盲法的影响（例如服务对象混住一个社区，甚至来自同一家庭）
不清楚	• 没有足够的信息判断为低风险或高风险 • 研究未描述此情况

3. 测量偏倚

评估研究结果时，一个关键的考量是盲法的执行情况。具体来说，调查研究是否详尽地说明了对结果评价者实施盲法的具体方法，这样做可以避免评价者了解参与者所接受的干预措施。表 8-6 为我们提供了用以判断盲法执行是否有效的相关信息。

表 8-6 盲法实施有效性判断

	盲 法（结果评价者实施盲法）
低风险	• 无盲法或盲法不充分，但系统评价员判断结果不太可能受到缺乏盲法的影响 • 参与者和主要实施者均实施可靠的盲法，且盲法不太可能被识别或发现
高风险	• 无盲法或盲法不充分，但系统评价员判断结果很可能受到缺乏盲法的影响（如住院的服务对象如果发现自己得分不高，可能修改答案） • 尝试对关键的参与者和实施者实施盲法评估，但盲法很可能被识别或发现，结果很可能受到缺乏盲法的影响
不清楚	• 没有足够的信息判断为低风险或高风险 • 研究未描述此情况

4. 随访偏倚

关注结果数据，即关注研究是否详尽报告了所有主要结果指标的数据，尤其是那些涉及参与者失访和退出的数据。研究中应明确记录以下几点：（1）参与者失访和退出的具体情况；（2）各组人数的详细信息，以及与初始随机分配的总人数的比较；（3）导致参与者失访或退出的原因（见表 8-7）。

表 8-7　结果数据完整性评估

结果数据完整性	
低风险	• 无缺失数据 • 缺失数据的产生不太可能与真实结果相关 • 缺失结果指标在组间平衡，且各组缺失原因类似 • 对二分类结果指标，结果指标的缺失比例同观察到的事件的风险不足以确定其对干预效应的估计有临床相关的影响；对连续性结果指标，缺失结果指标的效应大小不足以确定其对观察到的效应大小有临床相关的影响 • 缺失的数据用合适的方法做了填补
高风险	• 缺失数据的产生很大可能与真实结果相关，缺失数据的数量及缺失原因在各干预组相差较大 • 对二分类结果指标，与观察事件的发生风险相比，缺失比例足以影响预估的干预效应；对连续性结果指标，缺失数据的效应大小足以对观察到的效应产生相关偏倚 • 意向治疗分析中存在实际干预措施与随机分配的干预相违背的情况 • 对缺失数据进行不合适的填补方法
不清楚	• 没有报告缺失或排除的情况，无法判断高风险或低风险（如未说明随机的数量，未提供数据缺失的原因） • 研究未描述此情况

5. 报告偏倚

评估是否存在选择性报告研究结果，即描述的信息可供系统评价者判断选择性报告研究结果的可能性及相关情况（见表 8-8）。

表 8-8　选择性报告性结果评估

选择性发表	
低风险	• 社工研究项目的计划书可获取，系统评价者感兴趣的所有首要或次要结果均按计划书预先说明的方式报告 • 计划书不可得，但很明显发表的报告包括所有的结果，包括预先说明的结果（这种性质的有说服力的文字可能少见）
高风险	• 不是所有的预先说明的首要结果均被报告 • 一个或多个首要结果未采用预先说明的测量方法、分析方法或数据子集来报告 • 系统评价中的一个或多个首要结果报告不全，以至于不能纳入 Meta 分析 • 研究未报告此研究应当包含的主要关键结果
不清楚	没有足够信息判断高风险或低风险，大部分研究会被分为此类

6. 其他偏倚

除上述偏倚外，可评估提供的信息是否存在其他引起偏倚的因素（见表 8-9）。若是已在计划书中提到某个问题或因素，需给出对应的回答。

表 8-9　其他偏倚评估

其他偏倚	
低风险	研究未引入其他来源的偏倚
高风险	至少有一种重要的偏倚风险，例如： • 具有与特殊实验设计相关的潜在偏倚来源 • 或被指欺诈 • 或其他问题（非权威期刊证据较多）
不清楚	可能存在偏倚风险，但存在以下两种中的一种： • 没有足够信息评估是否存在其他重要的偏倚风险 • 没有足够的证据表明发现的问题会导致偏倚

风险偏倚评估的结果可用图形的方式呈现，示例见图 8-4。

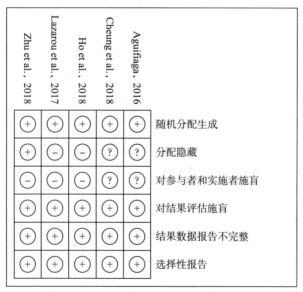

说明：⊕ 表示低风险，⊖ 表示高风险，？ 表示不清楚。

图 8-4　风险偏倚

资料来源：Wang et al.，2022。

二　非随机研究的偏倚评估

非随机研究主要分为两类——非随机实验研究和观察性研究。对于非随机实验研究的偏倚评估，我们可以借鉴观察性研究的评估标准，例如使用 NOS 量表（Wells et al.，2000）。此外，MINORS（Methodological Index for Non-randomized Studies）条目也是一个推荐的选择，它适用于评估包括有对照组和无对照组在内的非随机研究的风险偏倚（Karem et al.，2003）（见表 8-10）。Cochrane 协作网则推荐使用 QUADAS（Quality Assessmet of Diagnostic Accuracy Studies）工具来评估诊断准确性研究的偏倚（Whiting et al.，2004；Whiting et al.，2003；邬兰、张永、曾宪涛，2013）（见表 8-11）。

表 8-10　非随机对照干预性研究偏倚评估（MINORS 评价清单）

序号	条目	提示	评价	得分
1	明确地给出了研究目的	所定义的问题应该是精确的且与可获得文献有关		
2	纳入研究的研究对象的连贯性	所有具有潜在可能性的研究对象（满足纳入标准）都在研究期间被纳入了（无排除或给出了排除的理由）		
3	预期数据的收集	收集了根据研究开始前制订的研究方案中设定的数据		
4	结果指标能恰当地反映研究目的	明确的解释用来评价与所定义的问题一致的结果指标的标准。同时，应在意向性干预分析的基础上对结果指标进行评估（意向性干预分析是指只要参与了分组的研究对象就应该被纳入最后的结果分析。因为如果排除了退出和失访的服务对象，只对所谓"资料完整"的研究对象进行分析就会破坏组间的均衡性。这样的要求可以避免在最终统计时将干预者的数据剔除，减少偏倚带来的影响，使结果更加真实）		
5	结果指标评价的客观性	对客观结果指标的评价采用评价者单盲法，对主观结果指标的评价采用评价者双盲法。否则，应给出未实施盲法评价的理由		
6	随访时间是否充足	随访时间应足够长，以便能对结果指标及可能的不良事件进行评估		
7	失访率低于 5%	应对所有干预组的服务对象进行随访。若不，则失访的比例不能超过反映主要结果指标的研究对象比例		
8	是否估算了样本量	根据预期结果事件的发生率，计算了可检测出不同研究结果的样本量及其 95% 可信区间，且提供的信息能够从显著统计学差异及估算把握度水平两方面对预期结果与实际结果进行比较		
9	对照组的选择是否恰当	干预性实验，应是能从已发表研究中获取的最佳干预措施		
10	对照组是否同步	对照组与实验组应该是同期进行的（非历史对照）		

序号	条目	提示	评价	得分
11	组间基线是否可比	不同于研究终点，对照组与干预组起点的基线标准应该具有相似性。没有可能导致结果解释产生偏倚的混杂因素		
12	统计分析是否恰当	用于计算可信区间或相对危险度（RR）的统计资料是否与研究类型相匹配		

注：MINORS 条目。评价指标共 12 条，每一条分为 0~2 分。1~8 条针对无对照组的研究，最高分为 16 分；9~12 条用于有对照组的研究的附加标准，最高分为 24 分。0 分表示未报告，1 分表示报告了但信息不充分，2 分表示报告且提供了充分的信息。

资料来源：Slim et al. , 2003。

表 8-11　非随机实验研究 QUADAS 条目

序号	条目	针对点
1	案例谱是否包含了各种案例及易混淆的案例	案例谱组成
2	研究对象的选择标准是否明确	选择标准
3*	金标准是否能准确区分有病、无病状态	金标准
4	金标准和待评价实验检测的间隔时间是否足够短，以避免出现病情的变化	疾病进展偏倚
5	是否所有的样本或随机选择的样本均接受了金标准实验	部分参照偏倚
6	是否所有案例，无论待评价实验的结果如何，都接受了相同的金标准实验	多重参照偏倚
7	金标准实验是否独立于待评价实验（待评价实验不包含在金标准中）	混合偏倚
8*	待评价实验的操作是否描述得足够清楚且可重复	待评价实验的实施
9*	金标准实验的操作是否描述得足够清楚且可以进行重复	金标准的实施
10	待评价实验的结果判断是否在不知晓金标准实验结果的情况下进行的	实验解读偏倚
11	金标准实验的结果判断是否在不知晓待评价实验结果的情况下进行的	金标准解读偏倚
12	当解释实验结果时可获得的临床资料是否与实际应用中可获得的临床资料一致	临床解读偏倚
13	是否报告了难以解释/中间实验结果	难以解释的实验结果
14	对退出研究的案例是否进行解释	退出案例

注：*是指 Cochrane 协作网的筛查和诊断性研究方法学组（DTA）建议的非必需条目。
资料来源：邬兰、张永、曾宪涛，2013。

三 观察性研究的偏倚评估

观察性研究是一种不涉及研究人员干预、允许事件自然发展的研究方法。在这类研究中，研究者不人为设置干预因素，受试者接受的处理因素或不同水平也不是随机决定的。例如，在研究母乳喂养与人工喂养儿童生长发育情况时，儿童的喂养方式是基于母亲的实际情况，而非研究者决定或随机分配。观察性研究可以细分为描述性研究和分析性研究，前者关注影响因素，后者关注危险因素或暴露因素。观察性研究主要分为队列研究、案例-对照研究和横断面研究。

在评估观察性研究的偏倚时，有多种工具可供选择。NOS（Newcastle-Ottawa Scale）工具的设计充分考虑了案例-对照研究和队列研究的实际需求（见表 8-12、8-13），并从随机对照实验的评价方法中衍生出来，适用于非随机对照实验的系统评价（Wells et al.，2014）。NOS 已被 Cochrane 协作网的非随机研究方法学组用于培训并推荐使用。CASP（Critical Appraisal Skills Programme）在英国及加拿大应用最广泛，适用于队列研究的偏倚评估（见表 8-14）。AHRQ（Agency for Healthcare Research and Quality）的横断面研究评价标准（Rostom，Dubé，and Cranney，2004）较为客观，适用于横断面研究的评估（见表 8-15）。在实际循证时，针对单个队列研究或案例-对照研究，推荐选择 CASP 清单（见表 8-16），因为它综合考虑了研究的外部适用性（曾宪涛等，2012）。

表 8-12　评价队列研究偏倚的 NOS 标准

栏目	条目[#]	评价标准
研究人群选择	暴露组的代表性如何（1分）	①真正代表人群中暴露组的特征[*]；②一定程度上代表了人群中暴露组的特征[*]；③选择某类人群，如护士、志愿者；④未描述暴露组来源情况
	非暴露组的选择方法（1分）	①与暴露组来自同一人群[*]；②与暴露组来自不同人群；③未描述非暴露组来源情况
	暴露因素的确定方法（1分）	①固定的档案记录（如外科手术记录）[*]；②采用结构式访谈[*]；③研究对象自己写的报告；④未描述
	确定研究起始时尚无要观察的结果指标（1分）	①是[*]；②否

续表

栏目	条目[#]	评价标准
组间可比性	设计和统计分析时考虑暴露组和未暴露组的可比性（2分）	①研究控制了最重要的混杂因素[*]；②研究控制了任何其他的混杂因素[*]（此条可以进行修改，用以说明特别控制第二重要因素）
结果测量	研究对于结果的评价是否充分（1分）	①盲法独立评价[*]；②有档案记录[*]；③自我报告；④未描述
	结果发生后随访是否足够长（1分）	①是（评价前规定恰当的随访时间）[*]；②否
	暴露组和非暴露组的随访是否充分（1分）	①随访完整[*]；②有少量研究对象失访但不至于导致偏倚（规定失访率或描述失访情况）[*]；③有失访（规定失访率）但未进行描述；④未描述随访情况

注：[#]表示给分条目，[*]表示给分点。

表 8-13 评价案例-对照研究偏倚的 NOS 评价标准

栏目	条目[#]	评价标准
研究人群选择	案例确定是否恰当（1分）	①恰当，有独立的确定方法或人员[*]；②恰当，如基于档案记录或自我报告；③未描述
	案例的代表性（1分）	①连续或有代表性的系列案例[*]；②有潜在选择偏倚或未描述
	对照选择（1分）	①与案例同一人群的对照[*]；②与案例同一人群的住在同质性环境中的人员为对照；③未描述
	对照确定（1分）	①无目标问题历史（端点）[*]；②未描述来源
组间可比性	设计和统计分析时考虑案例和对照的可比性（2分）	①研究控制了最重要的混杂因素[*]；②研究控制了任何其他的混杂因素[*]（此条可以进行修改，用以说明特别控制第二重要因素）
暴露因素的测量	暴露因素的确定（1分）	①固定的档案记录[*]；②采用结构式访谈且不知访谈者是案例或对照[*]；③采用未实施盲法的访谈（知道案例或对照的情况）；④未描述
	采用相同的方法确定案例和对照组暴露因素（1分）	①是[*]；②否
	无应答率（1分）	①案例和对照组无应答率相同[*]；②描述了无应答者的情况；③案例和对照组无应答率不同且未描述

注：[#]表示给分条目，[*]表示给分点。

表 8-14 评价队列研究偏倚的 CASP 清单

条目	提示
第一部分 研究结果可靠吗	
1. 研究是否提出了清晰明确的问题	①研究的人群；②研究的危险因素；③可能的结果；④可能的有益或有害的效应
2. 回答问题的方式是否合适	①队列研究适合研究目的吗；②队列研究能解决问题吗
3. 队列研究人群的选择方式合适吗	①是否可以代表研究的人群；②样本人群有什么特别的特征吗；③是否包含了所有应纳入的人群
4. 是否准确地测量暴露因素以减少偏倚	①使用的是主观还是客观的测量方法；②测量结果的真实性如何（是否被验证的）；③测量方式是一样的吗
5. 是否精确测量研究结果以减少偏倚	①使用的是主观还是客观的测量方法；②测量结果的真实性如何（是否被验证的）；③有无可靠的系统方法来探查所有的病例（测量疾病的发生）；④不同组的诊断方式是否相似；⑤是否对研究对象及结果评价者采取盲法
6.A 作者考虑到所有重要的混杂因素了吗（列出作者忽略但您考虑到的因素） B 在设计和/或分析中对混杂因素采取措施了吗	①在设计阶段的严格控制；②在分析阶段使用技术手段如建模、分层、回归、敏感性分析来纠正、控制、调整混杂因素
7.A 对研究对象的随访是否完成 B 随访时间是否足够长	①不管效应的好坏，应该有足够的时间来显露；②失访的人群可能具有不同的结果；③在开放或动态队列中，对于离开和加入队列的研究对象有无特殊要求
第二部分 研究结果是什么	
8. 研究结果如何	①基线的结果；②是否报告暴露组和非暴露组的比例或比率，两者有区别吗；③暴露因素与结果的关联强度如何（相对危险度，即 RR 值为多少）；④绝对危险度降低值（AR 值）是多少
9. 研究结果的精确度如何	可信区间是多少
10. 结果是否可信	①无法忽略的大效应量；②有无偏倚、机遇或混杂因素的影响；③研究的设计和方法是否有缺陷导致结果不可靠；④考虑 Bradford Hill 标准（时间序列、干预时间频率−效果梯度、案例相似性、一致性）
第三部分 研究结果适用吗	
11. 实验结果能否适用于当地人群	①纳入实验的研究人群是否与你所研究的人群相似；②当地的环境和研究中的是否相似；③能否量化对当地人群的有益和有害效应
12. 研究结果与其他证据是否符合	

表 8-15 评价横断面研究偏倚的 AHRQ 评价标准

序号	条目	评价		
		是	否	不清楚
1	是否明确了资料的来源（调查、文献回顾）			
2	是否列出了暴露组和非暴露组（案例和对照）的纳入和排除标准或参考以往的出版物			
3	是否给出了鉴别服务对象的时间阶段（哪个时间段内的服务对象被纳入研究）			
4	如果不是人群来源的话，研究对象是否连续（是否将某时段内全部的服务对象纳入了研究）			
5	对服务对象主观化指标的评估者是否与服务对象的其他客观指标分开评估（例如评估服务对象生活满意度的评估者不能得知服务对象刚刚经历了子女的去世）			
6	描述了任何为保证质量而进行的评估（如对主要结果指标的检测或再检测）			
7	对将部分服务对象剔除分析做出了解释			
8	描述了如何评价和/或控制混杂因素的措施			
9	如果存在缺失值，解释了分析中是如何处理缺失数据的			
10	总结了服务对象的应答率及数据收集的完整性			
11	如果随访，提供了查明预期的服务对象的不完整数据所占的百分比或随访结果			
12	作者及年份			

表 8-16 评价案例对照研究偏倚的 CASP 清单

条目	提示
第一部分 研究结果可靠吗	
1. 研究是否提出了清晰明确的问题	①研究的人群；②研究的危险因素；③研究是为了检测有益或有害的效应
2. 回答问题的方式是否合适	①在目前的情况下，案例对照研究是否符合研究目的（结果是否罕见或有害）；②案例对照研究能否解决研究问题
3. 案例的选择方法是否合适	①是否准确地定义了案例；②案例组具有代表性吗（地理学上的和/或暂时的）；③有无建立可靠的系统来选择案例；④研究发生率；⑤案例组有无特殊特征；⑥研究时间范围是否与暴露有关；⑦样本量充足吗；⑧计算把握度了吗

条目	提示
4. 对照组的选择方式是否合适	①对照组具有代表性吗（人口学上和/或暂时的）；②对照组有无特殊特征；③应答率高吗，不应答的人群是否具有不同特征；④使用匹配选择人群来源还是随机选择；⑤样本量充足吗
第一部分　研究结果可靠吗	
5. 是否准确测量暴露因素以减少偏倚	①暴露因素是否有明确的定义；测量方法是否准确；②研究者使用的是主观还是客观的测量方法；③测量方法的真实性如何（是否被验证的）；④案例组和对照组使用的测量方法是否相似；⑤在适合使用盲法的地方是否使用了盲法；⑥时间顺序正确吗（研究的暴露因素是否在结果前）
6. A. 作者考虑了哪些混杂因素（列出作者忽略但您考虑到的因素，如基因、环境及社会经济的因素）；B. 在设计和/或分析中，研究者对潜在混杂因素采取措施了吗	在设计阶段的严格控制；在分析阶段使用技术手段，如建模、分层、回归、敏感性分析等来纠正、控制、调整混杂因素
7. 研究结果如何	①基线的结果；②分析方法合适吗；③暴露因素与结果的关联强度如何（OR 值为多少）；④调整混杂因素后，混杂因素是否还起作用；⑤调整混杂因素是否对 OR 值有很大的影响
第二部分　研究结果是什么	
8. 研究结果的精确度如何，危险效应的估计值精确度如何	①p 值是多少；②可信区间是多少；③研究者是否考虑了所有重要的变量；④如何评估排除的人群的研究效应
9. 结果是否可信	①无法忽略的大效应量；②有无偏倚、机遇或混杂因素的影响；③研究的设计和方法是否有缺陷导致结果不可靠；④考虑 Bradford Hill 标准（时间序列、干预时间频率–效果梯度、案例相似性、一致性）
第三部分　研究结果适用吗	
10. 实验结果能否适用于当地人群	①纳入实验的研究人群是否与你所研究的人群相似；②当地的环境和研究中的是否相似；③能否量化对当地人群的有益和有害效应
11. 研究结果与其他证据是否符合	考虑所有可得到的、来自随机对照实验、系统评价、队列研究及案例对照研究的一致性较好的证据

资料来源：曾宪涛等，2012。

四　定性研究的偏倚评估

目前，学界对定性研究的偏倚评估尚无统一标准。定性研究包含多种方法学，如现象学、扎根理论、历史研究、民族志和行动研究等。资料收集方法则包括观察、访谈、小组讨论以及文献或档案回顾等。在评估定性研究时，研究者们主要关注研究方法和资料收集方法的适宜性，以及研究过程的质量控制这两个方面（拜争刚等，2015）。

在定性研究的偏倚评价工具方面，有 JBI、CASP 和 Dixon-Woods M 等工具可供选择（Public Health Resource Unit，2006；胡雁，2012；杨克虎、李秀霞、拜争刚，2018）。几种评估方法具体见表 8-17、表 8-18 和表 8-19。

表 8-17　JBI 定性研究偏倚评估

评价条目	评价结果		
	是	否	无法确定
1. 哲学基础与方法学是否一致			
2. 方法学与研究问题或研究目标是否一致			
3. 方法学与资料收集方法是否一致			
4. 方法学与资料的代表性及资料的分析是否一致			
5. 方法学与结果阐释是否一致			
6. 是否有从文化背景、价值观的角度说明研究者的状况			
7. 是否阐述了研究者对研究的影响，或研究对研究者的影响			
8. 研究对象是否具有典型性，是否充分代表了研究对象及其观点			
9. 研究是否符合当前的伦理规范			
10. 结论的得出是否源于对资料的分析和阐释			

表 8-18　CASP 定性研究偏倚评估

评价条目	评价结果		
	是	否	无法确定
1. 是否清楚地描述了研究的目的			
参考因素： ▲研究的目的是什么 ▲为什么研究目的很重要 ▲相关性如何			
2. 应用定性研究的方法是否恰当			
参考因素： ▲研究是否旨在解释或说明参与者的行为和/或主观经验 ▲定性研究是否采用了适合的研究方法 ▲是否值得继续			

续表

评价条目	评价结果		
	是	否	无法确定
详细问题			
3. 研究的设计是否适合于达成研究目的			
参考因素： ▲研究者是否合理地选择了研究设计（例如，是否经过讨论来决定采用哪种研究方法）			
抽样			
4. 研究对象的招募策略是否恰当			
参考因素： ▲研究者是否对如何选择参与者进行了解释 ▲研究者是否对所选择的研究对象最适合于该研究的原因进行了解释 ▲关于研究对象的招募是否存在争论（例如，为什么有些人选择不参与研究）			
资料收集			
5. 资料收集方法能否解决研究的问题			
参考因素： ▲资料收集的方法是否合理（比如现场填写、阅读填写、晚上根据回忆再整理） ▲是否清楚地描述了资料收集的方法（例如，焦点小组、半结构式访谈等） ▲研究者是否合理地选择研究方法 ▲研究者是否详细地描述了研究方法（例如，对于访谈方法有没有说明访谈是如何进行的，是否有访谈提纲） ▲研究过程中是否对研究方法进行修订。如果是，研究者是否对如何修订以及为什么修订做出解释 ▲资料的形式是否有明确的描述（例如，录音资料、视频资料、笔记等） ▲研究者是否讨论了资料饱和问题			
研究者反思			
6. 是否充分考虑了研究者与参与者之间的关系			
参考因素： ▲研究者是否严格地审视自己发挥的作用、潜在的偏倚及产生的相应的影响 ▲研究问题的格式化、标准化如何 ▲资料收集，包括样本采集和研究场所设定如何 ▲研究者如何应对研究中的突发事件，是否考虑了研究设计的变化所产生的影响			

评价条目	评价结果		
	是	否	无法确定
伦理学问题			
7. 是否充分考虑了伦理学问题			
参考因素： ▲研究是否详细地描述了知情同意的过程，以供读者判断是否符合伦理学标准 ▲研究者是否讨论了研究所提出的问题（例如，知情同意的相关问题、保密性问题以及研究者如何处理研究过程中和结束后对参与者产生的影响） ▲是否取得了伦理委员会的批准			
资料分析			
8. 资料分析是否足够严谨			
参考因素： ▲是否深入描述了资料分析的过程 ▲是否应用了主题分析法。如果是，是否清楚地描述了从资料中抽提主题的方法 ▲研究者是否解释了从原始样本中提取资料的方法，用以说明分析的过程 ▲研究资料是否充分，以支持研究的结果 ▲在什么程度上需要考虑资料的相互矛盾 ▲研究者是否严格审视自己发挥的作用，潜在的偏倚以及在资料分析和选择过程中的影响			
研究结果			
9. 是否清楚地描述了研究的结果			
参考因素： ▲研究结果是否明确 ▲是否充分地讨论了支持和反对研究者观点的证据 ▲研究者是否讨论了研究结果的可靠性（例如，三角互证法、被研究者论证、多个分析者等） ▲研究结果是否针对研究的问题进行讨论			
研究价值			
10. 研究有多大的价值			
参考因素： ▲研究者是否讨论了该研究对现有知识和理论的贡献（例如，研究者是否认为研究结果与当前实际、政策或以研究为基础的文献具有相关性） ▲新领域研究的必要性是否得到认证 ▲研究者是否讨论了研究结果能否以及如何应用于其他人群；是否考虑了其他研究方法的可行性			

表 8-19　Dixon-Woods M 定性研究偏倚评估

评价条目	评价结果		
	是	否	无法确定
1. 研究问题清晰吗			
2. 研究问题是否适合探究定性的结果			
3. 下列条目描述是否清晰			
（1）抽样			
（2）数据收集			
（3）分析			
4. 下列条目对研究问题是否合适			
（1）抽样			
（2）数据收集			
（3）分析			
5. 研究结果是否有足够的证据支持			
6. 原始数据、解释和结论是否被清晰地整合			
7. 这个研究是否具有实用价值			

第三节　系统评价的报告规范

系统评价论文的撰写和发表通常需要遵循严格的报告标准。下面分别列出了 APA（美国心理学会）和 PRISMA（系统评价和元分析的首选报告项目）的系统评价报告标准供参考。

一　APA 系统评价报告标准

APA 评价评估标准可分为定量系统评价和定性系统评价（见表 8-20、表 8-21）

表 8-20　APA 定量系统评价/Meta 分析文章报告标准

1. 标题
标题 ▲陈述研究问题和研究综述类型（例如，叙述性分析，Meta 分析） **作者说明** ▲列出研究资助来源；说明资助者进行定量综合研究的基本情况

续表

▲描述可能的利益冲突，包括研究资助存在的利益冲突和其他非资金利益

▲如果注册，给出数据合成的注册地和注册号

▲提供通讯作者的姓名、所属单位和电子邮箱

2. 摘要

目标

▲陈述正在调查的研究问题或研究假设

资格标准

▲描述纳入研究的特征，包括自变量（治疗、干预措施）、因变量（结果、标准）和合格的研究设计

合成方法

▲描述综合研究结果的方法，包括：

- 用于总结和比较研究的统计和其他方法
- 如果进行 Meta 分析，则用于整合研究的具体方法（例如，效应大小测量、平均法、同质性分析中使用的模型）

结果

▲陈述合成的结果，包括：

- 纳入研究和参与者的数量及其重要特征
- 主要结果的结果分析和调节分析
- 如果进行 Meta 分析，则与每个分析相关的效应大小和置信区间如何

结论

▲描述证据的优势和局限性，包括不一致的证据

▲不精确性、纳入研究的偏倚风险和报告偏倚风险

3. 前言

问题

▲陈述正在调查的问题或关系，包括：

- 历史背景，包括与主题相关的先前综述和 Meta 分析
- 与问题或关系相关的理论、政策和/或实践问题，与问题或关系相关的人群和背景：①研究设计选择的基本原理；②结果的选择和编码，以及③结果的潜在调节者或中介者的选择和编码
- 结果测量和其他变量的心理测量特征

目标

▲陈述检验的假设，表明哪些是预先指定的，包括：

- 问题的相关参与者特征（包括动物种群）、自变量（实验操作、治疗或干预）、排除可能的混杂变量、因变量（结果、标准），研究设计的其他特点
- 综合方法，如果使用 Meta 分析，则用于整合研究的具体方法（如效应值大小、平均法、同质性分析中使用的模型）

协议

▲列出可以找到的完整协议（如补充协议），或说明没有协议。说明完整的方案已公布（或在公共登记处存档），或在进行审查之前未公布

4. 研究方法

纳入和排除标准

▲描述选择研究的标准，包括：

- 自变量（例如，实验操作、治疗或干预类型或预测变量）
- 因变量（例如，综合临床研究的结果，包括潜在益处和潜在副作用）
- 合格的研究设计（例如，抽样或处理分配的方法）
- 处理关于同一研究或样本的多个报告，描述哪些是主要的，以及处理采取同一参与者的多个措施（例如，按年龄、语言、地点或报告类型）
- 更改预先指定的纳入和排除标准，以及更改时间
- 处理没有包含足够信息来判断合格性的报告（例如，缺乏关于研究设计的信息）和没有包含足够信息来进行分析的报告（例如，没有报告关于这些结果的数值、数据）

信息来源

▲描述所有信息来源：

- 电子搜索的搜索策略，这样它们可以被重复（例如，包括使用的搜索词、布尔连接符、字段搜索、术语等）；搜索的数据库，包括覆盖日期（例如，搜索中包含的最早和最近的记录），以及使用的软件和搜索平台
- 搜索的特定期刊名称和检查的卷数，经检查后选择参考书目的理由（例如，其他相关文章、以前的研究综述）
- 进行了转发（引用）文档的搜索，说明为什么选择这些文档
- 如果为了寻找研究或获取被纳入研究的更多信息而联系研究者或单个研究人员，则报告联系的研究人员数量，以及联系的标准（例如，过往有关刊物及回复率、进行的其他搜索，例如联络公司赞助商或邮寄至分发名单，需要说明联络日期）
- 除上述搜索策略外的搜索策略及搜索结果

研究选择

▲描述决定哪些研究将被纳入综合和/或纳入 Meta 分析的过程，包括：

- 在筛选过程的每个步骤中，用来决定是否纳入或排除综合研究的文件要素（如标题、摘要、全文）
- 在研究选择过程的每个步骤中进行研究的人员的资格（如培训、教育或专业地位）；说明每个步骤是由一人完成还是一式两份，并解释如果使用一个筛选器，如何评估可靠性，以及如果使用多个筛选器，如何解决分歧

数据收集

▲描述从报告中提取数据的方法，包括：

- 要查询数据的变量和变量类别
- 在数据提取过程中进行每一步的人员的资格，说明每一步是由一人或两个人进行的，说明如果使用一个筛选器，如何评估可靠性；如果使用多个筛选器，如何解决分歧，以及说明数据编码形式。说明数据（包括元数据）是可用的，说明在哪里可以找到它们（例如，公共注册中心、补充材料）

内部有效性风险评估方法

▲描述用于评估个体研究结果内部效度风险的任何方法，包括：

- 风险评估和结论风险存在或不存在的标准
- 在综合数据的决策中包括偏倚风险的内部有效性的方法和对结果的解释

续表

总结措施

▲描述计算效应大小的统计方法，包括测量（例如，相关系数、均值差、风险比）和用于计算效应大小的公式

合成方法

▲描述用于比较研究的叙述和统计方法。如果进行 Meta 分析，描述用于合并各研究效应的方法和用于估计效应大小异质性的模型（例如，固定效应、随机效应模型、稳健方差估计），包括：

- 合成方法的基本原理
- 加权研究结果的方法
- 评估研究内部和研究之间的不精确性（如置信区间或可信区间）的方法
- 描述对数据进行的所有转换或校正（例如，对小样本或不相等的组数的解释）和调整（例如，对聚类数、缺失数据、测量工具的解释），以及对这些转换或校正的解释
- 附加分析（例如，亚组分析、Meta 回归分析）包括每个分析是预先指定的还是事后进行的
- 如果进行贝叶斯分析，选择先验分布和评估模型拟合
- 用于分析的计算机程序的相同内容及版本号、统计代码及其可找到的地方（例如，附录）

发表偏倚与选择性报告

▲说明所使用方法的充分性（例如，联系作者确认未发表的结果，以确定未发表的研究内容和未报告的数据）。描述任何用于测试发表偏倚和选择性报告的统计方法，或者如果没有使用这些方法，则说明合成结果的潜在局限性

5. 研究结果

研究选择

▲描述研究的选择，最好有流程图，包括：

- 经评估合格的引用次数
- 被引用的数量和合成中包含的独特研究的数量
- 在筛选的每个阶段排除研究的原因
- 符合许多但不是所有纳入标准的研究的完整引用表
- 排除的原因（例如，效应量无法计算）

研究特点

▲总结纳入研究的特点。提供一个表，显示每个纳入的研究，其数据的主要变量，包括：

- 特征的独立和结果或因变量和主要调节变量
- 参与者的重要特征（如年龄、性别、种族）、重要的情境变量（如背景、日期）
- 研究设计（例如，抽样或处理分配的方法）、有完整数据集的报告（例如，来自作者、补充材料、注册表）

个别研究结果

▲报告每个研究或比较的结果（例如，每个自变量的置信区间效应量）。如果可能的话，用图表（例如，森林图）展示这些信息

结果综合

▲报告每个研究结果的综合（例如，加权平均效应量、置信区间、结果异质性的估计）

单个研究的内部效度评估

▲描述跨研究的偏倚风险，包括：

- 关于是否有①未发表的研究内容和未报告的数据或②仅包括已发表的数据，以及仅使用已发表数据的理由的陈述
- 评估发表偏倚的影响（例如，数据审查的建模，删减和填充分析）
- 寻求选择性报告研究结果的任何统计分析的结果

续表

不良及有害影响

▲报告在个别研究中发现的任何不良或有害影响

6. 讨论

证据摘要

▲研究总结发现，包括：

- 综合的主要结果，包括预先指定分析的所有结果
- 证据的整体质量
- 发现的优势和局限性（例如，不一致性、不精确性、偏倚风险、发表偏倚或选择性结果报告）
- 观测结果的其他解释（如混杂、统计功率）
- 与以前综合结果的异同点

研究结果普遍性

▲描述结论的普遍性（外部有效性），包括对相关人群、干预变化和相关（结果）变量的影响

研究结果影响

▲根据先前的证据解释结果

▲解决对进一步研究、理论、政策和/或实践的影响

表 8-21　APA 定性系统评价报告标准

1. 标题及作者

标题

▲指出研究的核心问题

▲明确说明研究的定性系统评价的具体形式（例如，定性综合、Meta 民族志、批判性分析综合等）

作者说明

▲确认资金来源或贡献者

▲承认利益冲突

2. 摘要

▲陈述正在调查的问题，分析主题，说明研究目标

▲指出研究设计、文献回顾类型、分析策略、主要结果/发现和主要含义/意义

▲确定 5 个关键词

作者指南

▲考虑使用一个关键词描述定性系统评价策略和使用一个关键词描述解决的问题

▲考虑描述调查方法，以便于审查过程和你的论文的可读性。如果你的工作不是基于一种特定的调查方法，或者你的方法过于复杂，无法在指定的字数内解释，那么在这一点上提供抽象的解释是不可取的

3. 前言

研究问题描述

▲陈述定性系统评价解决的问题，分析问题

▲描述包括和综合哪些文献，以及相关的辩论、理论框架和其中包含的问题

▲描述定性系统评价的重要性或相关性，以澄清障碍、知识差距或实际需求

续表

学习目标/研究目标

▲描述定性系统评价方法（例如，Meta 综合、定性系统评价、Meta 民族志、主题综合、叙事综合或批判性解释分析）

▲确定研究目标

▲描述探究的方法，如果它阐明了目标和元研究的基本原理（例如，描述、解释、女权主义、精神分析、后实证主义、批判主义、后现代主义、建构主义或实用主义）

4. 研究方法

研究设计概述

▲总结研究设计，包括数据收集策略，数据或 Meta 分析策略，以及启发性、调查方法（例如，描述、解释、女权主义、精神分析、后实证主义、批判主义、后现代主义、建构主义或实用主义方法）

▲提供所选研究设计的基本原理

审查员指南

▲本部分可与目标陈述合并

研究数据来源

研究人员描述

▲描述研究人员从事研究的背景，记录他们对研究现象的理解（例如，采访者、分析师或研究团队）

▲描述先前对现象的理解是如何影响研究的（例如，增强、限制或结构化数据收集和 Meta 分析）

作者指南

▲先前与 Meta 分析相关的理解包括但不限于，研究人员的人口、文化特征的描述，资质、经验、培训、价值观，以及在选择资料分析时的判断

审查员指南

▲研究人员在报告中反射性自我描述的广泛性上存在差异。在没有指导的情况下，作者可能无法估计审稿人所希望的描述深度

研究选择

▲提供一份详细的报告，说明被评审的研究是如何被选择的，包括搜索策略和纳入和排除标准，以及理由

▲描述搜索参数（例如，主题、人口和/或方法）

▲确定搜索的电子数据库、网络搜索或其他搜索过程

▲说明最终审查的研究数量以及如何达成一致的意见

审查员指南

▲定性 Meta 分析可能寻求全面回顾文献，或可能使用迭代或有目的的抽样策略（例如，最大变异抽样、理论抽样、样本饱和），应描述该策略及使用的理由

研究综述

▲在可能的情况下，陈述以下内容：

- 发表研究成果的年份
- 第一作者所属学科
- 研究地点
- 语言
- 数据收集方法（如访谈、焦点小组、在线调查）
- 研究分析方法（如主题分析、叙事分析、扎根理论）

- 初步研究的目的和与 Meta 分析的主要问题的差异（如有）
- 参加人数
- 招募学习方法（如滚雪球、方便、目的性等）

审查员指南

▲该资料最好以表格形式呈现

▲全文概述

分析

数据分析策略

▲描述提取研究结果的方法。这种描述可能包括以下内容：

- 编码器或分析师和培训，如果没有描述（如果使用内部可靠性）
- 评估研究的哪些部分（例如，摘要、讨论、结论以及全文）
- 编码单位（词语、概念、解释）
- 软件（如果使用）
- 团队或协作讨论，确定研究结果的构成，如何管理分析师之间的不一致，以及如何达成共识
- 编码类别是由分析产生的，还是先天形成的

▲描述形成分析方案的过程，如果适用的话。例如，如果是在分析之前或分析过程中开发出来的，或者是在整个过程中涌现出来的

▲描述关于分析过程的一致性问题是如何被处理的（例如，分析人员可以使用分析的演示来支持一致性，描述他们稳定的观点，内部的可靠性，或共识的发展）或者如何解决矛盾

▲在某些研究被认为在解释过程中更重要或其他研究被忽略的情况下，描述评估过程

▲描述插图或其他艺术产品（如果有的话）是如何从分析过程中发展出来的

审查员指南

▲定性初级研究的结果可能以不同的方式提出

▲研究人员应该透明地说明他们如何从原始报告中确定和提取发现

▲通常，在定性 Meta 分析中，研究人员不会对研究结果赋予数值权重，因为定性 Meta 分析在本质上是主题的综合

方法完整性

▲参见 JARS-Qual 标准

▲Meta 分析应描述其次级分析的完整性，并对审查中的初级研究的完整性进行评论

5. 研究发现

结果

▲描述研究结果和研究人员从分析研究中得到的意义和理解

▲在相关的情况下，从初步研究中引用，并根据所确定的主题或代码来说明

▲探究原始研究中主题的差异是否反映了研究现象的差异，或研究人员的阐述或概念立场的差异

▲在研究设计和目标中以一致的方式呈现研究结果（例如，共同的主题，共同的解释，位置上的差异）

▲考虑 Meta 分析结果的背景，以及被审查的研究之间的矛盾和歧义，以便以连贯的方式呈现结果或解决差异

▲如果有助于组织和传达研究结果，应提供综合说明（如图表、表格、模型）

系统评价员指南

▲因为是论证描述而非数据呈现 Meta 分析的结果，所以定性 Meta 分析的结果可能比定量 Meta 分析的结果更长

▲研究结果可能包括，也可能不包括量化的表述或编码

续表

▲根据学习目标、探究方法和学习特点而确定这部分的阐述

研究情境

▲反思所综述的研究的在地性和特点（例如，原始研究者及其研究的立场和背景）

▲建议通过表格来呈现复杂的研究背景和趋势

系统评价员指南

▲也可以考虑在结果或讨论部分分析研究的在地性和情境

6. 讨论

讨论内容

▲提供研究结果的讨论，其解释性超出了现有研究的总结

▲包含与发现相关的其他解释的思考

▲讨论 Meta 分析对文献的贡献（例如，挑战、阐述和支持文献中先前的研究或理论）

▲在 Meta 分析旨在解决的文献中，将现有的学术研究或争议联系起来

▲描述研究的意义，以及如何最好地利用研究结果

▲确定元研究的优势和局限性（例如，考虑数据或分析过程的质量、来源或类型可能支持或削弱其方法论的完整性）

▲描述可转移性范围的限制（例如，当跨上下文使用发现时，读者应该记住什么）

▲考虑对未来研究、政策或实践的影响

审查员指南

▲不同于只有一组可能的发现，Meta 分析可以导致对文献的多种见解和理解，每一种都具有方法论的完整性

资料来源：American Psychological Association，2019。

二　PRISMA 系统评价报告标准

系统评价和 Meta 分析的报告标准可以参照 PRISMA 2020 清单（见表 8-22），其解释和阐述可以参考《PRISMA 2020 解释和阐述：报告系统评价的更新指南和范例》[1]。

表 8-22　PRISMA 系统评价报告条目清单

章节主题	条目	条目清单	所在页码
		标题	
标题	1	明确本研究为系统评价	
		摘要	
摘要	2	见 PRISMA 系统评价 2020 摘要清单	

---

① 参见 https://www.bmj.com/content/372/bmj.n160。

续表

章节主题	条目	条目清单	所在页码
		背景	
理论基础	3	基于现有研究描述该系统评价的理论基础	
目的	4	明确陈述该系统评价的研究目的或待解决的问题	
		方法	
纳入和排除标准	5	详细说明纳入和排除标准，以及在结果综合时纳入研究的分组情况	
信息来源	6	详细说明获取文献的所有来源，包括所有数据库、注册平台、网站、机构、参考列表以及其他检索或咨询途径。明确说明每一个来源的检索或查询日期	
检索策略	7	呈现所有数据库、注册平台和网站的完整检索策略，包括用到的过滤器和限制条件	
研究选择	8	详细说明确定一项研究是否符合纳入标准的方法，包括每项检索记录由几人进行筛选，是否独立筛选。如使用自动化工具，应做详细说明	
资料提取	9	详细说明数据提取的方法，包括几人提取数据，是否独立提取，以及从纳入研究的作者获取或确认数据的过程。如使用自动化工具，应做详细说明	
资料条目	10a	列出并定义需要收集数据的所有结果指标。详细说明是否收集了每一项纳入研究中与各结果相关的所有信息（例如，所有效应量、随访时间点和分析结果）；若没有，需说明如何决定收集结果的具体方法	
	10b	列出并定义提取的其他所有变量（例如，参与者和干预措施的特征、资金来源）。需对任何缺失或不明信息所作假设进行描述	
偏倚风险评价	11	详细说明评价纳入研究偏倚风险的方法，包括使用评价工具的细节、评价人数以及是否独立进行。如使用自动化工具，应做详细说明	
效果指标	12	详细说明每个结果在结果综合或呈现结果时使用的效果指标。例如，风险比、均方差	
合成方法	13a	描述用于决定哪些研究符合合并的过程。例如，列出每个研究的干预特征，并与各项数据合并时进行分组的情况（条目5）进行比较	
	13b	描述准备数据呈现或合并的方法，例如，处理缺失的汇总统计数据或数据转换	
	13c	描述用于表格或可视化显示单个研究和合成结果的方法	
	13d	描述结果综合使用的所有方法并说明其合理性。若进行 Meta 分析，则需描述检验统计异质性及程度的模型或方法，以及所使用的软件包	

章节主题	条目	条目清单	所在页码
合成方法	13e	描述用于探索可能造成研究结果间异质性原因的方法（如亚组分析、Meta回归）	
	13f	描述用于评价综合结果稳定性的敏感性分析	
报告偏倚评价	14	描述评价结果综合中缺失结果造成偏倚风险的方法（由报告偏倚引起）	
可信度评价	15	描述评价结果证据的可信度（置信度）的方法	
结果			
研究选择	16a	描述检索和研究筛选过程的结果，从检索记录数到纳入研究数，最好使用流程图呈现	
	16b	引用可能符合纳入标准但被排除的研究，并说明排除原因	
研究特征	17	引用每个纳入研究并报告其研究特征	
研究偏倚风险	18	呈现每个纳入研究的偏倚风险评价结果	
单个研究结果	19	呈现单个研究的所有结果：①每组的合并统计值（在适当的情况下），以及②效果量及其精确性（例如，置信度/可信区间），最好使用结构化表格或森林图	
结果综合	20a	简要总结每项综合结果的特征及其纳入研究的偏倚风险	
	20b	呈现所有统计综合的结果。若进行了Meta分析，呈现每个合并估计值及其精确性（如置信度/可信区间）和统计学异质性结果。若存在组间比较，请描述效应量的方向	
	20c	呈现研究结果中所有可能导致异质性原因的调查结果	
	20d	呈现所有用于评价综合结果稳定性的敏感性分析结果	
报告偏倚	21	呈现每项由缺失结果（由报告偏倚引起）造成的偏倚风险	
证据可信度	22	针对每个结果，呈现证据体的可信度（置信度）评价的结果	
讨论			
讨论	23a	在其他证据背景下对结果进行简要解释	
	23b	讨论纳入证据的任何局限性	
	23c	讨论系统评价过程中的任何局限性	
	23d	讨论结果对实践、政策和未来研究的影响	
其他信息			
注册与计划书	24a	提供注册信息，包括注册名称和注册号，或声明未注册	
	24b	提供计划书获取地址，或声明未准备计划书	
	24c	描述或解释对注册或计划书中所提供信息的任何修改	

续表

章节主题	条目	条目清单	所在页码
支持	25	描述经济或非经济支持的来源，以及资助者或赞助商在评价中的作用	
利益冲突	26	声明作者的任何利益冲突	
数据、代码和其他材料的可用性	27	报告哪些内容可公开获取及获取的途径：资料提取表模板；从纳入研究中提取的资料；用于所有分析的数据、分析编码和其他材料	

资料来源：https://www.prisma-statement.org/prisma-2020-checklist。

第四节　证据分级

一　什么是 GRADE

GRADE（Grades of Recommendation，Assessment，Development and Evaluation）系统是由 2000 年成立的 GRADE 工作组创建的一套证据评级体系，并于 2004 年正式推出（Atkins et al.，2004）。在 GRADE 评级系统问世之前，系统评价的制作者们通常只对纳入的单个文献进行质量评估，并对同质研究进行汇总。在解读汇总结果时，由于没有全面考虑整体证据的质量，因此在得出结论时可能会有偏差和误导（陈耀龙等，2013）。

以一篇系统评价文章为例：研究的问题是对农村留守老人开展上门探访活动（干预组）与不开展上门探访活动（对照组）相比，其在提高生活质量和改善日常生活功能（结果指标）方面的效果如何。假设该作者共纳入了 5 项符合随机对照实验标准的研究，每项研究在随机序列号的生成、分配方案的隐藏、盲法报告等方面都做得充分且规范，也没有失访的情况，作者从临床角度判断，可以采用 Meta 分析的方法来合并这些研究的结果。合并后的结果表明差异具有统计学意义，于是作者可能会得出这样的结论："高质量的随机对照实验的 Meta 分析结果表明，上门探访能够有效提高农村留守老人的生活质量和改善其日常生活功能。"部分读者可能会直接将这一结论应用于临床实践。

进一步深入分析后，我们发现以下几个因素可能会严重削弱结论的可靠性。

（1）如果纳入的 5 个随机对照实验在效应大小和方向[1]上存在差异，则表明研究结果之间存在异质性。异质性较高时，这种不一致性可能指向了研究设计、实施或结果解释上的问题，或者反映了实际效果在不同条件下的变异性。这种不一致性会削弱我们对结论的信心。

（2）如果这 5 个随机对照实验的样本量都较小，导致总样本量不满足最佳信息量[2]（Optimal Information Size，OIS）的标准（Guyatt et al.，2011；Pogue and Yusuf，1997），那么合并效应量的可信区间会较宽，这会因为结论的不精确而使我们的信心减少。

（3）如果这 5 个随机对照实验的研究结果全部或部分是由支持上门探访活动的基金会资助的，并且得出了积极的影响结果，那么由于可能存在的发表偏倚，我们对结论的信心会降低。

（4）如果系统评价主要关注的是生活质量和日常生活功能，但纳入的 5 个随机对照实验只报告了生活满意度，那么由于结果的间接性，我们对结论的信心也会降低。

综合上述情况，如果不在系统评价中使用 GRADE 评级系统，可能会带来以下问题。

（1）可能会忽略除研究偏倚风险之外的其他影响证据质量的因素。

（2）无法提供整体证据质量的评估。

（3）不同的系统评价制作者可能会使用不同的评价标准和表述方法，这不利于系统评价结果的传播和有效利用。

---

[1] 这里的方向是指效应是正向的还是负向的，或者说是增加还是减少。例如，如果 3 个随机对照实验显示上门探访能显著提高生活质量（正向效应），而另 2 个随机对照实验则显示生活质量没有显著变化或甚至有所下降（负向效应或无效应），这就表明不同研究的效应方向存在差异。

[2] 最佳信息量是指在进行系统评价和 Meta 分析时，为了获得足够精确的效应量估计，所需的最小样本量。这个概念是由一些研究者提出的，旨在帮助确定进行系统评价时，纳入的研究应该达到的样本量标准，以确保研究结果的可靠性和精确性。当提到样本量不满足 OIS 标准时，意味着纳入的随机对照实验的总样本量可能不足以提供足够精确的估计。如果样本量较小，那么合并效应量的可信区间（统计分析中用来表示效应量估计的不确定性范围）会比较宽，这表明结果的不确定性较高，因此我们对这些结果的信心会降低。简而言之，最佳信息量强调的是，为了确保研究结论的精确性和可信度，研究应该有足够的样本量来捕捉到效应的真实大小，并且减少由于样本量不足带来的随机误差。

二 GRADE 在定量系统评价中的证据分级标准

在定量系统评价中，GRADE 的应用主要是对证据的质量进行分级，而不是提供具体的推荐意见。GRADE 的分级过程从研究设计开始，主要考虑五种因素——风险偏倚、一致性、精确性、发表偏倚和间接性，这些因素可能导致证据质量的降低。根据这些因素，GRADE 将证据质量划分为高、中、低和极低四个等级（见表 8-23）。

在 GRADE 的分级体系中，如果随机对照实验没有严重的缺陷，那么它被归为高质量证据（A 级）。相反，如果观察性研究没有明显优势或存在严重缺陷，则被归为低质量证据（C 级）。如果随机对照实验存在可能影响证据质量的因素，其证据质量将被降级为中等；而如果观察性研究中存在能够提升证据质量的因素，其证据质量可以提升至中等。然而，如果观察性研究中存在降低证据质量的因素，则其证据质量将被进一步降级至极低（具体分类可参考表 8-23 和图 8-5）。

GRADE 证据分级可以通过 GRADEpro 软件来完成，该软件可以在 Cochrane 协作网免费下载并安装使用。①

表 8-23　GRADE 方法中一组证据的质量水平

基本的方法	质量评级
随机实验或升高两级的观察性研究	高（A）
降级的随机实验或升级的观察性研究	中（B）
降两级的随机实验或观察性研究	低（C）
降三级的随机实验，或降级的观察性研究，或案例系列/案例报告	极低（D）

表 8-24　可能降低或升高证据质量的因素

可能降低一组证据质量水平的因素
• 可获得研究的设计和实施存在局限性，表明存在高度偏倚的可能性
• 间接证据（间接的人群、干预措施、对照、结果）
• 不能解释的异质性或不一致的结果（包括亚组分析问题）
• 结果不精确（可信区间较宽）
• 存在发表偏倚的高度可能性

续表

可能升高一组证据质量水平的因素

- 效应较大
- 在结果显示无效时，所有可能的混杂因素都将降低所证实的效应或提示为假效应
- 存在剂量-效应梯度

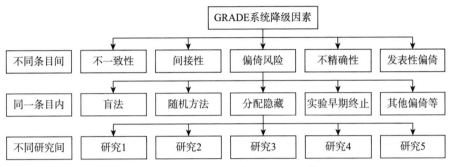

图 8-5　GRADE 系统评价降级因素

资料来源：陈耀龙等，2013。

三　GRADE 在定性系统评价中的应用

在定性系统评价中，GRADE 系统的应用遵循以下流程：初始阶段，我们将所有系统评价的定性结果的证据暂定为高级别。随后，基于五个关键因素——方法学的局限性、相关性、研究结果的一致性、数据的充分性以及发表偏倚——对证据级别进行调整。这些因素将决定单个合并结果的最终证据级别，具体细节可参见表 8-25。

方法学的局限性涉及原始研究在设计和执行中可能遇到的问题，需要利用定性方法学偏倚评价工具对纳入的研究进行细致的评定。相关性则指纳入研究的研究目的、研究对象等与系统评价所要解决的问题的匹配程度。例如，如果系统评价旨在探讨中国农村留守儿童的问题，而纳入的研究主要是关于美国跨代抚养儿童的文献，那么这些研究的相关性就不足，这将削弱系统评价结果的可信度。研究结果的一致性指的是合并结果与原始研究结果的一致性，以及是否对原始研究结果的差异做出了合理的解释。如果原始研究与合并结果不一致，并且这种不一致难以解释，那么系统评价结果的可信度也会受到质疑。数据的充分性则是指对定性系统评价

中某一结果的相关资料的丰富性和数量进行的综合评价。值得注意的是，少量但概念丰富的研究可能比大量但数据较为贫乏的描述性研究更有说服力。发表偏倚是指由于研究结果的性质影响研究成果的发表，导致文献的获取不完全，从而对系统评价的结果产生系统性误差。在定性系统评价中，发表偏倚可能表现为研究倾向于报告正性或显著性结果，遗漏负性或不显著的结果。此外，仅检索某一种语言文献或忽略灰色文献可能进一步加剧这种偏倚。为了减少发表偏倚的影响，研究人员需要综合利用多种文献来源（包括数据库、灰色文献、政策报告等），并在评价中明确说明偏倚的可能性及其影响。虽然定性研究中发表偏倚难以量化，但可以通过透明报告和敏感性分析来降低其对评价结果的干扰。

综合考虑这些因素，我们能够对定性系统评价中的证据进行准确分级，确保评价结果的质量和可靠性。

表 8-25　定性系统评价的 GRADE 证据分级标准

证据质量分级	具体描述
高（A）	对观察非常有把握：观察值接近真实值
中（B）	对观察值有中等把握：观察值有可能接近真实值，但也有可能差别很大
低（C）	对观察值的把握有限：观察值与真实值可能有很大差别
极低（D）	对观察值几乎没有把握：观察值与真实值可能有极大差别

下编　循证社会工作实践

第九章　农村社区残疾人的生计改善

案例背景

联合国《残疾人权利公约》对残疾的定义是："残疾是一个演变中的概念，残疾是伤残者和阻碍他们在与其他人平等的基础上充分和切实地参与社会的各种态度和环境障碍相互作用所产生的结果。"[①] 全球超过 10 亿人，即大约 15%的世界人口，有某种形式的残疾（World Health Organization，2011）。其中大多数残疾人（80%）生活在低收入和中等收入国家（Saran，White，and Kuper，2020）。

残疾与贫困之间存在密切联系。全球 80%的残疾人居住在低收入或中等收入国家（World Health Organization，2011）。在任何国家，残疾人都是社会中的弱势群体之一（Banks and Kuper，2017）。残疾不仅与贫困紧密相关，还与较低的教育水平、较低的就业率和较少的医疗保健机会有关（Mitra，Posarac，and Vick，2013）。因此，学者们认为这一群体面临极高的"多维贫困"风险，即在多个领域经历贫困（Mitra，Posarac，and Vick，2013）。残疾与贫困之间的关系是相互的，都是由多种因素和机制驱动的。例如，许多类型的残疾涉及高昂的成本（如康复费用），残疾人往往被排除在学习和赚钱的机会之外，这可能导致他们陷入贫困。同时，生活在贫困中的人可能更容易受到伤害和疾病的影响，而且医疗条件较差，从而增加了受伤和残疾的风险（Groce et al.，2011；Palmer，2011；Trani and Loeb，2012）。

残疾人普遍被排除在谋生机会之外，这是残疾与收入不足关系的一个

①　《联合国〈残疾人权利公约〉》，http：//www. qhhxdpf. org. cn/nd. jsp？ id＝1526，最后访问日期：2024 年 12 月 15 日。

重要驱动因素，也是众多文献所强调的重点之一（World Health Organization，2011；Banks and Polack，2014）。《2018 年联合国残疾与发展问题旗舰报告》指出，在 8 个地理区域中，15 岁及以上的残疾人就业比例为 36%，而同龄非残疾人的就业比例则为 60%。实际上，在绝大多数国家，残疾人与非残疾人之间存在明显的就业差距（Mitra and Yap，2021）。

就业与残疾之间的关系相当复杂。残疾分为不同类型，被排除在就业市场之外的残疾人群体也因性别、残疾类型和其他背景因素而有所不同。例如，女性在生计包容性方面经常遭遇歧视，残疾女性所面临的情况可能更为严峻。世界卫生组织在对 51 个国家进行调查时，采用了统一的方法来衡量这些差异，结果显示，残疾男性的就业率为 53%，低于无残疾男性的 65%；而在残疾女性与无残疾女性比较时，就业水平的差距更为显著，分别为 20% 和 30%（World Health Organization and International Disability Development Consortium，2010）。还有研究表明，患有心理健康疾病、智力障碍，尤其是那些遭受污名化影响的人群，可能面临更高的就业排斥风险（Van Beukering et al.，2021；World Health Organization and International Disability Development Consortium，2010），在一些法律要求必须为残疾人提供就业机会的领域或单位中，残疾人就业同样面临障碍。尽管缺乏具体数据，但残疾人在社会融入方面所面临的生存和发展环境仍然充满挑战。

残疾人家庭除了面临经济上的挑战，还可能感受到来自周围村民的评价，这对他们的心理健康和情感状态产生了重要影响。然而，实际上残疾人之间存在很大差异，部分残疾人具备自我照顾能力，有的还有劳动能力和特长，他们完全有能力通过自己的努力改善生计和提升生活质量。

联合国《残疾人权利公约》明确承认了残疾人的就业和工作权利（第 27 条），其中包括在开放、包容和无障碍的劳动力市场及工作环境中，自由选择和接受工作以谋生的权利。该条款还强调了残疾人有权获得技术与职业培训、自主创业的机会以及享有合理便利的良好工作环境。此外，《联合国可持续发展目标》（SDG）中的目标 8 亦强调了残疾人有权利用社会保护和减贫计划（United Nations，2015）。《联合国可持续发展目标》中的目标 8 提到："促进持续、包容性和可持续经济增长，促进充分的生产性就业，促进人人享有体面的工作。"

国际劳工组织对"人人享有体面的工作"的定义包括了生产性的工作机会、公平的收入、工作场所的安全、家庭的社会保护、个人发展和社会融入的更好前景、表达关切的自由、参与影响其生活的决策的权利以及所有男女的机会和待遇平等。[①]"包容性"的概念要求为不同群体提供平等的工作机会，目标8特别指出要"包括残疾人"，在发展倡议中优先考虑包容性生计。世界卫生组织推动的基于社区的康复（CBR）项目旨在改善残疾人的生活，并将"生计"作为其主要支柱之一（World Health Organization and International Disability Development Consortium，2010）。对生计的重视不仅包括有薪就业，还包括技能发展、自主创业、获得金融服务（如小额信贷计划）以及纳入社会保护计划。

我国已实现全面脱贫，在此基础上，继续致力于提高残疾人的生活质量和社会福祉，通过各种措施和政策，进一步促进残疾人的就业和社会参与，确保他们能够共享社会发展成果。

案例基本情况

2021年，社会工作者在甘肃某农村社区进行评估时发现，有残疾人的家庭普遍面临生计困难。这些家庭表示，与无残疾人家庭相比，他们的家庭收入较低，生活勉强维持，希望能够得到政府的帮助以改善生计和提升生活质量。调查发现，该村残疾人比例相对较高：在213户家庭中，有10户家庭有残疾人，占比约4.7%。虽然这些情况都是由家庭自报的，部分残疾人未持有残疾证，也未经残疾评定，但从房屋修缮和家具配备来看，他们的生活状况与无残疾人家庭存在明显差异。

尽管这些残疾人家庭被列为低保户，定期领取政府发放的低保，部分持证残疾人还能获得政府的残疾津贴，但与无残疾人家庭相比，他们的生活质量总体偏低。村里除了少数残疾人在政府设立的残疾人车间工作，大多数成年残疾人仍与父母同住，由父母照料和监护。成年残疾人通常难以找到结婚对象，即便结婚，配偶往往也是残疾人，这导致婚后生育的残疾人家庭申请低保的数量增加。

---

① 《体面工作和经济增长》，https://china.un.org/zh/sdgs/8，最后访问日期：2024年8月10日。

循证实践

将循证社会工作的六个步骤应用于该案例分析，结果如下。

步骤 1：识别证据问题

社会工作者在整理了相关资料后，确定了以下循证实践问题：（1）在低收入和中等收入国家，采取哪些措施能够改善残疾人的生计状况；（2）对于不同类型的残疾，哪些干预措施最为有效；（3）影响残疾人生计状况改善的障碍和促进因素包括哪些。

在遵循 PICOS 模型时，P 指的是低收入和中等收入国家的残疾人群体，这包括有身体、感官、智力、认知以及由精神健康状况引起的社会心理障碍的人。I 指的是与生计相关的各种干预措施，这些措施可以在政策、制度、方案和/或个人层面实施，目的是增加残疾人的金融资本（例如小额贷款）、人力资本（如健康和教育/培训）、社会资本（如社会支持）和物质资本（如无障碍建筑）。O 指的是结果指标，涵盖了：（1）技能发展；（2）创业；（3）正规就业；（4）金融服务；（5）社会保护；（6）非正规部门就业；（7）获取赠款和贷款等金融服务；（8）获得社会保护的机会；（9）参与制定包容性政策；等等。S 指的是研究设计，即针对残疾人生计干预的系统评价或 Meta 分析。

步骤 2：收集残疾人生计状况改善的证据

初步确定的检索公式为：残疾人 AND 生计 AND 低收入和中等收入国家。社会工作者遵循证据的"金标准"，致力于寻找证据等级较高的资料，因此将重点放在系统评价和 Meta 分析上。

➤ 中文检索：

（残疾人 OR 残障 OR 身心障碍 OR 残疾）AND（生计 OR 收入 OR 经济来源 OR 就业）AND（低收入国家 OR 中等收入国家 OR 中低收入国家 OR 发展中国家）AND（系统评价 OR Meta 分析 OR 系统性综述 OR 证据总结）

英文关键词包括：disability（残疾）、low-and middle-income countries（中低收入国家）、livelihood（生计）、systematic reviews（系统评价）和 evidence synthesis（证据总结）。

➤英文检索式：

（1）disabl * OR handicap * OR impair * OR disorder * OR ill * OR retard * OR deficien * OR loss * OR deaf * OR blind * OR abnormalit * OR deformit * OR malformation * OR autis * OR dyslexi * OR "Down syndrome" OR mongolism OR trisomy OR intellectual * OR educational * OR mental * OR psychological * OR developmental * OR physical * OR learning * OR psychiatric * OR sensory * OR motor * OR neuromotor * OR cognitive * OR communication * OR mobility * OR visual * OR vision * OR sight * OR hearing * OR acoustic * OR ear * OR languag * OR speech * OR schizophreni * OR psychotic * OR schizoaffective OR schizophreniform OR dementia * OR alzheimer * OR emotional * OR neurologic * OR paraparesis OR poliomyelitis OR "cerebral palsy" OR spina bifida OR "muscular dystrophy" OR arthriti * OR "osteogenesis imperfecta" OR "musculoskeletal abnormalit * " OR "musculo-skeletal abnormalit * " OR "skeletal abnormalit * " OR "limb abnormalit * " OR "brain injur * " OR amput * OR clubfoot OR paraplegi * OR paralys * OR paralyz * OR hemiplegi * OR stroke * OR "cerebrovascular accident * "

（2）"Developing Countries" OR Africa OR Asia OR Caribbean OR "West Indies" OR "Middle East" OR "South America" OR "Latin America" OR "Central America" OR "less developed" OR underdevelop * OR "middle-income" OR "low-income" OR underserved OR deprived OR poor *

（3）"systematic review" OR "systematic reviews" OR "meta-analysis" OR "meta analyses" OR "meta-synthesis" OR "meta synthesis" OR "evidence synthesis"

（4）"systematic review" OR Meta

可以通过检索 Cochrane 图书馆和 Campbell 图书馆获得相应结果。

（1）检索 Cochrane 图书馆

Cochrane 图书馆本身就是系统评价的证据平台，因此，此检索没有添加检索词"systematic review" OR Meta（见图 9-1），检索结果为 42 篇（2022 年 7 月 20 日检索），按照 PICOS 筛选后的结果为 0 篇。

（2）检索 Campbell 图书馆

Campbell 图书馆要求检索最多包含 200 个字符，因此，只检索了关键词"残疾"（见图 9-2），检索结果为 26 篇，按照 PICO 筛选后保留了 4 篇。

检索发现的 4 篇系统评价或证据地图提供的证据包括原始研究的背景、干预方法、干预评估指标、干预效果和系统评价存在的研究局限（见表 9-1、9-2）。

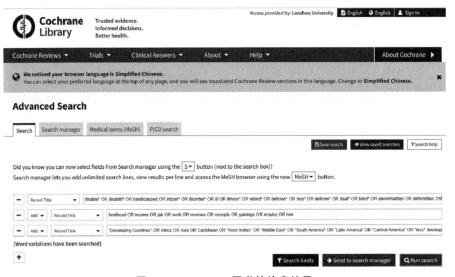

图 9-1　Cochrane 图书馆检索结果

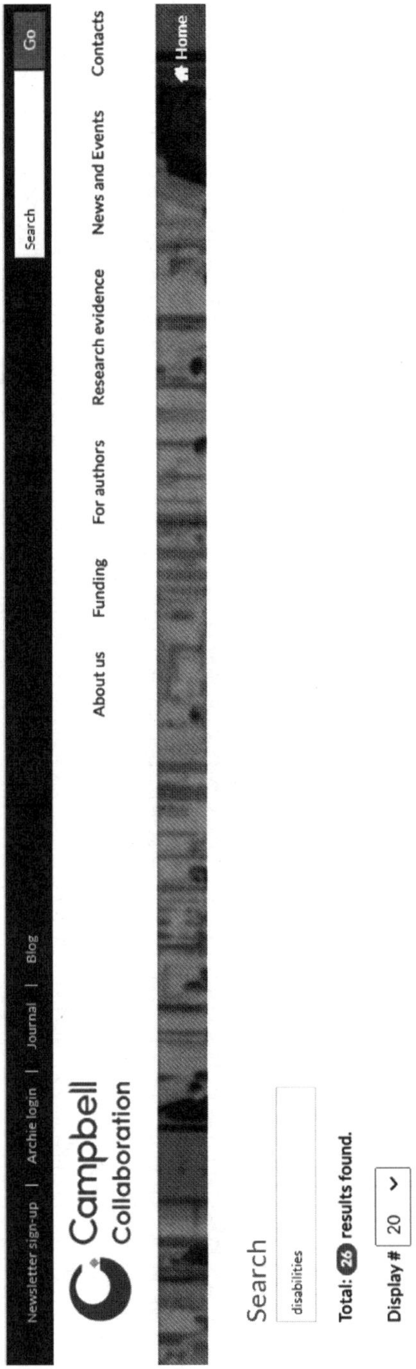

图 9-2　Campbell 图书馆检索结果

表9-1　有关改善残疾人生计状况的系统评价证据

ID	纳入的研究	研究对象	采取的措施	评估的指标	有效性	证据质量
Hunt et al., 2022	• 纳入9项 • 孟加拉国、印度、尼日利亚、埃塞俄比亚、巴西、中国和越南	妇女、弱势群体（特别是受照料的儿童）、冲突、少数民族群体和移民、视觉损伤、听力障碍、身体障碍和智力障碍、不同类型型障碍的人；残疾和非残疾	• 研究的重点是增加进入工作场所的机会。例如，非残疾人参与了改善其与残疾人合作的方案。为某些残疾人提供了轮椅。一些残疾人被安排在支持性就业中 • 职业培训方案、"工作动机"方案、社区康复和社会技能培训的效果	• 找到工作 • 获得工作的社会技能 • 获得工作场所的技能 • 进入就业市场 • 在正规和非正规部门就业 • 获得正规和非正规社会保护措施	• 所有纳入的研究都报告了对生计结果的积极影响 • 由于研究之间的差异，研究没有对研究的影响进行分析。因此，很难得出关于什么有效、为谁以及如何工作的坚定结论 • 研究审查了职业培训方案、"工作动机"方案、社区康复和社会技能培训的效果。所有这些方法都显示出对生计结果的积极影响，包括找到工作和获得工作的社会技能 • 纳入的研究报告说，它们改善了残疾人生计工作的相关结果，包括进入就业市场、获得相关的结果，进入就业市场、获得相关的技能、进入正规就业市场、在正规和非正规部门就业以及获得正规和非正规社会保护措施	• 所有纳入的研究都有一些重要的方法缺陷 • 研究方法的限制导致了对研究结果的信心降低 • 由于研究之间的差异，研究者没有对研究的影响进行分析。因此，很难得出关于什么有效、为谁以及如何工作的坚定结论 • 研究人员应与残疾人组织和其他非政府组织合作，确定要对评估的优先干预措施和社区提供生计干预措施，以缩小方案编制覆盖面的差距，并覆盖盖农村人口（在本综述中代表性不足） • 没有来自欧洲、中亚、中东或北非的研究

续表

ID	纳入的研究	研究对象	采取的措施	评估的指标	有效性	证据质量
Saran, White, and Kuper, 2020	• 约50%的研究来自中高收入国家（n=50），高收入国家（n=48）。低收入国家较少的（n=9） • 有相当数量的证据来自南亚（n=73）和撒哈拉以南非洲（n=51）	评估对残疾人及其家庭或照顾者的干预效果的研究	• 主要的残疾人及其家庭的干预措施。包括健康、教育、生计、社会包容或赋权 • 6个主要干预类别是健康、教育、生计、社交、赋权及倡导和治理。如向残疾人传授开展日常生活活动的技能，鼓励残疾儿童上学，帮助找到就业或创收机会，获得金融服务的可能性（如赠款和小额信贷）和/或融入式发展政策。许多方案都影响了社区对残疾人的态度 • 生计方面包括提升技能、创业、被雇用、社会保护和金融服务 • 研究所考虑的结果大多与社会技能有关，而不是与社会包容有关，只有两项研究探讨了与污名或歧视有关的结果	• 最常见的结果指标与健康相关，包括心理健康和认知发展、发病率、死亡率、康复、健康检查 • 生计的评估指标包括就业、进入就业市场的机会、获得资金的控制、贫困和支付能力、参与保护项目的可及性、参与融合式发展政策的可能性 • 评估指标大多与社会技能有关，而不是与社会包容有关，只有两项研究讨论了与污名或歧视有关的结果 • 很少有研究测量辅助设备，营养或免疫接种的可及性	• 这些研究可以对残疾人的需求和体验产生有价值的见解，但无法衡量产生的真正理解、影响 • 有一些证据表明，干预在改善残疾人关系方面是有效的	• 严重缺乏高质量研究 • 有大量证据与低收入和中等收入国家残疾人及其家庭的干预措施有关，但按部门和地理位置分布不均，其中大部分质量较低 • 纳入的影响评价主要是准实验研究 • 166项研究中有118项研究涉及健康干预措施，教育（40项研究）。关于生计和社会权利的研究相对较少，关于赋权的研究也几乎没有 • 关于指导政策和方案的可及性，以政策为导向的方法制定迄今为止的研究议程非常重要 • 虽然证据基础相对较好，但分布不均。有必要在基于权利的办法、生计干预方面进行更多的研究。影响评价和系统评价的研究质量都需要提高 • 干预措施大多试图增强残疾人的能力，提高社交技能，而不是解决结构问题，例如，学校往往没有将学习障碍者包括在内

续表

ID	纳入的研究	研究对象	采取的措施	评估的指标	有效性	证据质量
Tripney et al., 2015	• 纳入了 14 项研究 • 三大洲的九个不同国家开展的八种不同类型的干预措施	• 与残疾相关的身体和/或感觉障碍的 16~65 岁成年人	治疗、辅助设备和住宿、教育、法规、就业服务、财务激励、社区康复、宣传活动	• 主要结果为就业状况和收入的一般结构有关 • 就业包括：获得初始就业、从非就业状态或长期病假后返回就业岗位、获得正式就业（有书面合同的"更好"的就业岗位）、工作时间变更（例如，从兼职改为全职）、职业保留、晋升（垂直工作流动）、工作角色/职能的变化（横向工作流动性） • 收入包括：月收入、周工资、小时工资、自营职业的利润/收入 • 与工作相关次要结果指标可能包括但不限于：对工作的态度、求职技巧、与工作相关的自我效能感、信心、职业管理技能、工作准备、工作申请和工作面试 •（与工作无关的）结果可能包括但不限于：教育成果（例如，成就和出勤率、健康结果、疼痛的强度/严重程度）、功能限制	• 对工作动机的影响效果方向是积极的，具有统计学意义 • 对职业社交技能的影响效果方向为积极的，具有统计学意义 • 12 项纳入研究对有偿就业的影响效果是积极的。32 项纳入研究都报告出有研究结果具有显著性 • 对自主创业的影响中有两项研究结果是有统计检验结果 • 对收入的影响中四项研究测量结果未报告有统计检验结果。两项研究结果具有显著性 • 对工作时间结果是积极的但设研究测量中一项研究有报告统计检验结果	• 涵盖广泛干预措施的 14 项研究符合纳入标准。虽然个别研究报告结果有所改善，但异质性高，研究通常存在方法学不足 • 缺乏高质量的研究证据来为该领域的决策提供信息。利益相关者在解释当前证据基础的结果时应谨慎 • 纳入研究包括了非实验研究 • 劳动力市场指标虽有改善，但很难评估这些改善在多大程度上直接归因于干预措施 • 所有研究都包含可能见结果无效的偏见来源 • 异质性的多重来源和特定的知识差距也使得比较实际结果和推广后果变得困难 • 残疾群体面临截然不同的劳动力市场问题，例如可能在教育和进入工作时受到歧视，在生病后重返工作时可能受到歧视。针对特定证据有限的人口亚群、特定数据有限，没有计算效应大小 • 没有包括针对社会心理残疾者的干预措施，也没有涉及更广泛的生

续表

ID	纳入的研究	研究对象	采取的措施	评估的指标	有效性	证据质量
				（例如，运动范围），医疗保健资源利用和生活质量		计结果，例如，社会保护、获得金融服务的机会
Banks et al., 2016	纳入南非、越南、纳米比亚等国家的8项研究	介绍了侧重于中低收入国家残疾人获得社会保护方案的机会或其影响的原创研究	● 保持最低生活标准，确保所有残疾人都能满足最基本的需要 ● 提高生计水平。帮助残疾人超越最低生活标准，并（1）通过鼓励创创新来避免长期的贫困陷阱，（2）进行生产性资产和人力资本投资 ● 加快经济增长：完善劳动力市场，调整剩余劳动力，刺激总需求，增加投资和生产率 ● 促进社会公正：增强穷人和弱势群体的能力并保护他们的权利，鼓励建立更加公正和有凝聚力的社会	● 基本需求的满足 ● 减少贫困 ● 雇用 ● 健康可及 ● 精神健康	● 8项研究中有7项研究，在帮助个人及其家庭满足基本需求方面发挥了重要作用 ● 对纳米比亚的一项Meta分析发现，它显著降低了残疾人生活在贫困家庭中的概率，但大多数研究表明，不足以提供摆脱贫困的机会 ● 获得健康服务的证据好坏参半；健康保险计划不足以满足残疾人的健康需求 ● 接受社会援助可能会对心理健康产生一些负面影响，例如，一项涉及多国的研究发现，在双相情感障碍患者中，接受针对性的社会援助与增加的自我感觉耻辱感显著相关；对失去援助的恐惧会导致情感上的痛苦 ● 南非的全国数据发现，残疾覆盖面增加10%与残疾就业率下降15%相关；另一项规模较小的研究发现，残疾人和非残疾人之间的就业状况没有差异	● 缺乏高质量、可靠的证据。只有1/3的纳入研究可以被评为"高"质量。许多研究规模较小，缺乏对照组，会限制其产生的证据的有效性 ● 评估中使用的残疾定义差异很大：一些模式采用更特定于医学的方法，侧重于特定的缺陷，而另一些模式则试图识别人的社会因素，认为残疾是由物质、文化和政策环境不适应导致的有功能缺陷或其他缺陷的个人无法进入社会 ● 超过一半的纳入的个人研究以南非为基础，南非是中上收入国家。这意味着研究结果可能不适用于其他中低收入国家

表 9-2 现有证据中残疾人生计改善的干预措施

干预方法	具体措施
治疗	治疗、管理和/或护理残疾者，以减轻或预防疾病病症的恶化，或其一种或多种症状或表现，包括具体的医疗保健干预措施（例如，药物、手术和认知/行为疗法），更广泛的医疗保健管理计划和社会心理治疗方法（Tripney et al.，2015）
最低生活保障	保护最低生活标准，确保所有残疾人都能满足最基本的需要（Banks et al.，2016）
辅助设备和住房	• 辅助设备是指为增加、维持或增强残疾人士的功能性能力而设计、制造或改造的任何器具或工具（例如，假肢、语音计算器）（Tripney et al.，2015） • 辅助性住房是指工作场所本身和更广泛环境中的住房（物理和非物理环境，例如，修改工作所浴室、灵活的工作时间表、量身定制的交通计划等）（Tripney et al.，2015）
教育/技能发展	• 技能发展和培训战略、项目和倡导，旨在解决教育赤字和开发人力资源，包括以下领域的能力建设：专业/与工作有关的技能，基本技能（如识字）、可转移/社交技能（例如，沟通技能），功能技能（例如，如何操作盲文打字机或字机或轮椅）（Tripney et al.，2015） • 职业培训等就业培训机会，获得基本教育机会，社交和沟通技巧培训，商业技能培训（Hunt et al.，2022） • 就业培训机会、职业培训、家庭培训、主流机构培训和社区培训（Saran，White，and Kuper，2020）
就业服务	• 多层面方案，包括多种就业服务，旨在促进和支持人职/重返工作岗位，如职业评估和评价、职业培训、一般技能提升、进修课程、职业咨询、在职培训，求职以及与雇主协商工作便利（Tripney et al.，2015） • 学徒、求职服务，克服工作所的物理和社会障碍，就业（Hunt et al.，2022） • 创业，如参加创收的项目、参加劳动密集型公共工程项目（Saran，White，and Kuper，2020） • 通过鼓励创业精神和创新来避免新来创的长期的贫困陷阱，进行生产性资产和人力资本投资（Banks et al.，2016）
法规、立法和政策	• 旨在强制实施改变行为以改变法规政策的举措，例如劳动力市场法规改革，反歧视立法，劳动力市场配额，支持转残疾人教育系统机构能力建设的立法、平权行动政策和组织政策（Tripney et al.，2015）。 • 残疾人就业的配额立法、社会保险立法，社会援助干预（Saran，White，and Kuper，2020） • 健康和社会保险计划（Hunt et al.，2022） • 促进社会公正：增强弱势群体的能力并保障他们的权利，鼓励建立更加公正和有凝聚力的社会（Banks et al.，2016）

续表

干预方法	具体措施
财务激励	● 普惠金融（如商业培训和小额信贷），教育包容性（例如，便利获得教育和培训的金融券），就业包容性（如雇主补贴，税收减免和制裁），参与干预本身（例如，支付参加培训讲习班费用的津贴）（Tripney et al., 2015） ● 获得信贷，储蓄和贷款举措，现金转移（Hunt et al., 2022; Saran, White, and Kuper, 2020）
社区康复	● 多层面方案包括拓旨在加强目标群体社会能力的活动，这些活动旨在将（1）通过医疗护理进行的身体康复与赋予权力结合起来，以及（2）通过社区康复进程实现社会包容（Tripney et al., 2015）
宣传活动	● 改变社区内对残疾的看法的不同方法，例如广告/宣传运动，雇主论坛（Tripney et al., 2015）
社会保护	● 实物转移（例如，以工换粮项目），出生登记，社会援助干预（Hunt et al., 2022; Saran, White, and Kuper, 2020）
加快经济增长	● 完善劳动力市场，调整剩余劳动力，刺激总需求，增加投资和提高生产率（Banks et al., 2016）

步骤 3：批判性地评估证据质量

虽然前述的系统评价已经明确了一些改善残疾人生计状况的干预方法，但这些评价本身存在一定程度的偏倚，具体表现在以下几个方面。

（1）部分系统评价中包含的原始研究质量并不高（Banks et al.，2016；Saran，White，and Kuper，2020；Tripney et al.，2015）。

（2）一些系统评价中包含的原始研究存在方法学上的缺陷（Hunt et al.，2022），这些方法学上的限制导致研究结果的信度不高（Hunt et al.，2022；Tripney et al.，2015），部分原始研究数据有限，未计算效应量（Tripney et al.，2015）。

（3）在残疾的定义上，不同的系统评价差异显著：一些更倾向于医学模式的定义，关注特定缺陷；而另一些则尝试采用社会模式，将残疾视为由物质、文化和政策环境不适应导致的有功能缺陷的个体无法融入社会（Banks et al.，2016）。

（4）由于原始研究间的差异，一些系统评价未能对研究效果进行分析，难以得出哪些干预措施有效的结论（Hunt et al.，2022；Tripney et al.，2015）。

（5）部分系统评价的代表性不足，如未包括来自欧洲、中亚、中东或北非的研究（Banks et al.，2016；Hunt et al.，2022）。

（6）一些系统评价中，关于健康干预措施的原始研究较多，而关注生计和赋权方面的研究较少（Saran，White，and Kuper，2020）。

（7）一些系统评价中包含的原始研究主要关注增强残疾人的能力（如提升社交技能），而非解决结构性问题（如学校为学习障碍者提供包容性教育）（Saran，White，and Kuper，2020）。

（8）一些系统评价中包含的原始研究虽显示劳动力市场指标有所改善，但难以评估这些改善在多大程度上直接归因于干预措施（Tripney et al.，2015）。

有关残疾人生计改善的系统评价证据的质量评估如表 9-3 所示。

表 9-3　有关残疾人生计改善的系统评价证据的质量评估

文献	1	2	3	4	5	6	7	8	9	10	11	12	13	14	15	16	备注
Hunt et al., 2022	是	否	是	是	是	是	部分是	部分是	部分是	否	是	是	是	是	否	是	极低
Banks et al., 2016	是	部分是	否	是	是	否	否	部分是	部分是	否	无数据合并	无 Meta 分析	是	否	否	否	极低
Saran, White, and Kuper, 2020	是	部分是	是	是	是	是	是	是	是	是	是	是	是	是	是	是	高
Tripney et al., 2015	是	是	是	是	是	是	是	是	是	是	是	是	是	是	是	是	高

注 1：4 篇系统评价证据中 2 篇质量高，2 篇质量极低。

注 2：AMSTAR 2 质量评价工具条目评价的情况如下：1. 研究问题和纳入标准是否包括 PICO 各要素。2. 是否报告系统评价研究方法在实施前就已确定，是否报告与计划书不一致的情况。3. 作者是否解释了选择系统评价纳入研究设计类型的原因。4. 作者是否使用了全面的文献检索策略。5. 是否由两人独立完成文献筛选。6. 是否由两人独立完成数据提取。7. 是否提供了排除文献的清单及排除理由。8. 作者是否足够详细地描述了纳入研究的基本特征。9. 作者是否使用了适当的统计方法用合理工具评估纳入研究的偏倚风险。10. 如果进行了 Meta 分析，作者是否合并分析。11. 作者是否报告了该系统评价纳入研究的资金来源。12. 如果进行了 Meta 分析，作者是否考虑了纳入研究的偏倚风险。13. 在解释/讨论系统评价结果时，作者是否对纳入研究的偏倚风险对 Meta 分析或其他证据整合的潜在影响。15. 如果进行定量合成，作者是否进行系统评价所接受的任何资助。14. 作者对系统评价结果中异质性是否给予满意的解释和讨论。16. 作者是否报告了任何潜在的利益冲突，包括开展系统评价所接受的任何资助的来源。

AMSTAR 2 质量评价的标准和等级划分如下。（1）评价标准：AMSTAR 2 共含 16 个条目，其中条目 2、4、7、9、11、13、15 为关键条目，其余为非关键条目，"是"代表文献包含该条目所提问的内容充足依据，"部分是"表明虽包含该条目所提问的内容但依据不足或内容无相关评价或评价错误。（2）等级划分：根据关键条目与评价结果，判定每项系统评价的等级（高、中、低、极低）。高质量：1 个或没有非关键条目与标准不一致；中质量：1 个以上非关键条目与标准不一致；低质量：1 个关键条目同时伴有或不伴有非关键条目与标准不一致；极低质量：1 个以上关键条目伴有或不伴有非关键条目与标准不一致。

步骤 4：证据整合

为了深入整合相关证据，社会工作者组织了一场讨论会，邀请了村主任、村支书、3 名能够正常沟通的残障人士、7 名残障人士的家庭成员、2 名村里的致富能手、1 名村卫生所医生以及 2 名村民代表共同参与。

在讨论会上，社会工作者向与会者详细介绍了所收集到的证据。残疾人或其父母的主要关切集中在医疗关怀、津贴支持、就业和金融服务等方面。具体来说包括以下几个方面。

第一，9 名残疾人或其父母均表达了对社会工作者所介绍证据中提到的医疗关怀和津贴发放的期望。一位聋哑孩子的父母希望为孩子申请残疾津贴，但由于办理残疾证需要前往镇上进行残疾等级评定，他们因为经济困难迟迟未能成行。受访者提到，除了路费不足，他们还担心出行要照顾孩子很麻烦，可能产生餐饮和其他额外费用，以及残疾评定可能无法一次完成，如果需要多次往返，将进一步加重他们的经济负担，而且要付出很多精力。还有两位聋哑孩子的家长希望政府能帮助购买助听器。一位脑瘫儿童的家长希望政府能协助进行康复训练。对于智力残疾的孩子，家长们也希望社区能提供康复措施。村主任和村支书表示，将对残疾证的办理进行调查落实；关于助听器，村里将与镇里和民政部门沟通，争取资金支持。村卫生所也将尽力安排康复设施。社会工作者指出，康复的可能性及康复训练的开展需要专业医生的进一步评估和专业团队的协助。社会工作者将负责链接资源，提供相应的服务和社会支持，例如帮助残疾人提升自理能力等。

第二，证据整合会议上，关于残疾人就业的证据引起了热烈讨论。村里的两位致富能人，作为养牛大户，表达了他们愿意向残疾人家庭提供养牛技术的意愿，或者在残疾人家庭有能力购买牛的情况下，提供共同饲养牛的机会。他们愿意免费提供牛棚、技术支持和人力帮助。村主任和村支书也积极回应，指出社区内已设有公益性岗位，并承诺将规划并设置适合残疾人的工作岗位。这些就业建议得到了残疾人及其父母的热烈响应，他们非常愿意参与，以此增加家庭收入。

第三，金融服务方面的证据也受到了关注。有残疾人家庭表达了通过

养牛来实现经济自立的愿望。村主任和村支书表示，他们了解县级财政或
金融机构设有专门的扶贫贷款项目，并愿意提供咨询，以帮助残疾人家庭
获取必要的资金支持。村支书还补充说，县里设有就业技能培训专项资
金，可以用于为残疾人提供合适的就业技能培训，他们会进一步争取。

第四，社会工作者在会议上强调，目前关于残疾人生计改善的证据主
要集中在健康领域，而在就业和增收方面的证据相对较少。尽管如此，现
有的证据依然强调通过就业技能培训、增加就业机会、支持创业和提供金
融服务等手段来增强残疾人的能力。此外，社会工作者提出，要真正赋予
残疾人或其家庭权力，需要采取更为全面的措施，包括实施社区康复、提
供残障自立援助服务、开展"送教上门"等措施，以激发残疾人的内在动
力。同时，减少对残疾的污名化、建立残疾人友好型社区，并通过制度性
保护来赋予残疾人更多权力，这些措施对于促进残疾人的全面社会参与和
生计改善同样至关重要。

步骤 5：证据转化

社会工作者使用 RE-AIM 模型对现有证据进行了在地化分析。

（一）覆盖面（Reach）

当前的证据主要来自低收入和中等收入国家。这些证据涉及孟加拉
国、印度、尼日利亚、埃塞俄比亚、巴西、中国、越南以及撒哈拉以南非
洲国家，特别是针对残疾人开展的生计发展项目。尽管这些国家在自然条
件和社会发展方面存在显著差异，但考虑到本案例所在的中国西北农村地
区同样面临经济不发达和资源匮乏的问题，这些证据对于本社区残疾人生
计发展计划的制订具有参考价值和启发意义。

然而，需要注意的是，上述证据中纳入的残障研究对象本身具有很大
的差异性。例如，智力残疾者和生理残疾者的工作能力存在显著差异，因
此，生计发展项目必须根据不同情况因地制宜，及时调整。这意味着生计
发展计划在制订时，既要认识到研究间的异质性可能导致证据代表性不
足，也要有信心。通过前期深入调查、循证问题识别、证据收集以及证据
整合会议，残疾人及其利益相关方已经对这些证据的可行性进行了初步审

查，为生计发展计划的制订奠定了良好基础。

从遵循"个别化"原则的角度出发，全村共有 10 名残疾人，其中 2 名未成年，8 名已成年。这些残疾人中，有智力残疾者和身体残疾者，他们的需求各异：一些残疾人需要健康治疗，一些处于康复期，一些需要辅助设施，一些需要津贴帮助，还有一些需要再就业机会或创业资金支持。因此，社会工作者需要根据这些残疾人的具体情况，制订更具个性化、更细致且具有可操作性的生计发展计划。

（二）有效性（Effectiveness）

现有证据表明，通过增加残疾人进入工作场所的机会、开展职业培训、激发工作动机、改变社会对残疾人的态度等措施的生计发展项目，已取得积极成效。这些项目在帮助残疾人找到工作、获得工作技能、进行社区康复、提升社会技能、增强工作动机、鼓励自主创业以及降低贫困率等七个指标上均显示出了正面影响（Banks et al., 2016；Hunt et al., 2022；Tripney et al., 2015）。尽管有研究指出，在南亚和撒哈拉以南非洲地区实施的生计改善项目因缺乏高质量研究和对残疾人定义的差异，难以准确评估这些干预措施的真实效果（Saran，White，and Kuper，2020），或者一些生计发展项目对于摆脱贫困和促进就业并没有显示出明显影响（Banks et al., 2016），但这些证据对于指导在地社区制订生计发展计划仍具有重要意义。

然而，也必须注意到，一些项目可能会带来不良后果。例如，在南非、越南等地实施的社会援助项目中，有迹象表明这些干预计划可能对受益者的心理健康产生负面影响（Banks et al., 2016）。Banks 等（2016）的系统评价中包含的一项原始研究表明，双相情感障碍患者虽然接受了社会援助，但这种援助与他们的自我耻辱感增加显著相关；援助对象对失去援助的恐惧也可能导致情感上的痛苦。这些证据提示我们，在社区开展残疾人生计改善计划时，不能仅仅关注就业或收入的提高，还必须重视残疾人及其家庭、社区居民及整个社会对残疾人的态度、观念和文化。促进残疾人及其家庭的社会融合和赋权，从结构层面构建一个对残疾人友好的社区或社会是至关重要的。

（三）采用（Adoption）

在证据整合环节中，参会者对七个方面的证据表示了较高的认可，这些方面包括医疗关怀、津贴支持、就业、金融服务、就业技能培训、残残人自立援助服务以及建设残疾人友好型社区。对于开展这些相关服务的资源，经全面考察后确认基本上是具备的，具体情况如下。

第一，医疗关怀。残疾证及残疾津贴的办理属于社区工作人员的职责范围，他们能够协助残疾人或其家庭进行办理，满足他们的需求。残疾人的康复设施建设可以纳入目前正在规划中的社区活动中心项目。由于资金限制，目前只能增设一些基础的康复设施。为残疾人购买助听器等辅助设备的资金，需要社会工作者和社区工作人员与民政部门沟通或通过相关机构/平台筹集资金。

第二，金融服务。县级财政部门或金融部门专门负责乡村振兴相关贷款业务，能够为残疾人创业提供资金支持。

第三，就业技能培训。乡村振兴局每年都会配备专门的就业技能培训资金，培训可以根据村民需求在村内开展，因此培训场所和资金都有保障。

第四，增加就业机会。就业渠道主要有三个方面：一是在财政部门或金融部门支持下的贷款创业；二是村里致富能人承诺协助残疾人家庭通过养牛提高收入，这一产业在当地已形成长期稳定的产业，市场风险较小，且致富能人可提供技术支持；三是村里设有公益性岗位，可向残疾人开放，镇上福利性质的手工加工车间虽规模小、工资不高，但也能为残疾人家庭增加收入。

第五，增加残疾人津贴。根据现有的政府政策，残疾人可以申请低保和残疾津贴。至于额外津贴的增加，则需要村集体和村民代表大会进一步协商讨论，根据村集体经济情况决定是否能够为残疾人筹集专项扶助资金。

第六，残疾人自立援助服务和建设残疾人友好型社区。这是社会工作者的专长领域。社会工作者可以整合资源，设计并开展相关的系列活动。

（四）实施（Implementation）

案例所在的农村社区不仅是大学社会学调查的重要田野点，也是社会工作专业硕士生实践的重要基地。得益于该大学教师为全国农村研究者与行动者网络的成员，其能够为社区争取来自全国各地农村工作专业人士的专业支持和经验分享。此外，大学社会工作专业的教师团队还成立了专业的社会工作机构，机构内的社会工作者都拥有在农村地区实施生计发展项目的经验。因此，案例社区的残疾人生计发展计划得到了来自大学教师、专业社会工作者以及经过专业培训的社会工作研究生和志愿者的持续支持。

这所大学在该省农村地区长期开展乡村振兴等的第三方评估工作，与政府部门如乡村振兴局建立了密切的合作关系，为构建残疾人生计发展联盟提供了有利条件。这个联盟将整合多方资源和力量，包括大学教师、社会工作专业研究生、志愿者、社会工作者、村民、村委会以及乡村振兴局、民政、财政、卫生等相关政府部门，共同为残疾人及其家庭提供全方位的支持。

残疾人生计发展计划的实施，不仅关注增进残疾人及其家庭的福祉，还致力于增强社区整体的凝聚力和激发社区活力。通过这个计划，社区居民将得到更多的参与机会，共同为社区的发展和增进残疾人福祉贡献力量。同时，该计划也为社会学和社会工作专业的学生提供了实践平台，让他们能够在实践中学习和成长，提升解决实际问题的能力。

此外，该计划的实施还将促进社会学和社会工作领域的学术研究，为研究人员提供深入研究农村社区发展、残疾人福祉等课题的宝贵机会。研究成果不仅能够为政策制定提供参考，也能够为类似社区提供可借鉴的经验。

为了确保生计发展计划的有效实施，社区还将建立监督和评估机制，定期检查项目进展，评估项目效果，确保项目目标的实现。通过这些措施，案例社区的残疾人生计发展计划将得到持续推进和完善，为残疾人及其家庭带来实实在在的好处。

（五）维护（Maintenance）

确保社区残疾人生计发展计划的长期可持续性，需要综合考虑社区资源、人力资源以及服务资金等多方面因素。

1. 组织设施的维护

计划初期，需建立适合残疾人使用的康复设施和辅助设备。为此，将探索和确立资金来源，如政府补助、社会捐助及公益项目资金等，确保设施建设和维护的资金稳定。与此同时，定期对康复设施进行检查和更新，确保其满足残疾人的实际需求，并符合安全标准。

2. 人力资源的保障

首先，社区居民、致富能人、残疾人家庭、社区工作人员、社会工作者以及社区医生等将共同参与计划的实施，形成多元化的执行团队。其次，通过组织培训和交流活动，提升团队成员的专业能力并增强服务意识，确保人力资源的质量和效率。

3. 服务资金的持续投入

制订详细的财务计划和预算，明确资金使用方向，实现效益最大化，确保资金的合理分配和有效利用。此外，探索多元化的资金筹措途径，包括政府资金、社会资金、慈善捐助等，建立稳定的资金筹措机制。

4. 社区资源的整合

首先，要充分利用社区内外的资源，如教育、医疗、就业等，为残疾人提供全方位的支持。其次，需建立社区资源库，整合各类资源信息，便于残疾人及其家庭按需获取。

5. 持续反馈与评估

建立一个持续的反馈机制，收集残疾人及其家庭、社区成员以及项目执行团队的意见和建议，及时调整和优化服务内容。此外，定期进行项目评估，通过定量和定性分析，监测项目实施效果，确保计划目标的实现。

6. 政策支持与倡导

首先，与政府部门保持密切沟通，争取政策上的支持和指导，确保计划与国家相关政策保持一致。其次，在社区内外开展倡导活动，提高公众对残疾人生计发展计划的认识和支持程度。

7. 社区参与和共建

首先，鼓励社区居民积极参与计划的实施，营造社区共建的良好氛围。其次，通过社区活动和公共宣传，增强社区居民对残疾人的理解和尊重，促进社区融合。

通过这些扩展措施，残疾人生计发展计划将得到更加全面和深入的实施，不仅能够提升残疾人的生活质量，还能促进社区的整体发展和社会融合。

步骤 6：干预计划的制订、实施和反馈

（一）干预计划的制订

社会工作者与残疾人及其监护人最终制订了以下生计发展计划。

1. 干预目标

（1）短期目标：确保残疾人的基本生活需求得到满足，包括获取残疾证书、最低生活保障、残疾人津贴和医疗救助。同时，为残疾人提供就业技能培训，建立残疾人社区生计改善联盟，并为有意愿养牛的残疾人家庭提供金融贷款服务。

（2）长期目标：提升残疾人的生活质量，促进其社会参与和提高其经济独立能力。可通过持续的技能培训、就业支持和社区文化建设，促进残疾人的自我发展和社会融合，实现残疾人的全面社会融入。

2. 评估指标

（1）主要结果指标：就业状态（包括是否有书面合同、工作角色/职能的变化、晋升）和收入水平（包括月收入、周工资、小时工资、自营的利润/收入）。

（2）次要结果指标：与就业相关的指标，包括工作态度、求职技巧、自我效能感/信心、职业管理技能、工作准备、工作申请和工作面试等。

（3）其他结果指标：职业培训成果（评估成绩、证书和出勤率）、健康结果（残障和康复的强度/严重程度）、功能限制（如运动范围）、医疗保健资源利用和生活质量。

3. 具体行动计划

（1）建立联盟：组建由残疾人、监护人、社会工作者、村委会、致富能人、乡村医生等组成的社区生计改善联盟。

（2）保障基本生活：与政府部门合作，确保残疾人能够及时获得必要的生活保障和医疗救助。

（3）技能培训：开展打字、记账、创业、营销和商业管理等就业技能培训。

（4）金融服务：与金融部门合作，为残疾人家庭提供贷款、储蓄服

务等。

（5）就业支持：在镇就业中心建立残疾人就业中心，提供就业或创业平台。

（6）残疾人自立援助服务：开展自理能力培训、时间管理、人际沟通技能培训，链接就业信息，提供就业评估和申请支持。

（7）社区文化建设：开展社区文化活动，消除就业歧视，促进残疾人的社会融合。

（8）持续监测与评估：定期收集数据，评估干预措施的效果，并根据反馈调整计划。

（二）干预计划的实施和反馈

生计提升计划实施10个月后，取得了以下进展：村里所有残疾人都成功办理了残疾证，并领取了他们根据政策应得的低保津贴和残疾津贴。村里还组织了一次技能培训，目的是提高残疾人的工作技能。

县里的金融机构为有意愿养牛的五户残疾家庭提供了贷款服务，这些家庭在村里致富能人的帮助下建立了牛棚并购买了牛。镇就业中心在其办公地点的两个楼层设立了互联网就业中心、养老中心和残疾人就业中心。三名残疾人加入了专为残疾人开设的风筝制作车间，工资按计件支付，并提供食宿，每月收入在100元至500元之间，而且这些残疾人家属也申请在就业中心从事护理和卫生等工作，这样他们既能照顾自己的孩子，也能获得一定的生活费用。一位腿部有残疾但具有大学文化水平的残疾人加入了创业中心，准备在淘宝等网络平台上销售当地的土特产。

然而，仍有三名残疾人没有参加就业技能培训，也拒绝养牛和进入就业中心工作。通过访谈了解到，这三户家庭认为被监护的残疾人无法参加就业培训，家庭劳动力不足，不具备养牛所需的条件，而且担心市场价格波动导致无法偿还贷款；同时，他们还担心残疾人在镇就业中心工作时无人照顾、可能遭受欺负，以及收入过低。这些残疾人的父母坚持认为将孩子留在身边照顾更为放心，并不急于让他们就业。他们计划在未来一两年内为孩子安排婚姻，并希望国家能增加一些津贴。社会工作者将继续关注这些残疾人及其家庭的情况。

社会工作者计划在社区开展的残疾人自立援助服务和残疾人友好型社

区服务由于资金未能如期到位而尚未开展。目前，社会工作机构正通过基金会、民政部等其他渠道积极申请服务资金。

从循证实践角度审视该农村社区残疾人生计改善案例，我们认识到跨部门合作、个性化服务、社区参与和政策支持是提升残疾人生活质量的关键因素。案例中，通过技能培训、就业支持和金融贷款服务等措施，部分残疾人已实现生计上的改善。然而，资金稳定性、文化适应性、家庭支持和心理健康需求仍需进一步关注和改进。

反思现有干预计划，我们发现虽然取得了一定成效，但仍有残疾人未能充分参与或受益。这提示我们需对干预措施进行持续评估和调整，以增强其灵活性和适应性，并关注残疾人的长期福祉。

此外，社区的有效参与和政策环境对残疾人生计改善具有显著影响，这需要更多的实证研究来支持。未来工作应继续遵循循证实践原则，优化干预策略，确保残疾人生计改善计划的有效性和可持续性，同时关注残疾人的整体福祉和社区融合。

案例总结和反思

一　本案例中呈现的循证社会工作的优势

1. 科学性与规范性

本案例中通过国际系统评价和 Meta 分析，筛选了改善残疾人生计的干预措施，并结合 PICO 模型明确了研究对象、干预手段和评估指标。例如，通过证据整合发现，职业技能培训和小额贷款等干预措施在改善残疾人就业和生计改善方面具有积极影响。这种科学方法确保了干预有据可依，避免了传统经验主义或单一政策导向的盲目性。也正是基于系统评价证据的干预，部分残疾人成功接受了职业技能培训并获得贷款支持，进而在养牛和手工加工车间实现创业或就业，提高了收入水平和社会参与度。

2. 跨学科合作

本案例中的干预整合了医学、社会工作、教育和金融资源，例如村医生参与健康服务，金融机构提供创业贷款支持，社会工作者组织技能培训并进行个案支持。多学科的协作极大地提高了干预的覆盖范围和深度。此外，高校的社会工作团队与村委会、政府部门的合作，不仅为残疾人提供了医疗和康复支持，还链接了金融资源和政策支持。这种跨学科合作使干预措施具有更强的系统性和综合性，有效应对了残疾人生计改善过程中涉及的多重问题。

3. 社区广泛参与

本案例通过召开证据整合会议，将村主任、致富能手、残疾人及其家庭成员等利益相关方都纳入干预计划的制订和实施的整合过程。例如，村民共同讨论养牛项目和公益性岗位的设置，直接提升了干预方案的可行性和社区接受度。这种社区参与式方法不仅帮助发现了未成年残疾人家庭对康复服务的特殊需求，还促成了致富能人提供免费技术支持和牛棚资源。通过激发社区成员的积极性，案例中形成了以社区为中心的解决方案，增强了社区凝聚力。

4. 社会融合导向

本案例中的干预措施不仅注重残疾人的经济自立，还强调减少社会污名化、促进社区融合。例如，致富能人和村民的广泛参与，不仅直接为残疾人提供资源支持，还在社区中塑造了积极的社会态度，帮助消除对残疾人的偏见。同时，通过开设残疾人友好型手工车间和设置公益性岗位，案例促进了残疾人的社会参与。这些措施有效改善了残疾人的心理健康和提高了社会接纳度，使他们更好地融入社区生活。

5. 个性化服务

本案例中的社会工作者和干预团队根据不同类型残疾人的需求设计了灵活多样的服务内容。例如，对具有劳动能力的残疾人提供职业技能培训和贷款支持；对智力残疾人家庭，优先提供康复服务和辅助设备；对未成年残疾人则提出了"送教上门"方案。这种因地制宜的干预措施展现了循证社会工作个性化的特质。此外，部分残疾人家庭因担忧孩子无法适应就业环境或市场风险选择不参与项目。社会工作者没有强行推动，而是持续关注其心理需求，计划未来通过逐步介入的方式提升这些家庭的接受度。

二　本案例中循证社会工作实践的不足

1. 资源依赖性

从本案例中也可以看到循证社会工作需要高质量的数据、资金和跨学科资源支持。然而，案例中的农村社区资源有限，导致一些服务措施未能全面实施。例如，由于资金不足，助听器采购和康复设备建设的推进受到了限制。金融支持虽然为部分家庭提供了贷款，但仍有家庭因缺乏人力和信心未能参与。这种资源依赖性对农村地区循证干预实施提出了挑战，社会工作者需要更积极地链接公益资源和社会捐助，以弥补资源缺口。

2. 干预措施在地化过程中的文化敏感性不足

部分干预措施未能充分考虑社区文化背景对家庭决策的影响。例如，部分残疾人家庭对婚姻和津贴的优先关注反映了传统观念对生计发展的制约。这表明干预措施在设计时，需要更加深入地理解当地的文化因素，才能提升方案的接受度和效果。

三 关于循证社会工作中的证据整合和在地化问题

1. 证据整合

本案例中的"证据为本"具有以下特点。

第一，多层次的证据支持。首先是高等级证据。本案例中，社会工作者通过系统评价和 Meta 分析，收集了国际和国内高等级证据。这些证据涵盖了健康、教育、生计和社会包容等多个维度，为干预措施的设计奠定了科学基础。例如，职业培训、小额贷款等措施在不同国家的实践中被证实能够改善残疾人生计，这是科学决策的起点。

第二，是纳入了地方性证据。在系统评价证据的基础上，本案例通过地方性证据补充了干预措施的可行性和适应性。这些地方性证据来源于利益相关方的实际反馈和观察。例如，考虑到了社区成员的实际需求（通过与村主任、致富能人、残疾人家庭的座谈，明确了社区内残疾人的具体需求，如助听器购买、康复服务和技能培训等）、社区资源的可用性（基于村里致富能人的养牛技术支持和公益性岗位的设置等已有的资源，调整了干预方案，使其更具可操作性）。

第三，动态性证据。证据整合不仅包括整合既有研究成果，还包括通过持续的实践反馈完善干预措施。例如：在初期养牛项目中，部分家庭因人力不足或市场风险担忧未能参与，社会工作者根据这一反馈调整了支持方式，后续引入了更多有针对性的就业选择。此外，针对部分未成年残疾人家庭的康复需求，社会工作者逐步链接更多资源，为后续的康复训练提供保障。

第四，纳入了利益相关方的证据。当前学界或一线社会工作者中存在一种"误解"，即循证社会工作者就是要将高级别的证据视为"普遍适用"的解决方案，但实际上这种单一化的思维容易忽视地方性知识和社会文化差异。利益相关方的证据补充了社区特有的背景信息，使干预措施更加全面、接地气。

在这个案例中社会工作者借助社区居民参与的方式，召开了证据整合会议，邀请村主任、村医生、致富能人、残疾人及其家庭成员等利益相关方直接参与干预方案的讨论和实施。这种方式确保了证据不仅来源于学术研究，还植根于社区实践。不仅如此，案例中的证据整合呈现的是一个动态整合的过程，即在项目实施过程中，利益相关方提供了多样化的反馈信息，也揭示了他们实际需求的优先关注点。例如，脑瘫儿童的父母强调康复训练的重要性，而聋哑儿童的家庭则更关心助听器的购买问题。针对差异化的康复需求，社会工作者也调整了干预措施，如尝试联系民政部门为残疾人提供助听器，并探索为康复儿童建立更稳定的训练支持。

总之，证据整合不仅帮助克服了研究证据的代表性不足问题，还充分利用了社区资源，实现了干预的在地化调整。

2. 证据转化

证据转化是指将循证社会工作的国际证据和理论根据本地的文化、社会、经济和政治背景进行调整，以确保干预措施能够适应并有效地应对当地的具体需求和问题。在本案例中，证据的转化注重了文化和资源的匹配，增强了实践的可操作性。循证社会工作中的证据转化非常关键，其原因主要有三。一是本地需求和具体情境与证据存在差异。不同地区的社会问题、文化背景和资源状况存在巨大差异。即使是高质量的国际证据，也可能存在不完全适用的情况。因此，循证实践必须在本地化的基础上进行调整和完善，才能更好地满足目标群体的需求。二是文化适应性。在许多情况下，文化因素会显著影响干预措施的接受度和效果。例如，本案例中，部分家庭对传统的婚姻和津贴更加依赖，而对就业的重视程度较低。社会工作者在这种情况下需要更深入地理解和尊重当地文化习惯，以便设计更具适应性和包容性的干预措施。三是社会工作者必须重视资源整合与优化。本地的资源状况直接影响循证实践的实施效果。很多地方尤其是农村地区的资源相对匮乏，社会工作者需要根据当地的实际情况，整合可用的资源，包括政府资金、社会组织支持、社区参与等，以确保干预措施的可持续性和高效性。

在本案例中，社会工作团队在证据转化方面做出了很多具体的实践尝试，并且取得了一些成功。具体而言，一是在文化适应性方面，社会工作团队在开展残疾人生计改善项目时，结合了当地的文化习惯和村民的生活方式，提出了以养牛为主题的就业和经济提升项目。这一项目不仅考虑了残疾人家庭的劳动能力和资源状况，还融入了养牛这一村民的传统经济模式。通过组织家庭会议，社会工作者与残疾人家庭讨论了该项目的可行性和潜在收益。将这一项目纳入居民熟悉的经济活动中，既尊重了村民的生活方式，又为残疾人家庭提供了可行的生计改善方案。

二是在资源整合方面，社会工作团队与地方政府、金融机构及社会组织展开合作，结合政府的低保和残疾津贴制度，提供了金融贷款、就业培训等多元化支持。尽管农村地区资源有限，但通过与不同部门和组织的合作，成功整合了可用的资金、技术和社会资源。例如，通过与致富能人合作，社区内的部分残疾人家庭获得了养牛的技术支持和资金援助。这一做法展示了如何通过合作和资源整合应对经济资源不足的挑战。

尽管如此，我们也看到这个案例反映出了循证社会工作需要进一步探索和优化的地方。一是重视基于文化处境的干预调整与优化。例如，部分残疾人家庭对婚姻和津贴的依赖程度较高，优先考虑就业的意愿较低，这反映出当地的社会文化环境对残疾人工作的传统理念和固有态度。社会工作者面临的挑战是如何在尊重文化的同时，推动家庭转变观念，鼓励就业或自主创业。为此，社会工作者需要在干预设计中更多地考虑到这一文化特点，并通过教育、沟通等方式，逐步改变社区对残疾人就业的态度。例如，可以通过家庭访谈、社区教育等形式，逐步引导家庭理解就业对残疾人的长远好处，并提供更多有针对性的支持。

二是正式经济资源不足的问题。资金问题在农村地区社工实践中普遍存在。尽管部分残疾人家庭有兴趣参与养牛项目，但由于初期资金压力较大，部分家庭未能参与。社会工作者需要在资源整合方面采取更加灵活的措施，考虑引入更多社会资本、公益资金或小额信贷等形式，以减轻家庭负担，确保更多残疾人能够参与到生计改善项目中来。此外，政府和社会组织可以通过提供专项资金、技术援助等方式，帮助这些家庭突破资金瓶颈。

三是立足于需求差异开展循证实践。不同残障类型的家庭面临的挑战和需求各不相同。例如，智力残疾若可能更依赖于长期的照料和支持，而身体残疾者则可能更关注技能培训和就业机会。社会工作者在实施循证干预时，需要根据残障类型和家庭状况的差异设计更加具有个性化的服务内容。这不仅能提高干预的有效性，还能确保每个家庭在需求得到满足的同时充分发挥其潜力。

参考文献

拜争刚、刘少堃、黄崇斐、常健博、曾宪涛、王琪、靳英辉、陈耀龙、杨克虎，2015，《定性系统评价证据分级工具——CERQual 简介》，《中国循证医学杂志》第 12 期。

陈耀龙、姚亮、Susan Norris、杜亮、陈昊、曾宪涛、毛智、杨克虎，2013，《Grade 在系统评价中应用的必要性及注意事项》，《中国循证医学杂志》第 12 期。

哈贝马斯，2011，《现代性的哲学话语》，曹卫东译，译林出版社。

何雪松，2004，《证据为本的实践的兴起及其对中国社会工作发展的启示》，《华东理工大学学报》（社会科学版）第 1 期。

胡雁，2012，《循证护理学》，人民卫生出版社。

靳英辉、高维杰、李艳、商洪才、谢雨露、孙文茜，2015，《质性研究证据评价及其循证转化的研究进展》，《中国循证医学杂志》第 12 期。

莱恩·多亚尔、伊恩·高夫，2008，《人的需要理论》，汪淳波译，商务印书馆。

马凤芝，2013，《社会工作实践模式的演变及对我国的启示》，《中国青年政治学院学报》第 2 期。

谭磊，2021，《循证社会工作：我国本土语境下理念与实务的融合》，《理论月刊》第 2 期。

王英、拜争刚、吴同、王静、陈爽、祝晓萍．、丁孝烈、齐铱，2017，《社区层面开展的多专业联合干预老年自杀有效吗?》，《华东理工大学学报》（社会科学版）第 6 期。

王丹、翟俊霞、牟振云、宗红侠、赵晓东、王学义、顾平，2009，《Meta 分析中的异质性及其处理方法》，《中国循证医学杂志》第 10 期。

王全安，2003，《人的需要即人的本性——从马克思的需要理论说起》，

《中国人民大学学报》第 5 期。

杨克虎、李秀霞、拜争刚，2018，《循证社会科学研究方法：系统评价与 Meta 分析》，兰州大学出版社。

叶妮，2011，《我国青少年厌学现象研究综述》，《考试周刊》第 56 期。

殷妙仲，2011，《专业、科学、本土化：中国社会工作十年的三个迷思》，《社会科学》第 1 期。

曾宪涛、刘慧、陈曦、冷卫东，2012，《Meta 分析系列之四：观察性研究的质量评价工具》，《中国循证心血管医学杂志》第 4 期。

张昱、彭少峰，2015，《走向适度循证的中国社会工作——社会工作本土实践探索及启示》，《福建论坛》（人文社会科学版）第 5 期。

章新琼、王芹、张小敏、吴小婷、洪静芳，2019，《临床康复干预研究的常见问题及质量控制》，《中国康复理论与实践》第 2 期。

钟文华、王远伟，2010，《社区矫正检察监督研究》，《中国刑事法杂志》第 11 期。

Abshire, M., Dinglas, V. D., Cajita, M., Eakin, M. N., and Himmelfarb, C. D. 2017. "Participant Retention Practices in Longitudinal Clinical Research Studies with High Retention Rates." *BMC Medical Research Methodology* 17 (1): 30.

American Psychiatric Association. 2016. *Practice Guidelines for the Psychiatric Evaluation of Adults* (3rd ed.). Arlington, V. A.: Author.

American Psychological Association. 2019. Publication Manual of the American Psychological Association: The Official Guide to APA Style (7th ed.). American Psychological Association.

Andrade, C. 2018. "Internal, External, and Ecological Validity in Research Design, Conduct, and Evaluation." *Indian Journal of Psychological Medicine* 40 (6): 498-499.

Atkins, D., Best, D., Briss, P. A., Eccles, M., Zaza, S. 2004. "Grade Working Group: Grading Quality of Evidence and Strength of Recommendations." *British Medical Journal* 328 (7454): 1490.

Atun, R. A., Kyratsis, I., Jelic, G., Rados-Malicbegovic, D., and Gurol-Urganci, I. 2007. "Diffusion of Complex Health Innovations—Implementation of Primary Health Care Reforms in Bosnia and Herzegovina. " *Health Policy and Planning* 22（1）: 28–39.

Banks, L. M. , and Kuper, H. 2017. "Poverty and Disability in Low-and Middle-income Countries: A Systematic Review. " *Public Library of Science One* 12（12）: *e*0189996.

Banks, L. M. , and Polack, S. 2014. *The Economic Costs of Exclusion and Gains of Inclusion of People with Disabilities.* London: International Centre for Evidence in Disability.

Banks, L. M. , Mearkle, R. , Mactaggart, I. , Walsham, M. , Kuper, H. and Blanchet K. 2016. "Disability and Social Protection Programmes in Low-and Middle-income Countries: A Systematic Review. " *Oxford Development Studies* 45（3）: 223–239.

Basch, C. E. , Sliepcevich, E. M. , Gold, R. S. , Duncan, D. F. , and Kolbe, L. J. 1985. "Avoiding Type iii Errors in Health Education Program Evaluations: A Case Study. " *Health Education Quarterly* 12（3）: 315–331.

Baumbusch, J. L. , Kirkham, S. R. , Khan, K. B. , McDonald, H. , Semeniuk, P. , Tan, E. , and Anderson, J. M. , 2008, "Pursuing Common Agendas: A Collaborative Model for Knowledge Translation Between Research and Practice in Clinical Settings. " *Research in Nursing and Health* 31（2）: 130–140.

Bellg, A. J. , Borrelli, B. , Resnick, B. , Hecht, J. , Minicucci, D. S. , and Ory, M. 2004. "Enhancing Treatment Fidelity in Health Behavior Change Studies: Best Practices and Recommendations from the Nih Behavior Change Consortium. " *Health Psychology: Official Journal of the Division of Health Psychology* 2（5）: 443–451.

Berzoff, J. , Flanagan, L. , and Hertz, P. 2016. *Inside Out and Outside in: Psychodynamic Clinical Theory and Psychopathology in Contemporary Multicultural Contexts* (4th ed.). N. J. : Jason Aronson: Northvale.

Bodenheimer, T. and Willard-Grace, R. 2016. "The Chronic Care Model and the Transformation of Primary Care. " in J. I. Mechanick, and R. F. Kushner *Lifestyle Medicine: A Manual for Clinical Practice* (pp. 89 – 96). Springer.

Borrelli, B., Sepinwall, D., Ernst, D., Bellg, A. J., Czajkowski, S., and Breger R. 2005. "A New Tool to Assess Treatment Fidelity and Evaluation of Treatment Fidelity Across 10 Years of Health Behavior Research." *Journal of Consulting and Clinical Psychology* 73 (5): 852.

Bowen, S. and Zwi, A. B. 2005. "Pathways to 'Evidence-Informed' Policy and Practice: A Framework for Action." *PLos Medicine* 2 (7): 166.

Brekke, J. S. 2012. "Shaping a Science of Social Work." *Research on Social Work Practice* 22 (5): 455–464.

Brownson, R. C., Allen, P., Duggan, K., Stamatakis, K. A., and Erwin, P. C. 2012. "Fostering More-effective Public Health by Identifying Administrative Evidence-based Practices: A Review of the Literature." *American Journal of Preventive Medicine* 43 (3): 309–319.

Brownson, R. C., Colditz, G. A. and Proctor, E. K. eds. 2018. *Dissemination and Implementation Research in Health: Translating Science to Practice.* Oxford University Press.

Carter, G., Sperandei S., Chitty K. M. and Page A. 2021. "Antidepressant Treatment Trajectories and Suicide Attempt Among Australians Aged 45 Years and Older: A Population Study Using Individual Prescription Data." *Suicide and Life-Threatening Behavior* 52 (1): 121–131.

Corcoran, J., and Walsh, J. 2016. *Clinical Assessment and Diagnosis in Social Work Practice* (3rded.). New York: Oxford University Press.

Courtlandt, C. D., Noonan, L., and Feld, L. G., 2009. "Model for Improvement-part 1: a Framework for Health Care Quality." *Pediatric Clinics of North America* 56 (4): 757–778.

Craig, P., Dieppe P., Macintyre S., Health P., Unit S. and Michie S. 2013. "Developing and Evaluating Complex Interventions: The New Medical Research Council Guidance." *International Journal of Nursing Studies* 50 (5): 587–592.

Dalkin, S. M., Hardwick, R. J., Haighton, C. A., and Finch, T. L.,

2021，"Combining Realist Approaches and Normalization Process Theory to Understand Implementation: A Systematic Review." *Implementation Science Communications* 2 (1): 68.

David，B. 2022. *Applying Social Science: The Role of Social Research in Politics, Policy and Practice*. London: SAGE Publications.

Depraetere，J.，Vandeviver C.，Keygnaert I. and Beken T. V. 2021. "The Critical Interpretive Synthesis: An Assessment of Reporting Practices." *International Journal of Social Research Methodology* 24 (6): 669-689.

Dixon-Woods，M.，Cavers D.，Agarwal S.，Annandale E.，Arthur A.，Harvey J. and Sutton A. J. 2006. "Conducting a Critical Interpretive Synthesis of the Literature on Access to Healthcare by Vulnerable Groups." *Medical Research Methodology* 6 (1): 1-13.

Dobbins，M.，Ciliska，D.，Cockerill，R.，Barnsley，J.，and DiCenso，A. 2002. "A Framework for the Dissemination and Utilization of Research for Health-care Policy and Practice." *Worldviews on Evidence-based Nursing Presents the Archives of Online Journal of Knowledge Synthesis for Nursing* 9 (1): 149-160.

Dobbins，M.，DeCorby，K.，and Robeson，P. 2010. "Dissemination and Use of Research Evidence for Policy and Practice." *Models and Frameworks for Implementing Evidence-based Practice: Linking Evidence to Action*, p. 147.

Drisko，J. and DuBois C. 2018. *Social Work Assessment Format. Unpublished Manuscript used in Classes at the Smith College School for Social Work*.

Drisko，J. W. and Grady，M. D. 2019. *Evidence-based Practice in Clinical Social Work*. Springer.

Durlak，J. A. and Dupre E. 2008. "Implementation Matters: A Review of Research on the Influence of Implementation on Program Outcomes and the Factors Affecting Implementation." *American Journal of Community Psychology* 41 (3-4): 327-350.

Elwyn，G.，Taubert，M. and Kowalczuk，J.，2007. "Sticky Knowledge: A Possible Model for Investigating Implementation in Healthcare Contexts."

Implementation Science 2: 1-8.

Eskandarieh, S., Ghane Ezabadi, S., Shirkoohi, R., Yazdizadeh, B., and Sahraian, M. A. 2024. "Knowledge Translation in Medical Education in Iran." *Iranian Journal of Culture and Health Promotion* 7 (4): 631-640.

Feldstein, A. C., and Glasgow, R. E. 2008. "A Practical, Robust Implementation and Sustainability Model (Prism) for Integrating Research Findings into Practice." *Joint Commission Journal On Quality and Patient Safety* 34 (4): 228-243.

Frambach, R. T., and Schillewaert, N. 2002. "Organizational Innovation Adoption: A Multi-Level Framework of Determinants and Opportunities for Future Research." *Journal of business research* 55 (2): 163-176.

Funk, S. G., Tornquist, E. M., and Champagne, M. T. 1989. "A Model for Improving the Dissemination of Nursing Research." *Western Journal of Nursing Research* 11 (3): 361-367.

Gambrill, E. 2001. "Social Work: An Authority-Based Profession." *Research On Social Work Practice* 11 (2): 166-175.

Gibbs, L. E. and Gambrill E. 2002. "Evidence-based Practice: Counterarguments to Objections." *Research On Social Work Practice* 12: 452-476.

Glasgow, R. E. and Estabrooks P. E. 2018. "Pragmatic Applications of Re-aim for Health Care Initiatives in Community and Clinical Settings." *Preventing Chronic Disease* 15 (1).

Glasgow, R. E., Askew, S., Purcell, P., Levine, E., Warner, E. T., Stange, K. C., Colditz, G. A., and Bennett, G. G. 2013. "Use of RE-AIM to Address Health Inequities: Application in a Low-income Community Health Center-based Weight Loss and Hypertension Self-management Program." *Translational Behavioral Medicine* 3 (2): 200-210.

Glasgow, R. E., Vogt, T. M. and Boles, S. M. 1999. "Evaluating the Public Health Impact of Health Promotion Interventions: The RE-AIM Framework." *American Journal of Public Health* 89 (9): 1322-1327.

Gleason, N., Prasad, P. A., Ackerman, S., Ho, C., Monacelli, J., Wang, M., Collado, D. and Gonzales, R. 2017. "March. Adoption and

Impact of an Econsult System in a Fee-for-service Setting. " *Healthcare* 5 (1-2): 40-45.

Glisson, C. , and Schoenwald, S. K. 2005. "The ARC Organizational and Community Intervention Strategy for Implementing Evidence-based Children's Mental Health Treatments. " *Mental Health Services Research* 7: 243-259.

Goldstein, E. 2001. *Object Relations Theory and Self Psychology in Social Work Practice.* New York: Free Press.

Graham, K. , and Logan, J. 2004. "Using the Ottawa Model of Research Use to Implement a Skin Care Program. " *Journal of Nursing Care Quality* 19 (1): 18-26.

Gray, M. , Plath D. and Webb S. 2009. *Evidence-based Social Work: a Critical Stance.* Taylor and Francis.

Greenhalgh, T. , Wherton, J. , Papoutsi, C. , Lynch, J. , Hughes, G. , Hinder, S. , …and Shaw, S. 2017. "Beyond Adoption: A New Framework for Theorizing and Evaluating Nonadoption, Abandonment, and Challenges to the Scale-up, Spread, and Sustainability of Health and Care Technologies. " *Journal of medical Internet research* 19 (11): e8775.

Green, L. W. , and Kreuter, M. W. 1991. *Health Promotion Planning: An Educational and Environmental Approach.* Mountain View. C. A. : Mayfield Publishing Company.

Groce, N. , Kembhavi, G. , Wirz, S. , Lang, R. , Trani, J. F. , and Kett, M. 2011. "Poverty and Disability: A Critical Review of the Literature in Low and Middleincome Countries. " *Leonard Cheshire Research Centre Working Paper Series* (16): 31.

Guyatt, G. O. , Xman A. , Kunz R. and Woodcock J. 2011. "GRADE Working Group. GRADE Guidelines: 7. Rating the Quality of Evidence—inconsistency. " *Journal of Clinical Epidemiology* 64 (12): 1294-1302.

Harden, S. M. S. T. 2020. "National Working Group on the Re-aim Planning and Evaluation Framework: Goals, Resources, and Future Directions. " *Frontiers in Public Health* 7: 390.

Harvey, G. and Kitson, A. , 2020. "Promoting Action on Research Implementation in Health Services: The Integrated-PARIHS Framework." In *Handbook on Implementation Science* (pp. 114-143). Edward Elgar Publishing.

Hayashi, P. , Abib, G. , and Hoppen, N. 2019. "Validity in Qualitative Research: A Processual Approach." *The Qualitative Report* 24 (4).

Henriksen, K. , Isaacson, S. , Sadler, B. L. , and Zimring, C. M. 2007. "The Role of the Physical Environment in Crossing the Quality Chasm." *The Joint Commission Journal on Quality and Patient Safety* 33 (11): 68-80.

Hepworth, D. , Rooney G. , Strom-Gottfried K. and Larsen J. 2010. Direct Social Work Practice: Theory and Skills. Belmont, C. A. : Brooks-Cole.

Hogan, Debora L. , and J. O. Logan. 2004. "The Ottawa model of research use: a guide to clinical innovation in the NICU." *Clinical Nurse Specialist* 18 (5): 255-261.

Horvath, A. and Bedi R. 2002. *Psychotherapy Relationships that Work: Therapist Contributions and Responsiveness to Patients.* New York: Oxford University Press.

Hunt, X. , Saran A. , Banks L. M. , White H. and Kuper H. 2022. "Effectiveness of Interventions for Improving Livelihood Outcomes for People with Disabilities in Low-and Middle-income Countries: A Systematic Review." *Campbell Systematic Reviews* 18: e1257.

Jüni, P. , Altman D. and Egger M. 2001. "Systematic Reviews in Health Care: Assessing the Quality of Controlled Clinical Trials." *British Medical Journal* 323: 42-46.

Kilbourne, A. M. , Neumann, M. S. , Pincus, H. A. , Bauer, M. S. and Stall, R. 2007. "Implementing Evidence-based Interventions in Health Care: Application of the Replicating Effective Programs Framework." *Implementation Science* 2: 1-10.

Kim, J. , Jang, J. , Kim, B. , and Lee, K. H. , 2022. "Effect of the Precede-Proceed Model on Health Programs: A Systematic Review and Meta-analysis." *Systematic Reviews* 11 (1): 213.

Kontos, P. C. , and Poland, B. D. 2009. "Mapping New Theoretical and

Methodological Terrain for Knowledge Translation: Contributions from Critical Realism and the Arts." *Implementation Science* 4: 1-10.

Lomas, J., 1993, "Retailing Research: Increasing the Role of Evidence in Clinical Services for Childbirth." *The Milbank Quarterly* 71 (3): 439-475.

Mahler, M., Pine F. and Bergman A. 2000. *The Psychological Birth of the Human Infant: Symbiosis and Individuation.* New York: Basic Books.

Ma, L. L., Wang, Y. Y., Yang, Z. H., Huang, D., Weng, H. and Zeng, X. T. 2020. "Methodological Quality (Risk of Bias) Assessment Tools for Primary and Secondary Medical Studies: What are They and Which is Better?" *Military Medical Research* (7): 1-11.

Mars, T., Ellard D. and Carnes D. 2013. "Fidelity in Complex Behaviour Change Interventions: A Standardized Approach to evaluate Intervention Integrity." *BMJ Open* 15 (3): 11.

McKibbon, A. and Wilczynski, N. 2009. "PDQ Evidence-Based Principles and Practice." *PMPH-USA.*

McNeece, C. A. and Thyer B. A. 2004. "Evidence-Based Practice and Social Work." *Journal of Evidence-Based Social Work* 1 (1): 7-25.

Mitra, S. and Yap J. 2021. *The Disability Data Report. Disability Data Initiative.* New York: Fordham Research Consortium on Disability.

Mitra, S., Posarac A. and Vick B. 2013. "Disability and Poverty in Developing Countries: A Multidimensional Study." *World Development* 41: 1-18.

Moncher, F. J., and Prinz, R. J. 1991. "Treatment Fidelity in Outcome Studies." *Clinical Psychology Review* 11 (3): 247-266.

Nilsen, P. 2020. "Making Sense of Implementation Theories, Models, and Frameworks." *Implementation Science* 3 (0): 53-79.

Nolan, K., Schall, M. W., Erb, F., and Nolan, T. 2005. "Using a Framework for Spread: The Case of Patient Access in the Veterans Health Administration." *The Joint Commission Journal on Quality and Patient Safety* 31 (6): 339-347.

Norcross, J. 2010. "The Therapeutic Relationship." in Duncan S, Miller B, Wampold, et al (eds.), *The Heart and Soul of Change* (2nd ed). Washington D. C. : American Psychological Association.

Page, M. J. , McKenzie, J. E. , Bossuyt, P. M. , Boutron, I. , Hoffmann, T. C. , Mulrow, C. D. , ⋯ and Moher, D. 2021. "The PRISMA 2020 Statement: An Updated Guideline for Reporting Systematic Reviews." *BMJ* 372: n71.

Palmer, M. 2011. "Disability and Poverty: A Conceptual Review." *Journal of Disability Policy Studies* 21 (4): 210−218.

Pogue, J. M. and Yusuf S. 1997. "Cumulating Evidence from Randomized Trials: Utilizing Sequential Monitoring Boundaries for Cumulative Meta-analysis." *Controlled Clinical Trials* 18 (6): 661−666.

Public Health Resource Unit. 2006. *Critical Appraisal Skills Programme* (CASP). England Public Health Resource Unit.

Rodger, J. J. 2000. *From Welfare State to a Welfare Society: The Changing Context of Social Policy in a Postmodern Era.* New York: ST. Martin's Press.

Rogers, E. , A. Singhal, and M. Quinlan. 2019. "Diffusion of Innovations." in D. W. Stacks and M. D. Salwen (eds.), *An Integrated Approach to Communication Theory and Research* (Third Edition). New York: Routledge.

Rogers, E. M. 2003. *Diffusion of Innovations.* Free Press.

Rogers, E. M. 2003. *Diffusion of Innovations* (5th ed.). New York: Free Press.

Rostom, A. , Dubé C. and Cranney A. 2004. "Celiac Disease." *Evid Rep Technol Assess* 104: 1−6.

Rycroft-Malone, J. , 2010, "Promoting Action on Research Implementation in Health Services (PARIHS)." *Models and Frameworks for Implementing Evidence-based Practice: Linking Evidence to Action* 109: 135.

Sackett, D. L. 2000. "The Sins of Expertise and a Proposal for Redemption." *BMJ* 320 (7244): 1283.

Sallis, J. F. 2019. "Pathways for Translating Behavioral Medicine Research to Practice and Policy." *Translational Behavioral Medicine* 9 (6): 1248−1255.

Saran, A., White H. and Kuper H. 2020. "Evidence and Gap Map of Studies Assessing the Effectiveness of Interventions for People with Disabilities in Low-and Middle-income Countries." *Campbell Systematic Reviews* 16 (1): e1070.

Slim, Karem, Emile Nini, Damien Forestier, Fabrice Kwiatkowski, Yves Panis, and Jacques Chipponi. 2003. "Methodological Index for Non-randomized Studies (Minors): Development and Validation of a New Instrument." *ANZ Journal of Surgery* 73 (9): 712-716.

Spillane, V., Byrne M. C., Byrne M., Leathem C. S., O'Malley M. and Cupples M. E. 2007. "Monitoring Treatment Fidelity in a Randomized Controlled Trial of a Complex Intervention." *Journal of Advanced Nursing* 60 (3): 343-352.

Straus, S. E., Tetroe, J., and Graham, I. D. (Eds.). 2013. *Knowledge Translation in Health Care: Moving from Evidence to Practice.* John Wiley and Sons.

Sullivan, J. L., Montano, A. R. L., Hughes, J. M., Davila, H. W., O'Malley, K. A., Engle, R. L., ···and Pimentel, C. B. 2023. "A Citation Review of 83 Dissemination and Implementation Theories, Models, or Frameworks Utilized in US-based Aging Research." *The Gerontologist* 63 (3): 405-415.

Szulanski, G., 2000. "The Process of Knowledge Transfer: A Diachronic Analysis of Stickiness." *Organizational Behavior and Human Decision Processes* 82 (1): 9-27.

Tabak, R. G., Khoong E. C., Chambers D. A. and Brownson R. C. 2012. "Bridging Research and Practice: Models for Dissemination and Implementation Research." *American Journal of Preventive Medicine* 43 (3): 337-350.

Thyer, B. A. 2010. *Introductory Principles of Social Work Research.* 55 City Road: SAGE Publications, Inc.

Trani, J. F. and Loeb M. 2012. "Poverty and Disability: A Vicious Circle? Evidence from Afghanistan and Zambia." *Journal of International Development*, 24: S19-S52.

Tripney, J. , Roulstone A. , Hogrebe N. , Vigurs C. , Schmidt E. and Stewart R. 2015. "Interventions to Improve the Labour Market Situation of Adults with Physical and/or Sensory Disabilities in Low-and Middle-income Countries: A Systematic Review. " *Campbell Systematic Reviews* 11 (1): 1-127.

Turner, K. , Trogdon, J. G. , Weinberger, M. , Stover, A. M. , Ferreri, S. , Farley, J. F. , …and Shea, C. M. 2018. "Testing the Organizational Theory of Innovation Implementation Effectiveness in a Community Pharmacy Medication Management Program: a Hurdle Regression Analysis. " *Implementation Science* 13: 1-13.

United Nations. 2007. "Convention on the Rights of Persons with Disabilities. " *European Journal of Health Law* 14 (3): 281-298.

United Nations. 2015. Sustainable Development Goals. Retrieved from https://www. un-ilibrary. org/content/sdgs.

Van Beukering, I. E. , Smits, S. J. C. , Janssens, K. M. E. , Bogaers, R. I. , Joosen, M. C. W. , Bakker, M. , … and Brouwers, E. P. M. 2021. "In what Ways does Health Related Stigma Affect Sustainable Employment and Well-being at Work? A Systematic Review. " *Journal of Occupational Rehabilitation* 32: 365-379.

Walsh, J. 2010. *Theories for Direct Social Work Practice* (2nd ed.). Belmont, C. A. : Thompson Brooks/Cole.

Waltz, J. , Addis M. E. , Koerner K. and Jacobson N. S. 1993. "Testing the Integrity of a Psychotherapy Protocol: Assessment of Adherence and Competence. " *Journal of Consulting and Clinical Psychology* 61 (4): 620-630.

Wampold, B. 2010. The Basics of Psychotherapy: An Introductionto Theory and Practice. Washington D. C. : American Psychological Association.

Wang, Ying et al. 2022. "Effectiveness of Dance-Based Interventions on Depression for Persons With MCI and Dementia: A Systematic Review and Meta-Analysis. " *Frontiers in Psychology* 12 (709208), 5 Jan, doi: 10. 3389/fpsyg. 2021. 709208.

Wells, G. A. , Shea, B. , O'Connell, D. , Peterson, J. , Welch, V. , Losos,

M. , and Tugwell, P. 2000. "The Newcastle-Ottawa Scale (NOS) for As-sessing the Quality of Nonrandomised Studies in Meta-analyses. " in 3rd *Symposium on Systematic Reviews: Beyond the Basics*. Retrieved from https://www. ohri. ca/programs/clinical_epidemiology/oxford. asp.

Wells, G. A. , Wells, G. , Shea, B. , O'Connell, D. , Peterson, J. , Welch, V. , Losos, M. , Tugwell, P. , Zello, G. A. , & Petersen, J. A. 2014. The Newcastle-Ottawa Scale (NOS) for Assessing the Quality of Nonrandomised Studies in Meta-analyses. Retrieved from https://api. semanticscholar. org/CorpusID: 79550924.

Whiting, P. , Rutjes A. , Dinnes J. , Reitsma J. , Bossuyt P. and Kleijnen J. 2004. "Development and Validation of Methods for Assessing the Quality of Diagnostic Accuracy Studies. " *Health Technol Assess* 8 (25): 1-234.

Whiting, P. , Rutjes A. , Reitsma J. , Bossuyt P. and Kleijnen J. 2003. "The Development of QUADAS: A Tool for the Quality Assessment of Studies Of Diagnostic Accuracy Included in Systematic Reviews. " *BMC Medical Research Methodolog* 3: 25.

Witkin, S. L. , and Harrison, W. D. 2001. "Whose Evidence and for What Purpose?" *Social Work* 46 (4): 293-296.

World Health Organization, and International Disability Development Consortium. 2010. "Community-based Rehabilitation: CBR Guidelines Ementia. " *Journal of Bodywork and Movement Therapies* 18: 553-558.

World Health Organization. 2011. https://www. who. int/teams/noncommunicable-diseases/sensory-functions-disability-and-rehabilitation/world-report-on-disability.

Zaudig, B. M. 2002. "Mild Cognitive Impairment in Older People. " *The Lancet* 360 (9349): 1963-1965.

图书在版编目（CIP）数据

循证社会工作方法与实践 / 王英著. -- 北京：社
会科学文献出版社，2024.12
ISBN 978-7-5228-2818-3

Ⅰ.①循… Ⅱ.①王… Ⅲ.①社会工作-工作方法-
研究-中国 Ⅳ.①D669.9

中国国家版本馆 CIP 数据核字（2023）第 219443 号

循证社会工作方法与实践

著　　者 / 王　英

出 版 人 / 冀祥德
责任编辑 / 胡庆英
责任印制 / 王京美

出　　　版 / 社会科学文献出版社·群学分社（010）59367002
　　　　　　地址：北京市北三环中路甲 29 号院华龙大厦　邮编：100029
　　　　　　网址：www.ssap.com.cn
发　　　行 / 社会科学文献出版社（010）59367028
印　　　装 / 三河市尚艺印装有限公司

规　　　格 / 开　本：787mm×1092mm　1/16
　　　　　　印　张：14.75　字　数：240 千字
版　　　次 / 2024 年 12 月第 1 版　2024 年 12 月第 1 次印刷
书　　　号 / ISBN 978-7-5228-2818-3
定　　　价 / 98.00 元

读者服务电话：4008918866
版权所有 翻印必究